在地之人的全球纠葛

朱宗元及其相互冲突的世界

〔德〕多米尼克·萨克森迈尔 著
张旭鹏 译

商务印书馆
The Commercial Press

Dominic Sachsenmaier

GLOBAL ENTANGLEMENTS OF A MAN WHO NEVER TRAVELED

A Seventeenth-Century Chinese Christian and His Conflicted Worlds

Copyright © 2018 Columbia University Press

Simplified Chinese translation copyright © 2022 The Commercial Press

Published by arrangement with Columbia University Press through

Bardon-Chinese Media Agency

All rights reserved

中译本根据哥伦比亚大学出版社 2018 年版译出

译者序

当全球化的曙光渐次略过地球上的每一块土地和每一片海域时，生活和旅行在这些地方上的每一个个体是否能感受到那股正在给世界带来巨变的力量，也在悄然改变着他们的周遭和日常？相信对于大多数人来说——不论他是一名正在使用阿富汗青金石作画的荷兰画家、一个正在把玩中国青花瓷的东非商人，还是一位正在种植南美洲马铃薯的爱尔兰农民，即便他们已经生活在一个由交换之物构成的世界当中，但还是无从感知那张徐徐铺展开来的全球之网。不过，对于那些由于各种原因而跨越所熟知的文化边界，前往异域的商人、水手、宗教徒、探险家和外交官而言，陌生之地的物品、人种、景观、习俗很可能会给他们带来或大或小的冲击，让他们重新去看待和思考这个被全球化的暗流所搅动，正在展现出新的面貌和更多可能性的世界。

长期以来，全球史对物的专注超过了人，而人作为全球网络的连接者，作为接触地带的行动者，更能体现全球史的复杂性、多样性和偶然性。近年来，微观全球史（global microhistory）的兴起在某种程度上弥补了全球史对个体关注的不足,引导全球史从宏大的结构性问题转向全球化世界中形形色色的个人,考察他们的经历和遭遇,直探他们的思想和情感世界。在笔者看来,美国历史学家娜塔莉·泽蒙·戴维斯出版于2006年的《骗子游历记:身处两个世界之间的一位16世纪穆斯林》(*Trickster Travels: A Sixteenth-Century Muslim Between Worlds*,2006),堪称这一领域的开山之作,尽管该书并不为一般的全球史学者所重视。

在这本书中,戴维斯向我们讲述了一位出生于阿拉伯人治下的格拉纳达、生长于摩洛哥菲斯的穆斯林,在1518年一次外交活动的返途中被西班牙海盗俘虏,然后被献给教皇利奥十世,后来在罗马受洗并居留当地九年,最后重返北非的故事。主人公这一特殊的经历,使之获得了多重身份,并反映在他多个不同的名字上。作为穆斯林,他名叫哈桑·瓦赞(al-Hassan al-Wazzan);改宗基督教后,他被称作非洲人利奥(Leo Africanus)。与此同时,他还有一个意大利文名字乔瓦尼·利奥内(Giovanni Leone),以及他自己用阿拉伯语对这个名字的转译——优罕纳·阿萨德(Yuhanna al-Asad)。正如这些不同的名字体现了哈桑·瓦赞或非洲人利奥在两个不同的世界中所面对的诸多冲突和矛盾一样,戴维斯在书中也竭力描绘了她更多地称之为优罕纳·阿萨德的这个人,在欧洲与非洲之间、在穆斯林世界与基督教世界之间来回游走时的困惑与纠结,以及他为了调和这两种文明或宗教的冲突而进行的努力。通过深读哈桑·瓦赞传诸后世的《非洲志》一书,戴维斯认为哈桑·瓦赞并不是全球网络被动的参与者。相反,他有自己的立场和生存之道,既能讨巧欧洲一方,又能坚守自己的阿拉伯和穆斯林认同，从而得以在不同文化世界中自由穿梭、见机行事。

如果往前追溯，史景迁出版于1988年的《胡若望的疑问》（*The Question of Hu*, 1988）一书，亦有相似的旨趣。该书的主人公胡若望，是一位生活在清朝康熙年间的广州天主教徒，虽出身寒微，但也受过一定的教育，写得一手工整的字迹。其时，法国耶稣会神父傅圣泽（Jean-François Foucquet）年事已高，决定结束传教工作返回欧洲。临行前，傅圣泽找到了胡若望，将其聘为自己的助手和抄写员，与之一同返欧。两人的结合，原本各怀美好的愿望：胡若望憧憬着能够亲自前往罗马，谒见教皇；傅圣泽除了希望胡若望能够为自己抄写中文典籍外，还想象他可以帮助整理法国王室图书馆的中文收藏。然而，漫长的海上航行，让胡若望出现了疯癫的迹象，到达法国后他的行为又变得更加异常，最终不得不被关在巴黎附近的一家精神病院中，直到将近三年后被遣返回国。胡若望的发疯究竟是因为水土不服，还是文化震荡使然，史景迁并没有给出我们答案。但是，如同胡若望困惑地发出"为什么把我关起来？"的疑问一样，史景迁欲言又止的叙述给我们留下了足够的想象空间，推动我们去思考个人在进入异文化世界时的内心遭遇，以及他们在一个因全球化而变得更加陌生的世界中无法自我表述的卑微命运。

上述两部著作的一个共同之处在于都将个人置于相互冲突的两个世界之间，展现他们在这种矛盾状态下的挣扎与纠葛。不同的是，哈桑·瓦赞尚能游刃有余地应对这种困境，以自己特殊的方式融入欧洲；而胡若望似乎只能付诸极端的方式，囚身于精神的囹圄。当然，胡若望的发疯也可能只是一种伪装的策略，目的在于回归其原初的精神世界。不论如何，身处双重甚至多重世界之中的个人及其所承载的多样性和不确定性，正吸引着越来越多的全球史学者参与其中，并成为他们摒弃旧有的研究理念，在方法和实践上推陈出新的一条重要路径。时至今日，这一研究领域中的成果已经蔚为大观。其中，德国哥廷根大学教授、欧洲科学与艺术院院士多米尼克·萨克森迈尔于2018年推出的这本《在地之人的全球纠葛：朱宗元及其相互冲突的世界》，堪称相关研究中最具原创性和挑战性的一部著作。

与上述两部著作和其他类似的著作相比，该书的一个最大特色在于，它的主人公朱宗元并不是一个行走于全球网络之中的"旅行者"，而是一个相对而言的"静止之人"。朱宗元出生于1616年左右，卒于1660年，终其一生都基本上生活在他的家乡宁波，偶有出行，也从未离开过浙江省。尽管如此，作为一个皈依基督者，朱宗元的命运已经深嵌于天主教的全球网络之中。当他还是个孩童时，耶稣会士就已经开始在宁波传教。1638年，刚过弱冠之年的朱宗元在杭州受洗成为天主教徒，并在之后写下三部篇幅长短不一的宣教之作：《破迷论》《答客问》和《拯世略说》。与此同时，朱宗元也接受了系统的儒家教育。他的祖父曾任明朝的按察佥事一职，而他则在1646年通过了明朝在其家乡举办的院试，又在1648年通过了清朝成立后的第一次科举考试，成为举人。作为一个典型的儒生基督徒，朱宗元接受天学的目的，是希望以之寻求儒家失落的"道"，恢复儒家思想的本真。这在明末清初这个传统观念坍塌、价值体系崩溃、意识形态混乱的时代，显得尤为迫切："及睹天学诸书，始不禁跃然起曰：'道在是！道在是！向吾

意以为然者,而今果然也。向吾求之不得其故者,而今乃得其故也。'……吾何幸而获闻兹理耶?"(见《拯世略说》)

与哈桑·瓦赞在一种异文化中接受或调和基督教不同的是,身处儒家文化世界中的朱宗元所要做的,只需为这种外来宗教找到合法性,将之纳入儒家的价值体系中,让更多的中国人接受它。朱宗元主要是从两个方面开展这一会通工作的。首先,朱宗元力求证明,基督教的异域起源并不能成为排斥它的原因。为此,他援引了中国历史上一些帝王和名人的例子,来说明这些令人景仰的历史人物,其实都有着外族出身。比如,舜来自东夷,禹来自西南的羌,帮助秦穆公称霸的由余来自西戎等。显然,朱宗元在看待有着异族起源的基督教时,遵循着儒家"华夷之辨"的最初原则,即不以地域和血缘而是以文化或者礼来作为判断的标准,亦即所谓的"夷狄而中国,则中国之;中国而夷狄,则夷狄之"。进而,朱宗元引用了《春秋》中"楚子使椒来聘"和"郑伯伐许"两个例子来加以说明。朱宗元认为,孔子在编订《春秋》时对国君称号的谨慎使用,具有道德评判的微妙意味。通过赋予楚国国君"子"的头衔,说明这个曾经被中原诸国排斥的南方"蛮族"国家已经被纳入"中华"世界。相反,通过依然称呼正在服丧期间的郑国国君为"伯"而不是"子"(依据周代礼制,诸侯在服丧期只能自称为"子",服丧期结束后才能恢复正常的称呼),孔子谴责了郑国对许国的不义之战,暗示了不再将之视为"中国"。朱宗元从而得出结论:"其贵重之者,以孝弟忠信、仁义礼让也,不以地之迩也;其贱弃之者,以贪淫残暴、强悍鄙野也,不以地之遐也。"(见《答客问》)通过解读儒家原典,朱宗元试图表明真正的价值观和文明标准必然超越种族、文化或政治的界限。儒家文明如此,基督教文明亦然。

其次,朱宗元强调,基督教在精神与价值的终极追求上与儒家高度契合。这一方面表现在,基督教教义与儒家思想是相通的,能够帮助迷失了正道的儒生找回儒家的真谛:"一领天教,而后知我《六经》《四书》中,句句皆有着落、句句皆有把柄,浅儒诚未得其解也。"(见《答客问》)另一方面,传教士有着高尚的道德和坚贞不渝的信念,与理想的儒生无异。在朱宗元生活的时代,中国人对于西班牙人和葡萄牙人在东南亚和台湾、澳门等地的殖民行径已经有所耳闻,甚至有传言说耶稣会士是西方入侵中国的先头部队,负责收集情报和进行策应。对此,朱宗元却认为,如果人们了解耶稣会入华传教的历史,就会知道这不过是无稽之谈:"试思百余年来,先者死,后者老,积谋不发,更待何时?"在朱宗元看来,耶稣会士淡泊名利、独立特行,他们不远万里来到中国,除了传教,别无他图:"岂有下士腾说惑民,而国中为之万里越险,馈饷继遗者乎?"而这种笃信的背后,体现的正是传教士高贵的品质:"其人皆明智而忠信,谦厚而廉毅,淡静而勤恪。检身若不及,爱人如顾己。及一晤言,莫不憬然顾化,如坐春风。"(见《破迷论》)西方的传教士因而不再是某种外来教义的代表,他们实际上就是理想儒生的化身。

在为天学、传教士予以辩护的同时,朱宗元也对西方亦即欧洲进行了乌托邦式的想象,认为那里"道不拾遗、夜不闭户、尊贤贵德、上下相安"。不仅如此,那里更有着超出中国的精神文明和物质文明:"天载之义、格物之书、象数之用、律历之解,莫不穷源探委，与此方人士，徒殚心于文章诗赋者，相去不啻倍蓰，则我中土之学问不如也。"（见《答客问》）通过构建一个完美、和谐、富足的欧洲形象，朱宗元得以将儒家的理想社会投射到同一时期的欧洲身上，并以此暗示，天学将是引导人们增进儒学、进入理想社会的关键。更为重要的是，在承认存在一个比中国更加完美的欧洲的同时，朱宗元否定了中国文明的特殊性。中国不再是天下秩序的中心，它与欧洲一样，都是众多向天主靠拢的不同文化中的一种。朱宗元在这里表现出一种那个时候少有的文化普遍主义视野，这不仅让他对欧洲传教士和他们的信仰持一种文化及种族上的包容态度，也影响到他对后来的满洲征服者的看法。与经历了明清鼎革的许多江南士人不同，朱宗元并不认为满人是对中国文化存续的重大威胁。他不仅没有参与抵抗清朝的活动，反而参加并通过了清朝在浙江举行的第一次科举考试。

朱宗元在他会通天儒的努力中，同时也在他世界主义的想象中，构建了一幅完美和谐的欧洲图景。然而，现实中的欧洲并不完美，也不和谐，甚至危机重重、四分五裂。其时，曾经铁板一块的拉丁基督教世界已经分裂成新教和天主教两大阵营，一场持续多年的大战——三十年战争，仍在如火如荼地进行，几乎将所有欧洲国家卷入其中。即使是被朱宗元视为"西儒"的传教士群体，也没有那么单纯：不仅不同教团之间因为对教义的不同解释而彼此掣肘（比如耶稣会与多名我会之间的中国礼仪之争），而且在耶稣会内部，也因牵涉不同的国家利益（比如法国与葡萄牙的矛盾）而貌同心异。更有甚者，耶稣会长期执行的禁止非欧洲人担任亚洲地方教会神父的政策，表明基督教的价值观并没有超越种族主义。

对朱宗元来说，遥远的欧洲所发生的事情是他所无从知晓更是无法评判的。朱宗元所能做到的，就是对儒学和天学的世界都保持忠诚，并像他的前辈那样，进一步促成两者的结合。然而，朱宗元分属的两个世界在本质上却是无法调和的，尤其是支撑这两个世界背后的两大力量——中国国家与全球化的天主教会，它们有着各自不容置疑的核心原则和对文化领导权的诉求。对天主教会来说，它对耶稣会士早期执行的"适应性政策"持审慎的态度，不想在基督教本土化的道路上走得太远，禁止中国信徒祭祖祀孔可以视为天主教会的一种反制。对中国政府来说，来自异域的基督教仍然是国家监视和管控的对象，一些儒生和佛教学者也对之持敌视态度，在这一背景下，1616年的南京教案也就不再是偶然事件。因此，当中国国家和天主教会这两大权力体系设下彼此不可逾越的边界时，朱宗元的文化普遍主义将注定无法实现，朱宗元也将注定纠葛于这两个相互冲突的世界之间。

1644年，就在朱宗元完成《拯世略说》的同一年，在地球另一端的荷兰，笛卡尔出版了他最重要的著作之一《哲学原理》。在这部书中，笛卡尔试图用理性来证明上帝也就是朱宗元"天主"的存在。笛卡尔之所以要这么做，是因为基督教仅凭教义已经无法在欧洲获得像之前那样更稳固的精神地位，这与朱宗元借助天学来匡正明末混乱的儒家意识形态是一致的。不论是笛卡尔采用哲学的方法，还是朱宗元借助天学的教义，如果将两人的行为置于17世纪全球危机的背景中来看，他们都是在自身所处的动荡不安的社会中，寻求一条通向常态之路的精神上的尝试。不过，与笛卡尔相比，朱宗元因为要与一种来自异域的教义协商，似乎更能感受到全球性纠葛的冲击。或许正是因为如此，朱宗元的个人经历才会更加不同寻常，也才会经受更加痛苦的精神上的缠斗。正如本书作者萨克森迈尔在结尾处所言："他究竟是感受到了其中的压力和重负，还是充满热忱地尽其所能，深信这是他个人的使命，是他对这个世界特殊的贡献？"

张旭鹏

2022 年 5 月 20 日于北京

中文版序

《在地之人的全球纠葛》初版于2018年，是"哥伦比亚大学国际史与全球史研究丛书"中的一部。第一版虽然只有精装本，但哥伦比亚大学出版社在两年后也就是2020年又推出了平装本。现在，该书的中译本也已面世，令我倍感欣慰。我要特别感谢中国社会科学院的张旭鹏教授，他出色地完成了本书的翻译，同时我也要向为中译本的出版付出了非凡劳动的商务印书馆的编辑和工作人员致以深深的谢意。

拙著中文版的问世之所以让我尤其高兴，是因为本书的主角——那个从未旅行之人，是一位一生都基本上生活在浙江宁波的中国人。朱宗元生于1616年左右，卒于1660年，他的一生都处于明清动荡的变革时期。在中国，这是一个危机年代，与之相伴的还有17世纪中叶亚洲和欧洲其他地区所发生的剧烈转型。朱宗元的一生都深受这一纷繁混乱时代的影响，他病逝时也不过四十五六岁。朱宗元的家族在当地颇有影响，他三十岁出头就通过了举人考试。而在此前，他皈依了基督教，这让他与欧洲传教士有了频繁的接触。

用一整本书来写朱宗元这样一个人物，看上去会有些奇怪。在17世纪上半叶，朱宗元并不属于中国最上层的儒生基督徒，显然无法与徐光启或李之藻这样的杰出人物相比，后者在中国天主教生活中扮演了重要角色，并一直是历史研究的对象。不过，朱宗元虽然极为普通，但与大多数目不识丁的信徒不同，他留下了一些文字，让我们得以一窥他的生活。同时，在明清变革时期，朱宗元与普通人的生活更加接近。这意味着，研究他可以让我们针对更广泛的社会阶层提出问题，而不仅仅只是关注最高阶层的社会精英。

通过研究一个并不起眼之人的地方的同时也是全球的历史，我可以在同一项研究中将微观与宏观视角统合起来。近年来，围绕如何在地方层面展开更为细致的历史研究，全球史领域出现了诸多争论。[1] 人们经常批评全球史学者高高地飞翔在世界历史之上，而忽视了极具地方特色的动态。这种关切是重要的，它无疑指出了一些严重的问题；不过，如果就此认为全球史学者对地方细节不感兴趣，那也是不对的。全球史学者的大量研究都基于细致的档案工作和对地方突发事件的认真关注。并非所有的全球史研究都将"全球"理解为关于行星或整个世界不断发展的叙事。事实上，这一领域的许多工作都立足于详细的个案研究，它们探

---

[1] 西方学者对这一问题的广泛讨论，可参见 John-Paul Ghobrial, "Seeing the World Like a Microhistorian," *Past and Present*, Vol. 242, Issue Supplement 14 (November 2019), pp. 1-22; 以及 Marek Tamm, "Cultural History Goes Global," *Cultural History*, Vol. 9, Issue 2 (October 2020), pp. 135-155。

讨了特定的地方事件和全球转型之间的互动、冲突与矛盾。[1]

从许多方面来说，本书都是考察跨国甚至跨大陆动力的诸多著作中的一部，这些著作也试图以丰富的历史细节来研究特定的地方。不过，我在本书中意欲更进一步，促使我这样做的原因是我非常认真地接受了对大多数全球史研究的又一项批评。长期以来，全球史学者一直被批评有一种"对流动性的偏爱"（mobility bias），即过于关注社会的流动部分。[2]如果我们看一下过去几年乃至几十年来在该领域的研究工作，就会发现这种批评尤其正确。此类研究大多集中在旅行者、商人、传教士、移民或苦力工人等流动群体；言下之意，这一领域或多或少地忽略了那些范围广泛的过着一种更为"静止"生活的人群。比如，全球史学者更加关注具有跨国联系的知识分子的历史，而不是农民的历史。这一趋势的危险在于，如果不对这一取向予以纠正的话，它终将导致对过去扭曲的看法，尤其是对那些受到和没有受到全球动力及其后果影响的人的看法。毕竟，这个世界上不流动的人——农民和其他许多群体——都深受全球互动的影响。[3]比如，全球市场和商

---

[1] 对近年来全球史研究的介绍，可参见 Dominic Sachsenmaier, "Global History," in Mark Juergensmeyer, Manfred Steger, Saskia Sassen and Victor Faessel, eds., *The Oxford Handbook of Global Studies*, Oxford: Oxford University Press, 2018, pp. 113–126。

[2] 比如，可参见 Jan Lucassen and Leo Lucassen, "The Mobility Transition Revisited: What the Case of Europe Can Offer to Global History," *Journal of Global History*, Vol. 4, Issue 3 (November 2009), pp. 347–377；以及 Stuart A. Rockefeller, "Flow," *Current Anthropology*, Vol. 52, No. 4 (August 2011), pp. 557–578。

[3] 部分与"对流动性的偏爱"这一问题有关，一些历史学家非常关注日益与某种含混不清的世界主义和天真的全球主义联系在一起的全球史研究。比如，可参见 Jeremy Adelman, "What is Global History Now?", *Aeon*, 2 March 2017, https://aeon.co/essays/is-global-history-still-possible-or-has-it-had-its-moment；以及 Richard Drayton and David Motadel, "Discussion: The Futures of Global History," *Journal of Global History*, Vol. 13, Issue 1 (March 2018), pp. 1–21。

品贸易变化的影响、新基础设施建设项目的影响、延绵不断的传教浪潮的影响，以及许多其他因素的影响，而这些因素往往是地方转型和全球转型的结果。

当我在写这样一个从未旅行之人的全球纠葛时，我的根本用意不是要写一个在地方生活却有着全球思维的人的历史。即令我要写这样一部历史，一些非常现实的原因也会使之不可能：我们对朱宗元的个人生平知道得太少了。中国和欧洲的一些原始史料中简略地提到过他，但也只是关注他生命中的某些时刻。即使能够获得大量朱宗元的个人信息，我也无意在他静止的生活和他所谓的全球思维之间作出绝对的划分。我想做一些完全不同的事情，去展现一个非常普通的人是如何卷入到各种不同的全球性或地方性机构网络和权力体系的交错之中，以及这种情况又是如何对他的创作、对他在社会上和制度中的生存构成挑战。

与明清变革时期许多受过教育的基督徒一样，朱宗元一生都是一位坚定的儒家。他认为"天学"有助于让孔子的教义恢复其原有的道德力量和荣耀。他希望上帝之言能够让中国重返原初之道，以帮助中华世界克服其正在经历的，也是几乎充斥他一生的可怕的危机。就此而言，朱宗元似乎已经接受了天儒会通的各种要素，而在17世纪中国，天儒会通在耶稣会士主导下的基督教社群中得到了经常性的宣传。

不过，正如我在本书中所言，如果将儒家与基督教的这种融合，即所谓的"适应性政策"，理解为文化间和谐对话以及学术上平静努力的结果的话，这将是一个巨大的误解。儒家和天主教之间各种因素相互综合的特定样貌，是在两个都希望获得领导权的权力体系的压力之下形成的。与欧洲相比，尽管中国的国家和地方社会无疑对外国宗教和改宗者十分宽容，但仍然是耶稣会中国传教不得不考虑的一种制约性力量。另一方面，天主教会——这个事实上的遍及全球的机构网络，也力图牢牢控制包括中国在内的各个地区性教区的运行。这两个权力体系之间的遭遇只允许双方作出有限的妥协，即便是适应性政策，也只能保留在一个受到限制的可能存在的中间地带（middle ground）之内。

在本书中，我非常认真地审视了17世纪天主教会的全球特性。事实上，有理由将天主教会视为16世纪和17世纪第一个真正的全球性组织，因为它超越了早期现代帝国，优先于各种贸易公司。17世纪时，天主教的教区和传教站已经遍布从加拿大北部的哈德逊湾到拉丁美洲南端的巴塔哥尼亚，从非洲海岸到日本的世界许多地方。总部设在罗马的天主教会高度集中，这一特点可以说超过了当时其他任何跨地区的宗教。天主教会还将世界划分为一个由教省和分教省组成的全球体系，并要求它的所有地方教区每年向罗马进行汇报并与之进行定期交流。

不过，天主教会与其他大多数庞大而复杂的组织一样，内部盘根错节且争斗不止。教会的一些分支机构，尤其是耶稣会、多明我会、方济各会等修会，经营着各自的全球网络，并为了获得在梵蒂冈的影响力而相互竞争。教会不同的单位与欧洲各大国和帝国合作的事实，也加剧了他们的全球竞争。我们可以在中国传教团中看到这种内斗：当多明我会修士踏上中国的土地时，耶稣会士非常不悦，两者之间的紧张关系还将持续几十年。正如我在本书中所讨论的那样，天主教内部的紧张关系影响了中国天主教的样貌，这一点很像明末清初构成中国思想景观的各种学术潮流、各个儒家派别、不同宗教网络之间的竞争状态。

作为一个全球性组织，天主教会渴望在世界各地实施某些重要的政策。正如我在书中所示（尤其是第四章），这对中国天主教生活的制度特征和社会生态都产生了重要影响。比如，在朱宗元一生的大部分时间里，中国人，包括有着种族混合血统的中国人都被禁止担任神职，便是一个值得关注的问题。欧洲之外的世界其他地区的皈依者也面临着类似的情况。在天主教的生活中，神职是一个受到严加监管的职位，神父在被任命之前必须得到上级权力部门的批准，他们拥有普通教徒所无法获得的特权和责任。只有神父才被允许施行某些重要的仪式，他们是天主教社群中的显要人物。

在17世纪早期和中期，天主教会内部就教会是否应当允许少数经过仔细遴选的中国男性成为神父展开过激烈的辩论。反对者提出了各种理由，比如不能完全信任当地的中国人，因为他们与当地社会保持着紧密的联系，很容易受到社会上各种压力的影响，从而削弱他们对教会的忠诚。一些人甚至提出了原种族身份（proto-racial identity）的概念，用以说明中国人作为一个民族，不能被视为"纯正的"或"白人的"。这意味着，种族上的这些刻板印象已经在当时的全球教会中发挥了重要的制度性作用。

令人吃惊的是，现代学术研究很少关注禁止中国男性成为神父的现象。长期以来，研究19—20世纪欧洲海外传教的历史学家一直很重视与族裔政策和种族隔离相关的问题。相比之下，在对17世纪中国基督教的研究中，几乎没有哪部著作触及这一问题。

虽然种族和族裔问题在19世纪的世界观中更为突出，但这并不是说它们在17世纪就完全不存在。中国人在17世纪的大部分时间里被排斥在神职人员之外，即说明了这样一个事实：种族和族裔问题在世界许多地区的天主教生活中都是决定性的。

正如我在本书中所讨论的，天主教禁止中国男性被任命为神父的政策，表明我们应当重新批判性地审视与17世纪中国传教有关的历史著述的主要倾向。在过去二三十年里，许多有影响的历史研究都得出结论，认为中国的天主教生活与当时中国的其他宗教非常相似。这些研究更强调以中国为中心来理解17世纪中国的天主教，这一转向很有价值，因为它有助于我们克服某些欧洲中心主义的解释，这些解释在20世纪90年代之前的耶稣会中国传教研究中占据着主导地位。实际上，基督徒经常使用来自其他宗教的术语，许多基督徒社群的社会生活与儒家、佛教和其他宗教组织的类似实践并没有太大差别。

但我认为，现在到了更加认真地将天主教会的本质视作一个全球性组织的时候了。若对之进行全面而系统的研究，我们需要修正对于17世纪中国基督教的认识，不再将之仅仅视作明清变革时期一个微不足道和相当普通的宗教。相反，神职问题凸显了天主教在中国文化模式中的显著特征。中国神父的缺席意味着只有极少数外国人——他们皆为欧洲男性，在天主教生活中把持着机构的最高职位，并执行主要的圣礼。由于中国当地一直缺乏欧洲传教士，且最多只有约40名耶稣会士为20万左右的信众提供服务，因此天主教的这一政策对17世纪中国基督教的特点产生了深远影响。人员短缺意味着，偏远村庄的基督教社群只能每年迎来一名欧洲传教士。这些传教士在到访期间，会执行被延迟的重要仪式，解决重要的组织问题。而在剩余的时间里，则由中国的未担任神职的信徒负责当地的天主教生活，但他们要服从欧洲神父的权威。这与当时中国的其他宗教完全不同，这些宗教中没有天主教视之为必须遵守的规则，即只有外国人才能在上层机构中发挥作用。

教会的种族政策意味着，作为一个全球性和地方性组织，天主教会不会完全融入中国的社会和文化，事实上，教会不愿也没有能力这样做。即使有些人希望将天主教的宗教设想和组织完全地方化，这样做也是不可能的，因为在罗马和教会的其他组织中心里，许多人都在用批评的眼光审视着天主教与中国社会各阶层之间的接触。教会中负责耶稣会中国传教的部门，也对天主教的地方化进行了审慎的限制。而耶稣会士则在值得信赖的中国信众的帮助下，设法建立了一个针对中国所有教区的检查和控制系统，力求发现信众中任何与异端过于接近的宗教言行。天主教有可能会试着去融合儒家思想，但它同时也展示并强化了它的欧洲文化根源。

我以中国的神职为例，探讨了全球天主教与明清国家和社会之间的复杂纠葛，同时也考察了朱宗元是如何在其著作中讨论这些相关主题，以及如何亲身与之进行思想上的缠斗。在本书中，我将朱宗元的著作和我们所能找到的关于朱宗元生平和思想的痕迹作为一个切入点，去探究构成17世纪耶稣会中国传教背景的种种全球性和地方性接触。以一个非常具体的个人及其作品为出发点，我可以就当时地区性的和跨地区的背景提出广泛的问题。从这个意义上说，本书不仅是一次思想史上的操练，同样也是——甚至可能主要是——一项对权力体系、制度压迫和霸权诉求的历史研究。我认为，这才是公正对待历史事实的方式，因为像朱宗元这样有学识的皈依者，不可能仅仅以一种理智上或精神上的方式参与基督教。他也需要向地方社会与全球组织之间不同的、在某种程度上也是相互竞争的归属形式作出妥协。

本书的大部分章节都探讨了天主教会和中华世界之间特定的遭遇地带，以及围绕着这些地带展开的各种挑战和张力。比如，我在第五章讨论了耶稣会士的著作所呈现的高度理想化，但同时也是扭曲的欧洲形象如何遭到跨地区的中国知识的挑战。后者虽然在来源上与构成欧洲的世界地理知识的基础截然不同，但中国关于欧洲人在亚洲其他地区活动的信息，却挑战了耶稣会士世界地图中的欧洲形象。在这些地图中，欧洲被描绘成一个永远和平与和谐的大陆。此外，我还谈到了全球天主教图书与当时世界上最大的中国图书市场之间的复杂关系。不仅如此，我也探讨了因同时归属于基督教和儒家而必然带来的身份冲突，以及17世纪中叶左右满州征服中国引发的关于效忠的敏感话题又是如何加剧了这一问题。

这样的问题和冲突直接贯穿在朱宗元等皈依者的生平之中。对于朱宗元或其他皈依者来说，17世纪中国的天主教并不是文化之间和谐的避风港，它的思想世界也不是不同文明平静对话的结果。朱宗元的全球和地方纠葛要比这复杂得多，但并非只有他才有如此的经历。中国的许多天主教徒都面临着类似的情况，世界各地大量新近皈依基督教的信徒亦是如此。大约在耶稣会士活跃于中国的同时，其他宗教也在亚洲不同的地区传播着：伊斯兰教在东南亚和今天的印度尼西亚迅速发展，佛教和锡克教则在印度洋沿岸和更远的东方扩大其影响范围。皈依这些宗教的人也被强制纳入到不同的——有些是与之冲突的，有些是与之可以共存的——归属领域之中，其中一些归属领域与当时的政治或经济权力体系有着密切关系。

在本书中，我还讨论了17世纪前后世界各地同时发生的（可能也是相互联系的）宗教扩张和远距离贸易浪潮，并对现代历史研究倾向于用孤立的视角去看待特定的跨文化遭遇这一事实提出了质疑。举例而言，直到今天，仍然很少有研究将17世纪中国天主教的历史与大约同一时期伊斯兰教在亚洲其他地方的发展联系起来。联系的方法可以为历史比较，进而为研究迁移、纠缠和共有的转变提供沃土。单个的学者和仅此一本书是不能提供如此重大的研究的，但仍然能够产生具有地方敏感性的成果。因此，在将我们对17世纪中国基督教历史的理解，或者更广泛意义上的对中欧文化关系的理解，融入不同的全球历史视野时，拙著只是向前迈出了一小步。正如拙著所示，这种尝试也与下述目的紧密联系在一起的，即借助跨地方的透镜去审视地方的历史，去审视那些看上去并不处于流动之中的人的历史。而当这些微观和宏观视角相遇时，它们将迎来一个新的令人振奋的有利时刻，这一时刻不仅事关一个从未旅行之人和他的地方环境，而且在某种程度上形塑了17世纪全球历史的一些重要动态。

多米尼克·萨克森迈尔

目 录

致谢……………………………………………………………1

导言　朱宗元的生平与环境………………………………5
第一章　地方生活及其全球背景…………………………28
第二章　全球化的教会与中国基督徒的生活……………51
第三章　被限制的教义……………………………………73
第四章　西学与儒道………………………………………109
第五章　欧洲起源的再审视………………………………140
结语…………………………………………………………165

词汇表………………………………………………………182
注释…………………………………………………………186
参考文献……………………………………………………249
索引…………………………………………………………283
译后记………………………………………………………303

致　谢

几年前，我首次想到要从微观与宏观相结合的角度去研究一个从未旅行之人。像许多研究性专著一样，本书构思已有多年，并与其他课题相伴。作为学术界中的一员，大家都承担着各种各样的任务（其中很多任务可能就像对本书的主人公朱宗元产生影响的那些任务一样，兼具全球性和地方性），若无额外时间，我几乎不可能完成这项工作。杜克大学 2010 年学术休假（由德国国家研究基金会资助）的一部分时间，被我用于构思本书。之后，由韩国政府资助，韩国中央研究院发起的一项研究计划（编号：AKS-2010-DZZ-3103），让我享受到雅各布大学 2014/2015 学年的休假。此外，哥廷根大学——我在 2015 年成为该校的教授——于 2017 年提前给了我一个学期的休假，让我得以在此期间完成本书。

除了额外的时间，本书的完成也有赖于下列人士的鼎力襄助。他们包括能够在德语和英语之间进行熟练翻译的乔伊·蒂瑟里奇（Joy Titheridge），以及在明末清初这段特定历史的研究上给予我帮助的金雁和方若冰。张晓庚和汪辉为本书的书目做了大量工作，涉及中文和多种西文文献。克里斯托弗·齐默（Christoph Zimmer）也为本书出力甚多，他和路易莎·弗拉鲁普（Luisa Flarup）、卡斯乔佩亚·诺尔特（Cassjopeya Nolte）、塔拉·诺尔特（Thala Nolte）一起，以值得信赖的工作，对内文进行了编排，为其出版做好了准备。我特别要感谢他们在本课题最后阶段给予的帮助，当时有大量的文字编排工作要做，而时间又很紧迫。玛莎·舒尔曼（Martha Schulman）对全书的文字进行了编辑，我对她作出的更正、变动和颇有见地的评论，深表谢意。所有这些支持对于本书的完善都极有助益。

许多同事和朋友对本书也有直接或间接的贡献。除了拜读他们大量富有启发性的研究外，我还与这些来自各个领域的学者就本课题的诸多方面进行了大量对话。他们不仅帮助我深化研究框架，而且增进了我对与本书有关的各个研究领域的理解。这些学者包括安乐哲（Roger Ames，夏威夷大学）、斯文·贝克特（Sven Beckert，哈佛大学）、杰里·本特利（Jerry Bentley，夏威夷大学）、柏理安（Liam Brockey，密歇根州立大学）、丁荷生（Kenneth Dean，新加坡国立大学）、邓刚（伦敦经济学院）、杜赞奇（Prasenjit Duara，杜克大学）、玛丽安·福赛尔（Marian Füssel，哥廷根大学）、吉浦罗（François Gipouloux，法国国家科学研究院）、夏伯嘉（宾夕法尼亚州立大学）、熊秉真（香港中文大学）、马克·于尔根斯迈尔（Mark Juergensmeyer，加州大学圣塔芭芭拉分校）、梅欧金（Eugenio Menegon，波士顿大学）、于尔根·奥斯特哈默（Jürgen Osterhammel，康斯坦茨大学）、包华石（Martin Powers，密歇根大学）、沃尔夫冈·莱因哈德（Wolfgang Reinhard，弗莱堡大学）、施耐德（Axel Schneider，哥廷根大学）、钟鸣旦

（Nicolas Standaert，鲁汶大学）、桑贾伊·苏布拉马尼亚姆（Sanjay Subrahmanyam，加州大学洛杉矶分校）、孙岳（首都师范大学）、范笔德（Peter van der Veer，马克·普朗克宗教与族裔多样性研究所）、汪晖（清华大学）、张旭鹏（中国社会科学院）。

一些同事阅读过手稿的部分章节，给予了宝贵的反馈和进一步的建议。我尤其要感谢塞巴斯蒂安·康拉德（Sebastian Conrad，柏林自由大学）、范鑫（纽约州立大学弗雷多尼尔分校）和王金凤（上海交通大学）。我也很感谢哥廷根大学的研究生们，他们在课堂上讨论了书中的一些材料，让我感受到教学与研究之间让人受益且令人振奋的一致性。所有这些来自学术共同体成员的帮助说明，即使一本历史著作由一个人独立完成，它也是大量互动和外在激励的产物。它的完成取决于观念的流动和视野的转换，取决于彼此之间的讨论和争论，尤其取决于灵感和鼓励。因此，我非常感谢来自世界各地的众多学者和学生。当然，本书中的任何不当之处，均由我一人负责。

鉴于我在研究朱宗元时还是一名博士生，那些与我有过交流并因此对本书提供帮助的学者的名单还会大大加长。这一研究的成果是《朱宗元与西学东渐》（*Die Aufnahme europäischer Inhalte in die chinesische Kultur durch Zhu Zongyuan [ca. 1616–1660]*, Nettetal, Ger.: Steyler, 2001）一书的出版，忝列《华裔学志丛书》（Monumenta Serica Monograph Series）第 47 种。我的博士论文的指导老师是弗莱堡大学的沃尔夫冈·莱因哈德和天主教鲁汶大学的钟鸣旦，他们两人对我的学术发展产生了深远影响。作为一名博士生，我曾在哈佛燕京学社做过两年访问学者和助教。邀请我前往那里的杜维明对我的启迪尤为重要。此外，这一早期的研究得益于与多位学者的对话，包括哈佛大学的包弼德（Peter Bol）、普林斯顿大学的毕德生（Willard J. Peterson），以及贝勒大学的孟德卫（David Mungello）。而孟德卫是第一位指引我去关注朱宗元著作的人。

本书与我用德文撰写的关于朱宗元的著作并无太多重合之处。后者侧重朱宗元的中文语境，主要关注中国的仪式和礼仪这类话题，而本书则明显受到近年来全球史和跨国史著作的影响。它强调跨区域互动的价值，而这些互动框定和塑造了个人和区域的历史。

两本书之间的这些差异反映了我思想发展的轨迹，它不断引领我去追求一种跨越边界的学术。我很欣慰本书能列入"哥伦比亚大学国际史与全球史研究丛书"，这套丛书由我和北卡罗来纳大学教堂山分校的塞米尔·艾丁（Cemil Aydin）、柏林自由大学的提摩西·努南（Timothy Nunan）共同主编。我非常感谢他们的合作精神以及对书稿给予的让人放心和非常有用的反馈。此外，我还要感谢哥伦比亚大学出版社，尤其是凯琳·科布（Caelyn Cobb）、米丽亚姆·格罗斯曼（Miriam Grossman）和麦克·阿什比（Mike Ashby），他们的活力以及我们之间持续有益的合作，使本书得以及时出版。

最后，我不仅是作为学界人士，而且是作为家庭一员写下了本书。在写作本书时，我们的两个儿子埃米尔和艾伯特相继出生，他们只相隔16个月。两个孩子给我们的家庭带来了无比的幸福和生机，他们也是我在家中不能按常规时间写作的原因。而如果没有我的妻子弗洛拉的爱、鼓励和支持，这项研究计划断然不能完成。她在追求自己的事业和照顾两个幼子的过程中，确保我不仅有足够的时间写作本书，还能有其他的学术追求。这本书是献给她的。

导 言
朱宗元的生平与环境

个体的生活，全球化的网络

从个人游历上来看，朱宗元的生活再普通不过了。1616年左右，他出生于中国南方港口城市宁波的一个下层文人家庭，一生都未离开过这个国家的核心地区。实际上，也没有迹象表明，他曾经离开过中国东南部的浙江省，也就是他的家乡所在地。朱宗元的居家生活与同时代许多云游四方的人形成了鲜明对比。17世纪时，甚至更早，世界上许多地方都可以看到来自远方的旅行者，如商人、雇佣兵、传教士、谋客和奴隶。在港口城市中，跨越大陆、漂洋过海之人比比皆是，盖因长途贸易已将这个世界愈发紧密地联系在一起。在这一全球化的贸易中，闪现着中国商人、冒险家和劳工的身影，他们通常在长崎、马尼拉、马六甲甚至果阿等国际经济中心发挥着重要作用。[1]但朱宗元并不在其中。不过，我们将会看到，他的生活既不平静，也不平凡。

不仅如此，朱宗元与外部世界的联系在当时的中国社会亦非寻常，这就足以值得我们用地方和全球的历史透镜去考察他的生平和著述。正是他对全球扩张中的天主教的参与，使之与异域的宗教世界和制度化的学术世界产生了紧密联系。朱宗元与欧洲人的接触——主要是耶稣会士，也有一些多明我会士，远远超过了他的同侪即明末清初地方精英中的大多数人。他甚至会偶尔使用教名葛斯默（Cosmas），而他的家似乎也成为散布在宁波及周边地区的基督教社群的重要聚所。

作为地方精英，朱宗元同侪中的绝大多数人，都没有与殊方异域之人保持着如此密切的联系。他们也不信奉几十年前从域外传入的教义。尽管朱宗元可能并不在意对远西之地的社会和宗教有一个全面的了解，但他还是参加了文化背景迥异的礼拜和弥撒。他与不远万里来到中国的耶稣会传教士交谈，至少大致了解了他们的科学学说和哲学传统。对于明显植根于不同文化关系之中的基督教诸概念和圣经故事，他亦能大量运用。一个虽不重要但却生动的例子是，与许多其他宣扬基督教的文献一样，朱宗元的著作也将极远之地"如德亚"（Judea，即犹太地）视为耶稣的降生之地。不过，即使基督教[*]以一种明显本土化的方式呈现，也无法忽视圣地不在中国的事实。此外，朱宗元还曾一睹耶稣会士的世界

---

[*] 关于明清之际传入中国的天主教，作者在书中分别使用了 Christianity 和 Catholic、Catholic Church、Catholicism 等词。尽管 Christianity 在本书中基本是指天主教，但有时也用作一般意义上的基督教。而 Catholic、Catholic Church、Catholicism 等词虽然特指天主教，但作者很多时候是在天主教全球化或全球扩张的特定背景下使用的。为了展现作者在使用这些词汇时的微妙语境，译者没有将上述词汇统一译作"天主教"，而是分别译为"基督教"和"天主教"。——译者

地图，了解到这些地图对世界各大洲所作的简单择要的描述。我们知晓，朱宗元对进入大东亚地区的新势力也有所耳闻，因为他的著作间接提到了西班牙在菲律宾的殖民统治。

朱宗元是从思想上参与到基督教中去的：他一生阅读了大量用中文出版的宣扬基督教的书籍和小册子，其内容从基督教概要、带注解的世界地图到基于欧洲方法的科学著作，不一而足。朱宗元甚至成为17世纪为数不多的中国基督徒著述者中的一员，并留下了两本著作和其他一些文本。在这些著述中，他向更多的中国读者展现了他的信仰，并将之与中国的传统联系起来。他对基督教的异域起源及其对中国社会和传统的意义也作出了全面反思。朱宗元的著作显示出他对中国的历史和思想，尤其是官方的儒家经典熟稔于心。这一点不足为奇，因为他在30岁左右成功地通过了乡试，如果没有对儒学多年来的精深钻研，他是不可能取得这一成绩的。

朱宗元的著作所涵盖的主题，超出了通常被认为是中国思想和精神传统的范围。他不仅述及圣经的内容，也提到了欧洲现代早期的地理学、古希腊哲学等主题。在处理所有这些领域时，我们的这位宁波基督徒，并没有受到为其读者展现遥远世界的异国情调这一目的的驱动。相反，朱宗元或葛斯默的最终目标旨在证明基督教值得他的同道和中国社会的其他成员关注。朱宗元主要是这样做的：他声称新的教义——中文被译成"天学"——不仅与儒家传统兼容，而且还是一种回归儒家本源的方式。在这一语境下，他应对了许多思想上的挑战，其中就包括儒家的价值观究竟是与中国社会有着内在联系，还是可以被视作一种普遍价值观这样的问题。

如果认为朱宗元最终的目的是通过"文明之间的对话"而实现跨文化会通，那不免会让人误解。在17世纪，较之19世纪和20世纪，将世界分为不同文明的思想模式还很少见。[2] 当然，在朱宗元生活的时代，并不缺乏文化认同。比如，在从果阿到马六甲这样的不断增长的全球贸易中心链条上，人们可以发现许多个人和群体的例子，他们将自己定义为一个有着多种宗教和多样传统的多元世界中某一特定文化的一员。[3] 但人们还远未将世界划分为多个固定不变的，其间始终存在着差异的文明区域。

朱宗元的心中并没有这样的想法。他既不认为自己是一个现代意义上的中国公民，也不认为自己是一个具有代表性的儒家信徒，同时也不认为自己是一个意味着排他性的天主教徒。相反，与他那个时代许多中国和欧洲学者一样，他的世界观可以归结为一种单一的文明视野。至少在定义何为美好和有意义的生活这种关键问题上，他相信最终只有一种普遍的教义才能改善他自己的社会和整个世界的状况。也许会有人说，朱宗元的这种态度与那些信奉中国文化优越性的人并无二致。然而，将朱宗元的单数文明观念与其家乡社会保守的儒家圈子区分开来的，是他那眼光必然向外的信念。

朱宗元与基督教的密切联系，在17世纪中国社会和思想生活中显得有些与众不同，但如果将其视为一个封闭王国中独一无二的"世界主义者"，则未免有些过头。过去几十年的历史研究进一步修正了帝制中国的形象，认为它并非闭关锁国，也没有躲在由石头和文化傲慢建造的长城背后。[4] 对中国往昔的这种刻板、轻蔑的看法在19世纪及以后很有影响——其时西方的统治地位和进步主义精神,催生出某些类型的世界历史叙事,而这些叙事建立在对非西方文化强烈的价值判断之上。[5] 对于现代早期的中欧关系研究来说,这意味着充满活力的西方与停滞不前且消极被动的中央王国的并置,这一观念无疑充斥在这一领域的大部分研究成果当中。

然而,朱宗元的中国既不停滞,也不封闭。即使在17世纪的重大危机中,明代或清代中国依然是世界上最大的经济体,在安德烈·贡德·弗兰克(Andre Gunder Frank)这样的学者眼中,它甚至是世界经济体系的中心。[6] 到17世纪中叶,中国估计有1.4亿居民,比整个欧洲的人口还多,而欧洲当时大约有1亿人。所有这些都意味着中国与世界其他地区之间,不仅在全球贸易上,而且在人口、技术和观念上,都有着密切的联系。

了解这一点意义重大,因为它有益于我们以何种方式来界定像朱宗元这样的中国基督教徒所处的更大的历史背景。没有理由认为,17世纪的中西关系比中国与其他地方,比如中国与南亚之间的联系更为紧密。显然,到朱宗元生活的时代,中国由国家领导的海外发现以及在远至非洲的土地上设立贸易站点的行为,已经持续了两个多世纪。国家对国际贸易和官方准许的海外移民虽然作出了严格限制,但每年仍会有大量中国人冒险海外。在中国的许多地方——不只是港口城市,来自不同社会的外国人亦很常见。同样,发生在16世纪和17世纪的早期全球化,也以各种微妙的方式呈现在中国社会的诸多方面之中。物种交换便是当时的一个例子。比如,甘薯等美洲作物就传到了中国,并改变了人们的生活。[7] 大多数人可能并不知晓这些作物的确切来源,但通常知道它们是从域外引进。

仔细看一下朱宗元的社交圈子,我们会发现,明末清初的下层儒生和官员已经或多或少地注意到了那些遥远之地以及它们与中国之间日益增长的交往。实际上,对17世纪早期中国的藏书和普通图书市场的研究表明,至少在读书人当中,人们对外部世界有着高度的兴趣。耶稣会传教士制作的带有注解的世界地图在中国销量很好,它们经常得到重印,或被收录在东亚其他国家出版的地理书籍中。[8] 而在宗教、信仰体系和精神教育领域,朱宗元的中国亦非一个唯我独尊的文化宇宙。除基督教外,伊斯兰教在中国一些城市中也享有显著地位,在从北京到杭州的城市里都可以看到清真寺。鉴于其在沿中亚的商路上发挥的重要作用,伊斯兰教在中国的历史比基督教更具持续性。比如,位于牛街礼拜寺的北京最古老的穆斯林宣礼楼始建于966年,自明朝以来一直在使用。[9]

除了这些组织和精神中心显然皆在境外的一神教外,其他外来教义在中国也有着稳固的地位。佛教从第一个千年初就已经在中国出现,长期以来一直发挥着重要作用,数百年来它虽然屡遭迫害和压制,但仍然是中国文化结构不可分割的一部分。[10] 不过,人们并没有忘记佛教的印度起源。17世纪初,很多位高权重的反佛者重申了佛陀来自孔子国度之外的事实。一些批评者对于佛教在许多儒生圈子里的强势地位,尤为担心。

17世纪上半叶,包括基督教在内的其他更为边缘化的外来信仰体系,也获得了蓬勃发展的可能。在那个最终导致1644年明朝灭亡的多难之秋,国家的行政部门时常难以运转,人们的生活状况也变得极不稳定。普遍的政治动荡意味着国家控制权的松弛,基督教传教士和出版物得以更加自由地在中国的城镇和乡村间穿行。普遍的危机也造成了一个焦虑和不确定的时代,许多人因此去寻求新的信心和希望之源。[11] 这种情绪影响到整个社会,精英圈子里也发生了一些更为明确的变化,这有助于新宗教的传播。比如,许多博学之士不再认同国家和官方的正统信仰,逐渐转向了其他教义。

16世纪末,当第一批耶稣会传教士抵达中国时,基督教尚未在中国广泛传播,但到了17世纪30年代,生活在中国的基督教皈依者就已达四万到七万之众。[12] 这些数字只是粗略的估算,因为原始材料的证据并不可靠,更何况在一个宗教多元和宗教融合都很普遍的社会里,去界定何为基督教的皈依者亦很困难。但可以确定的是,耶稣会士和随后而来的其他传教士都努力在农村和城市建立起人数可观的天主教社群。一些传教士的工作可谓高瞻远瞩,目标直指中国社会的上层,并取得了一定的成功。中国第一代基督教皈依者中就有一些身居高位的士大夫,比如徐光启(1562—1633)和杨廷筠(1557—1627),他们都属于晚明社会的上层。

朱宗元要比徐、杨二人晚一两代,其社会地位也不如两者显赫。[13] 但他的家庭背景、教育水平,以及在乡试中所取得的成功,足以使之从底层社会的大多数信徒中脱颖而出。换句话说,朱宗元是省一级精英圈子的一份子。他所掌握的知识使之不仅能够阅读晚明图书市场上的各类代表性作品——包括一些西学著作和新近撰写的有关基督教文献的中译本；还让他有机会从事著述，定期与往来于各省的耶稣会神父交流。朱宗元不仅在当地与其他地方的天主教团体之间建立了联系，而且将欧洲传教士网络与他所处的晚明地方社会联系起来。

朱宗元虽然在各个方面都起到了桥梁作用，但若认为他的行为促进了一般意义上的中欧交流，则是有问题的。他对天学的提倡，当然不能等同于任何有着广泛基础的欧洲化计划，这样的计划直到19世纪晚期以后才在中国变得更加普遍。17世纪时，欧洲在经济、政治和文化上的力量，尚不足以迫使中国发生改变。实际上，欧洲各大国并不是决定17世纪中国命运的主要因素。明朝的长期衰落以及之后满洲统治的扩张固然将中国置于重扼之下，但其政治、经济和文化基础并没有崩溃的危险。旧秩序保持得足够完好，王朝更替的危机在很大程度上是由国内问题引起的。[14]人们并不认为这些危机是中国全球性纠葛的后果。[15]

伊比利亚及之后欧洲其他势力的到来，比如带有领土野心的英国东印度公司，给亚洲的一些地区带来了明显的变化，这一点毋庸置疑。[16]在东亚的某些地方，比如之前亚洲贸易的闭塞之地菲律宾群岛，甚至出现了西班牙人的殖民地。[17]葡萄牙人也直接控制了霍尔木兹、果阿和马六甲等地，力图将之串联起来，在印度洋范围内建立一个通行体系。[18]在这些历史悠久的贸易网络经受了最初的冲击后，中国和亚洲其他地方的商人还是找到了应对之道，他们将自己武装起来，或者绕过葡萄牙人控制区，迫使后者采取一种与地区性竞争者更为合作的方式。除菲律宾外，在亚洲的欧洲"帝国"充其量只是这片竞争激烈的水域中的一连串据点。换句话说,像葡萄牙这样的大国也只是或多或少地利用了已经存在于中国、印度、穆斯林世界或其他地方的网络,而这些网络在未来几个世纪里将依然强大。[19] 不过,事态的新的发展对强大的明朝几乎没有影响,因为中央政府并不特别重视海洋贸易。

除了其现代早期的帝国产生了相对温和的影响外,欧洲并没有作为一股统一的力量登上中国或亚洲其他地区的舞台。个别的欧洲大国,如西班牙和葡萄牙,以及其他后来的国家,都彼此将对方视作自己在亚洲的竞争对手。[20] 那些为了丰厚利润对亚洲商路展开争夺的国家,还远远没有被划分为欧洲和亚洲两大阵营,也没有按照宗教路线来予以区分。[21] 相反,对战略据点展开的既是商业性的,也部分是军事性的竞争,却成为不同派系,比如伊比利亚力量与穆斯林苏丹国之间变换不定的结盟模式。与基督教国家之间的激烈争战一样,奥斯曼帝国、伊朗萨非王朝、莫卧儿帝国这些穆斯林帝国之间也经常充满仇恨。[22] 那些海上伊斯兰帝国亦是如此。比如,以苏门答腊为中心的亚齐苏丹国,就在17世纪的大多数时间里,与不断变换的盟友一道,扩大了它在东印度洋沿岸的统治和影响。[23] 我们在各个不同的贸易网络中,均可以观察到类似的模式。不止如此,在易货交换的世界里,中国、伊斯兰、欧洲和其他商人群体也形成了不断变化的协定。有时,中国会联合一些欧洲力量对抗其他欧洲国家,葡萄牙的军队则借重亚洲当地的帮手和辅助队伍,在17世纪20年代,有数千名葡萄牙雇佣兵为多个亚洲国家效力。[24]

即便在宗教的联合与忠诚上,欧洲也不是一个清晰可辨的行为主体——在中国这样特定的传教地区就更是如此。17世纪,东亚的天主教传教士之间的不和是显而易见的,既有不同天主教修会之间的对立,也有耶稣会内部明显的分歧。通过与罗马教廷的各种协议,葡萄牙国王在其所有海外领地的宗教事务上都获得了重要权力,这项工作在 16 世纪初就已基本完成。[25]然而,随着其他欧洲势力的加入,"保教权"(padroado)体系并没有让葡萄牙对整个亚洲的传教形成垄断。实际上,在葡萄牙保教权庇护下展开工作的天主教神父与欧洲其他地区的天主教神父时有冲突,法国委任的传教团与葡萄牙委任的传教团之间的斗争即是一例,这种冲突直到朱宗元的晚年一直都很激烈。而在耶稣会士与他们的中国支持者之间,也存在着这样的分歧。比如,在是否接受祖先崇拜的中国礼仪之争中,欧洲不同派别的传教士和中国的信徒就经历了彼此的对抗。[26]

所有这些表明,我们不应急于将朱宗元所生活的特定世界想象为明显分离的双方——中国和欧洲——之间的遭遇地带(encounter zone)。中欧之间的互动塑造了 17 世纪中国基督教的历史,但这种互动过于复杂,无法将之归结为一种简单的双边模式。即使就欧洲而言,它也不能说清楚在那个时代发挥作用的许多重要动因背后的世界观和精神因素(mental maps)。比如,17 世纪的许多天主教传教士未必认为欧洲是一个有着内在一致性的文明区域,他们也没有在西方(the West)与其余地区(the rest)之间作出大致的区分,这一点与 19 世纪和 20 世纪的多数传教士是不同的。据说,一些耶稣会士把在波兰及其东部邻国的传教比作是在亚洲社会的传教,[27]也有些神父将布列塔尼和新法兰西的当地居民视作同样未开化的人,他们需要教育和指导,以拥有更好的人生和信仰。[28]

那么，将朱宗元置于中国和欧洲之间的替代性观念是什么？我们既不能也不应从中国中心的视角来审视朱宗元。朱宗元可能从未离开过其家乡所在的省份，但他的著述和生平都超出了当地或中国的语境。他是超越了汉字文化圈边界的其他历史领域的一部分——比如，他的生活在现代早期天主教的历史中就占有一席之地，而天主教有一个制度化的教会和一系列信仰体系，随着它向世界各地的传播，发生了巨大的变化。朱宗元的生平与天主教会的一个特定修会耶稣会的历史也有着密切的联系。当时，耶稣会士已经活跃在几个大陆之上。朱宗元虽然从未获得耶稣会正式会员的资格，但其一生中的大部分时间都与天主教传教士有着密切的交流与合作。他在很多方面都认为，自己与这些神父及其全球网络一道在追求共同的事业。但这并不意味着他会违背中华文明的伟大价值，尤其是儒家的思想。

再有，如何兼顾朱宗元一生中明显的地方维度与他的跨大陆联系？最好的办法就是将微观历史的视角和宏观历史的视角结合起来。为了使他那极具特色的地方生活的全球维度更加清晰可见，我们不应急于夸大前者。当然，我们也不必放大朱宗元的全球历史意义。我们可以确认的是，他在很多方面都是其家乡宁波精英阶层中非常普通的一员。除了他在当地的职责和作为著述者的活动外，朱宗元在当时中国基督教社群中根本算不上一位显赫的人物。然而，葛斯默·朱（Cosmas Zhu）却处在错综复杂的全球与地方结构相互碰撞的地带之上。他的著作分属两种历史情境，即全球性的天主教图书市场和繁荣的晚明图书市场。朱宗元在著作中所提出的基督教模式既适应于17世纪的天主教世界，也合乎17世纪的儒家图景。同样，尽管他所处的地方性天主教社群深深植根于中国的社团生活，但也是全球化的教会组织的一部分。

因此，朱宗元的生平和著作的许多方面都处于一个多重叠加的语境中。这些语境相互交织在一起，他本人终其一生都可能没有意识到。对于全球天主教和晚明中国这样的大体系来说，它们之间的相互接触和彼此塑造是经由许多点来完成的，朱宗元就是这些点中的一个。实际上，这些广泛的相互联系取决于像他这样的谦谦君子所发挥的作用。但同时，朱宗元和其他的连接者也并非超然独立的力量。相反，他们经受了巨大的压力和约束，而这些压力和约束正来自全球天主教会与中国国家和中国社会这样的大的权力体系之间的碰撞。

新的研究进展

任何试图阐明朱宗元复杂的全球性和地方性世界的努力，都需要利用许多研究领域的学术文献。本书所提出的多个观点得以成行，受益于已有的著作、前辈学者提出的与中国基督教历史和相关主题有关的各种问题。在过去几十年中，对于16—18世纪中国基督教的研究发生了许多重要变化，对于中欧交流这一更大问题的研究亦是如此。总的来说，历史研究愈发强调了16世纪末及之后，中国信徒在中国基督教形成中的重要作用。这是一个重要的发展，因为直到20世纪80年代，许多最有影响的研究都将耶稣会士描绘成复杂的天儒会通的主要创造者，而他们的传教策略后来被称作适应性政策（accommodation method）。按照这种较早的观点，像利玛窦（1552—1610）这样的耶稣会中国传教团中的重要人物，本身就基本上具备了让基督教与中国文化和社会政治结构的各个方面兼容的全部所需技能。[29] 许多研究者都假定，这位著名的意大利耶稣会士和其他前往中国传教的重要人物一样，几乎都是单枪匹马地创建了一个博学的理论框架。他们为此利用了各种文献，有重要的儒家经典，也有《圣经》和古希腊的哲学著作。[30]

对晚明基督教的这一欧洲中心主义解释，无疑贬低了中国的作用，认为它不过是欧洲传教士提出的跨文明计划的被动接受者。若从这类观点来看，中国只不过提供了一个舞台，传教士的"巨人一代"才是这个舞台上的主角。[31] 具有讽刺意味的是，这一同样的想法——适应性政策完全由欧洲传教士自己所创——竟也成为坚决批判耶稣会在华政策的根由。许多学者将明末清初的天儒会通视为一种文化上的强迫行为，一种对历史的绑架，他们一致认为中方几乎没有能动性。[32]

然而，质疑这种解释方法，已经成为新近学术研究的一种普遍趋势。当前，这一研究领域的许多论著都认为，适应性政策不是耶稣会的创造，而是欧洲传教士与中国儒生之间深入互动的结果。诚然，大多数耶稣会传教士精通当时的汉语和文言文，并对中国传统造诣颇深。但许多研究者认为，中国图书市场上虽然出现了以他们的名义刊行的著作，但他们的文字尚不可能达到用优雅的明代散文去撰写著作所需的娴熟程度。[33] 如果没有中国儒生的主动协助，他们也很难对儒家文本作出解释，这对于让基督教至少在原则上为中国知识阶层的读者所接受是必不可少的。那些助其成行的中国合作者，可能是皈依者，也可能仅仅是专门受聘于完成这项任务却未尽其才的儒生。

用一种博学的书面汉语去表达欧洲的信仰，对于展现基督教与儒家思想之联系至关重要。同样，用一种与中国同类著作相似的形式去撰写宣扬基督教的著作也很重要。仅仅将欧洲著作翻译成汉语，是不够的或无效的。当时宣扬基督教的文献，一般都将这种欧洲信仰描述为儒家思想内在可能的一部分，即是出于此种考虑。这些文献大都充分熟知且能精准把握中国传统以及明末清初儒家思想的基本概念、隐喻和文本，便是明证。许多基督教出版物都参考了大量权威的中文文献，涵盖了古代的《五经》和后世的注疏。即使是欧洲科学方面的相关内容，也只有用充分了解中国文化和文献传统的方式撰写，才能吸引中国读者。[34]从很多方面来看，撰写适应性政策的历史时所采用的视角，都堪比撰写欧洲地理大发现历史时的情形。正如与"发现者"合作的当地向导及其本土知识都处于从属地位一样，中国儒生在塑造新的天儒会通时所发挥的作用亦是如此。

当前，历史学家愈发关注耶稣会文本中的那些中国合作者，这只是该领域研究路径所发生的更广泛变革中的一小部分。对积极参与创建17世纪中国基督教的中国人的兴趣与日俱增，才是更为普遍的趋势。[35]伴随这种转变的是参与这一领域的学术群体的变化。长期以来，他们多由神学家、研究欧洲传教团的历史学家和其他通常不懂汉语的学者所主导。[36]自1975年以来，越来越多的学者进入这一研究领域，他们要么是专业的汉学家，要么是有着坚实的中国研究背景的学者。[37]

西方学术界的这些发展是与汉语学术的转变同时发生的。20世纪上半叶，基督教史的研究在中国尚有一些杰出的代表，如天主教学者方豪。但到1949年后，这一研究在中国大陆受到了限制或至少严重滞后。从20世纪80年代开始，尤其是在过去的几年中，中国的一些大学逐渐成为明清基督教史研究的重镇，[38]研究者同时也在关注其他国家的研究。因此，现在有大量的中文文献可供选择，用于深入研究各种主题，从单个的中国基督教徒到当时中欧之间的各种接触，应有尽有。[39]由于只有很小一部分中国历史学家可以阅读用现代早期的欧洲语言和拉丁语写成的史料，这一研究主要侧重于中文文本。

中国、西方和其他国家大学里的这些进展，使得大量主要基于中文原始史料的著作得以出版。这进一步脱离了以传教士为中心的观点，同时也对17世纪中国基督教特定的地方历史背景有了更为深入的理解。[40]所有这些都意味着，基督教在中国所呈现出的样态，不再主要被视为对欧洲舶来品的改进。当前，人们更多地是将中国基督教皈依者的历史作为中国而不是欧洲过去的一部分来研究。许理和（Erik Zürcher）、钟鸣旦和孟德卫等学者，就一直密切关注明末清初社会、政治和文化错综复杂的模式。[41]让他们和其他研究者愈发感兴趣的是，天学与明末危机时期如雨后春笋般出现的思想派别、政治组织和宗教运动之间平行发展和互相纠葛的关系。同样，对这些密切相关的众多主题——不论是科学史还是中国基督教社群组织——进行研究时，都更加重视地方环境的形塑力量。与之类似，对多样化的中国基督教社群之间地区差异的研究也变得更加敏感。[42]

对整个中国语境的日益重视，让明清时期中国基督教的形象更加复杂。虽然之前的学者并不太在意中国基督教徒的多面特征，但是自20世纪80年代末以来，研究人员开始关注更为多样化的基督教皈依者。起初，人们更加重视那些已经得到认可的个人，如李之藻（1565—1630）、徐光启、杨廷筠这样的被称作"中国早期基督教三大柱石"的士大夫，他们都在科举制度中考取了进士这一最高等级。[43]近来，学者对基督教的研究转向了其他受过教育的基督教徒，以及未受过明显教育的农民和其他社会群体中的基督教徒。[44]从研究著名人物的历史，到研究更广大的社会下层中更加常见的话语和世界观，这种转向并不局限于对中国基督教的研究。思想史和宗教史这些更广阔的研究领域也见证了它们自己的反精英中心取向的运动，这说明社会底层的观念和信仰开始得到历史学家群体更加认真的对待。[45]

无论如何，当前的历史研究更加关注明清变革时期中国基督教的不同环境和类型。随着这一领域研究课题的不断增加，我们对中国基督教的印象也更加多样化，也更少受到耶稣会传教士的影响。中国和其他国家的历史学家将更多的兴趣投入到这些复杂的信仰世界中，他们把目不识丁的中国信徒理解为基督教新形式的创造者。这一点很重要，因为在许多皈依基督教的农村社群中，体现基督教信仰的雕塑、符号和元素与佛教和道教的实践融为一体——这是数量有限的耶稣会传教士无法控制的事情。在这样的社会群体中，基督教与中国大众宗教的纠葛与重叠，以及对巫术、魔法和咒语力量的信仰，都对基督教的实践产生了重要影响。[46]

这是一个信仰融合的世界，与传教士和中国文人经常就如何解释儒家和基督教的概念而发生的博学的争论相去甚远。

这一领域的著作除了让我们关于"明清"的观念变得更加多元外，现在也更加强调耶稣会士在中国生活的各个方面。最近的研究主要涉及中国宣教的欧洲一方，但也凸显了在华耶稣会神父群体的巨大分歧、差异，甚至冲突的路线。[47]此外，一些著作对利玛窦、艾儒略（Giulio Aleni，1582—1649）等人传教活动的欧洲及中国背景，予以了同等程度的关注。[48]其他研究则强调了耶稣会士在中国活动的高度多样性，包括科学工作、参与中国的官僚机构、学术合作，以及定期的礼拜工作和偶尔借助十字架的力量进行医治的活动。[49]同样，当前的研究对于耶稣会士参与其中的社交圈子的选择，也不像过去的研究那样显得小心翼翼。一些耶稣会士如汤若望（Johann Adam Schall von Bell，1591—1666）确实为朝廷效力多年，大多数传教士也的确与精英圈子保持着频繁的联系。但是，许多神父实际上仍将大部分时间花在了中国下层社会上。[50]考虑到17世纪40年代，明朝的一些耶稣会传教士成功地使数万人皈依基督教，这是有道理的。

耶稣会士在中国广泛的社会交往和宗教活动，实际上是他们在各自国家行为的转移。在欧洲大部分地区，同一个神职人员以非常不同的方式来践行基督教是很常见的，比如，参加学术论辩和执行驱魔活动。在当今世界，我们更容易将这些元素视为互不兼容甚至彼此排斥的，但是在17世纪的欧洲，高雅文化和通俗文化的分裂并没有那么明显。[51]这一点与当时中国的精神世界是兼容的。在中国，饱学之士经常参与各种礼拜仪式，但数个世纪后，这些仪式将被归入"迷信"一类。[52]

无论如何，中国宣教的传播渠道和接触地带（contact zone）远远超出了饱学之士之间书生气的对话。两个非常复杂且多元的世界的相遇，产生出大量不断变化的新的解释、融合和创造性张力。[53]天学可以有多种形式，它在很大程度上取决于一个个中国的皈依者和欧洲的传教士，以及他们的社会背景、个人网络和地方社群，也最终取决于他们对宗教的特定解释。

问题与视角

本书以朱宗元这一个体为切入点，审视了17世纪中国丰富多彩的基督教世界及其多样化的语境。正如本书所示，朱宗元生平中的全球与地方情境并没有被整齐地划分为互不关联的几个部分；相反，它们以复杂的方式缠绕在一起。一方面，明末清初时期，即便是在宁波这样的港口城市和贸易中心之外的地方，中国人的生活也受到了外来力量的影响；另一方面，17世纪的全球性动力不是由相互分离的全球进程形成的，而是由许多相互交织的地方历史构成的。[54]正因为如此，研究像朱宗元这样的个人的历史，就不能仅仅透过地方史、区域史、全球史中的一种，而是要将三者结合起来。这种方法不仅可能，而且可取。可以肯定的是，这三种分析层次常常是紧密相连的。实际上，地方和跨地方视角的结合是当前与"全球史"这一术语相关的大部分著作的特征。说得更具体一点就是，将微观史和全球史联系在一起的兴趣也在与日俱增。[55]

无论从哪个角度来看，对朱宗元的研究都尚付阙如，英语学界对他的研究亦不多见。[56]在20世纪40年代至70年代之间，研究中国基督教的重要史家方豪曾在参考文献中收入了朱宗元的著作，[57]但西方的学术著作中很少提到他。[58]在中国，随着对明清时期基督教徒兴趣的增长，近年来的一些博士和硕士论文对朱宗元开始有所关注，[59]一些论文也提到了他的生活和著作的某些方面。[60]

虽然可以在很多材料中发现朱宗元的零星信息，但它们充其量不过是对朱宗元生平的粗略描绘，偶尔会有一些清晰的亮斑，闪烁在模糊不清的传记画面上。因此，即令本书的目的意欲提供一部朱宗元的传记，但他的个人和职业生活资料的相对匮乏，让我们无法充分而深入地了解他的个人发展、周边环境和亲密关系，这一点令人感到沮丧。本书也很难描述他个人的希望与恐惧，这其中就包括他皈依天学的更多个人原因。[61]

本书的大部分内容涉及朱宗元的身后之物，即他的著作。如前所述，朱宗元写了两本书和几篇较短的文章，而我们在一些介绍其他基督教著作的论著中也发现了他的名字。我没有讨论他全部作品中所涉及的所有主题，而是优先考虑他的部分著作，在这些著作中，朱宗元深刻反思了地方生活与跨地方信仰之间的碰撞所带来的思想上的挑战。比如，他对文化特殊性与伦理普遍主义之关系的思考，以及他对中华文明史上外来影响的重要性的论述。

以下各章讨论了朱宗元的生平，尤其是他的著作的各种地方和跨地方语境。每章都以我们这位宁波基督教徒的一个侧面为出发点，来分析地方和跨地方的种种纠葛。这一路径让我能够详细考察两个巨大的结构,即全球化进程中的天主教会[62]与晚明国家和社会之间伟大遭遇的重要方面。两大结构及其附属组织之间的互动未必是和谐的,由此产生的摩擦可能导致意想不到的结局。我认为,将一个特定的个人作为节点置于包括17世纪天主教在内的复杂网络中,会让我们对形成这种冲突的各种权力模式——既有意识形态上的也有制度上的——更加敏感。毕竟,天学并不仅仅是思想努力和精神追求的产物,不同派系所提出的霸权上的诉求和制度上的控制在其形成时期及以后也很重要。

第一章从中国和欧洲的原始文献中重构了朱宗元的生平轨迹。它揭示了区域和跨区域的交流线路是如何影响了像朱宗元的家乡宁波这样的港口城市的生活。它还描绘了重要的社会和经济变迁,有助于我们更好地理解朱宗元非比寻常的天学进路,其中包括文人阶层的衰落以及儒学在某些圈子中的私人化。本章还展现了与这一背景有一定关联的各种时代危机,这些危机塑造了朱宗元的一生,并在满洲征服中国中达到顶峰。我们从中可以看到,作为地方精英中的一员,同时也是外来宗教组织中的一份子,朱宗元是如何必须小心翼翼地避开他那个时代的各种祸端。显然,他在许多方面,都不得不生活在一个由相互矛盾的忠诚和无法解决的冲突构成的世界中。

第二章表明,这一系列的冲突和持续不断的斗争也是朱宗元天主教社群生活的特征。本章进一步探讨了朱宗元作为基督徒的各种角色,这些角色多与他作为一名儒生和宁波上层社会之一员的生活纠缠在一起。比如,他当时正在撰写天儒会通的著作,起到了联系当地基督教圈子与派驻在中国各地的欧洲传教士的作用。

本章认为，正是由于基督徒的生活没有（也不可能）完全脱离中国的公共生活和社团生活，它才有着诸多内在矛盾。作为遭遇的双方，中国与天主教都必须作出制度上的妥协，最终的结果并不总是让天学更容易为中国的受众接受。与其他宣扬基督教的作品一样，朱宗元的著作（本章在晚明图书市场和新兴的全球天主教图书市场这一双重语境中对之予以了讨论）也在为实现这一目标而努力，但这些著作并不能将17世纪中国基督教有争议的现实搁置一旁。

第三章从观念、概念和学说的层面讨论了代表了天学特征的那些内在张力。我认为，所谓的适应性政策不仅是博学的对话和简洁的认识论综合的结果，而且是两大权力体系之间斗争妥协的结果，因为在每一个权力体系内，都有各自的霸权诉求和内部争斗。在天主教方面，参与交流并带来天儒会通的是一个矛盾丛生和摩擦不断的纷繁世界，其主要框架建立于16、17世纪之交。对话的另一方同样复杂，尤其是儒家学说的高度多样化（甚至有些不和谐）。在儒家学说的框架之内，国家所准许的反基督教言行，成为不断反复的潜在威胁的根源。本章以朱宗元的著作及其特定的历史背景为主要参考，指出天学的轮廓是沿着可能存在于全球教会特权与晚明中国之间薄弱的中间地带发展成型的。在这一复杂的地带上，天主教很难以一种与17世纪的中国学说完美融合的方式，或者至少与这一时期任何主要儒家阵营发生紧密联系的方式被华化。

第四章考察了朱宗元试图与其信仰的异域起源达成和解的方式。这是一项艰巨的挑战，因为出于各种原因，天学强调的那些关键概念、仪式和符号都不是中国的，而是明显发端于欧洲。此外，由于晚明文化和思想生活中的各种因素，无视基督教的外部根源几乎是不可能的。本章注意到了这些背景，也考察了朱宗元是如何试图厘清普世价值与中国文化的关系，以及"中""外"概念之间的关系。为了提出自己的观点，朱宗元深入研究了整个儒家学说和中国史学。正如本章所揭示的，当朱宗元提出文化开放的理由时，他认为必须严格按照受过良好教育的儒生的高雅模式行事。

第五章侧重于分析朱宗元在其著作中详细描述的欧洲和耶稣会士的形象。朱宗元以中国儒家的理想色彩描绘欧洲，他眼中的欧洲大陆暗示着中国经典中所描述的古代黄金时代。同样，在朱宗元的叙述中，耶稣会传教士以儒家圣人的形象示人，他们从远方而来，但当时的中国社会——如朱宗元所见——已无法再孕育出真正的智慧。如本章所示，中国的基督教徒和欧洲传教士同时传播了理想化的欧洲形象。尽管中国读者并不一定会轻信这些表象，但它们对于另一种完全不同的关于欧洲和天主教观念在17世纪中国的传播，还是起到了作用。正如本章所述，在受过良好教育的中国文人及其日益增长的信息资源中，出现了各种不断变化的区域和全球意识模式，朱宗元对之有着明显的反应。许多中国文人注意到了西班牙殖民菲律宾这样的事件，认为基督教在为欧洲列强的利益服务。在我看来，种族认同在晚明天主教组织结构中发挥的作用，可能加剧了这种担忧。在朱宗元生活的时代，由于反对天学所支持的普世理想，中国人在事实上仍然被禁止成为神父。

结语则将本书的主题嵌入到朱宗元生活时代更加广阔的全球

历史视野之中。它探讨了诸如宗教在跨洲贸易路线中角色变化之类的问题，并说明了宗教与不同的，常常是对立的权力结构的纠葛。它表明，天主教中国宣教史只是发生在世界许多地方更大的全球性转变和遭遇的一个方面。由此产生的接触和摩擦最终贯穿于每个个人的生活之中，而每个个人都有着自己的希望与恐惧。面对众多障碍和约束，他们必须要与自己的抱负或野心进行协商。朱宗元虽然是一个特殊案例，但他对来自异域观念的兴趣，以及他认为这些观念可能会适用于自己环境的信念，让他在不同宗教和许多地方都能找到自己的同道。

第 一 章
地方生活及其全球背景

中国与世界之间的宁波

朱宗元的家乡宁波位于中国东部沿海的杭州湾入口。在明代，这个城市和今天一样是浙江省的一部分。乍看上去，宁波并不像是一个重要的交易中心：它被八米多高的厚厚的城墙包围着，市中心几乎没有比城墙还高的建筑。[1]在宁波历史上大多数时间里，这道墙与其说是阻止外人进入，不如说是保护城内的区域，使之成为一个往来频仍的遭遇之地。实际上，作为商业密集之地的港口，宁波比大多数人口相当的其他中国城市，与长途贸易路线的联系更加紧密。数百年来，在将长江下游地区与中国庞大而复杂的运河体系以及海洋连接起来的交流网络中，宁波发挥了重要作用。各种各样的商品往来于此，有南方的铁、象牙和胡椒，北方的丝绸，日本的木材以及用于海外贸易的瓷器、漆器和纸张。[2]

在经过了一段相对衰落的时期之后，宁波的重要性在16世纪再次提升,当时中央政府放宽了对海外贸易的限制,而杭州作为中国最大的地区性都市之一,其附近的港口却开始淤塞。[3]明朝后半叶,宁波兴建了大量工厂,包括一些出口型工厂。1487年至1560年之间,紧邻着宁波新建了七座商业城镇,成为这座城市财富迅速增长的进一步证据。这一时期,朱宗元的家乡再次成为中国的一个重要港口,其地位一直保持到20世纪早期。它还发展为高度发达的金融中心,并成为政府主要机构的所在地。[4]

回望宁波,这里有一个联接中国与世界的悠久传统。但在朱宗元一生的大部分时间里,也就是17世纪上半叶,它繁华不再。明朝的持续衰落,加之清政府的日益巩固,其所引发的持久危机对浙江省北部产生了极大影响。[5]它加剧了宁波地区经济的衰退,国内市场和海外市场的低迷不振,也导致了生产过剩和通货膨胀。[6]此外,不论是将要告别的明朝,还是即将到来的清朝,当权者都严格限制对外贸易,并实行严苛的移民法规。但鉴于中国漫长的海岸线以及国家官员的过于分散,此类政策通常难以执行。不仅如此,国家机构的失效和官员的腐败给许多群体带来了新的可能性,其中就包括为了在利润丰厚的贸易流动中获得自己的份额而展开竞争的欧洲商人。

17世纪中期,宁波的跨境交易网络虽然受到了限制,但并没有完全消失。这一地区跨大陆的联系及其悠久的历史继续影响着宁波的居民。比如,外国纺织品和家具在宁波和其他地方的上层社会仍然很流行。[7]中国人的其他消费习惯也受到当时全球变动的影响。玉米虽起源于墨西哥,但在中国已经成为人们熟悉的作物。另一种新世界的作物烟草,在中国也变得十分常见。1639年,崇祯皇帝下令禁止在京城售卖烟草，犯者论死。[8]朝廷对长江下游地区的农民尤为担忧，因为他们为了获得利润更大的收成，不再种植主要的粮食作物。但这一行为注定以失败告终。

从朱宗元手中流过的银币，很大一部分显然来自海外。明末，沿海地区广泛使用印有欧洲君主肖像和其他外国图案的西班牙银币。[9]但这些西班牙硬币不一定是用欧洲白银制成的：在朱宗元生活的时代，全球近一半的白银供应开采自今天玻利维亚的波托西（Potosí）等地。白银漫长旅途的终点通常是明代中国。尽管中国政府试图限制进口，但作为一个庞大的经济体，中国吸收了全球白银的大部分产量。[10]

宁波长期以来一直吸引着国内外的移民，这个港口在历朝历代接待了大量穆斯林群体和其他来自远方的商人。晚明的一些史料告诉我们，在长江三角洲等经济发达地区的城市中心，认识一个外国人对很多人来说并不稀罕。[11]因此，当朱宗元走在宁波繁忙的街头时，在这座生产设施和商业活动已经存在了很长时间的城市中，明显具有外国血统的人依然十分常见。这些外来者中有葡萄牙和欧洲其他国家的商人，他们自17世纪初以来，就一直居住在宁波沿海的岛屿上。这些人称宁波为Liampo，从这个名字中我们就能看到跨地方交流网络的存在。[12]Liampo这个被欧洲人广泛使用的名字，可能来自广东话发音。当时，与葡萄牙商人对谈的大多数中国人都说的是广东话。[13]

欧洲人在宁波的存在只是这个始于15世纪的时代的一个侧面。在这个时代中，跨大陆接触的范围越来越大，且呈现出更加持久的特点。17世纪中叶左右的危机虽然减缓了这一进程，但没有扭转其更为长期的转变。世界各地之间建立起新的海上联系,长途贸易变得更加重要。[14]棉花、糖、胡椒及其他香料等商品的贸易在增长,它们以一种新的方式将各个地区联系起来。[15]不论是在跨地区交易基本都由国家管控的中国,还是在亚洲其他地方,此类贸易并不像之前的世界史著作中所说的那样,通常被欧洲强国所控制。欧洲商人和传教士只是这个由众多不同的参与者在其中发生互动的、丰富多彩的世界的一部分。[16]

在某种程度上,跨区域贸易的重要性在不断增强,并对不同大陆经济实力强大的地区产生了相似的影响。[17]中国的经济中心,比如江南东部和朱宗元的故乡浙江北部,与欧洲的生产和消费中心,比如荷兰或英国,有诸多相似之处。[18]这些地区的人口密度可能达到了前所未有的高度,在有些地方,甚至直到今天都还没有超过当时的水平。[19]不论是在欧洲的还是中国的经济中心,商业化的不断发展导致了一些专门的市场型城镇的密集增长,而原始资本主义经济也使得以短期雇佣和长期雇佣为基础的自由流动的劳动力在不断增加。[20]在这一时期的大部分时间里,中国和欧洲的城市、商业都经历了显著发展,效用强大的新技术也得到传播,它们都与全球贸易的增强有关。[21]在这些地区以及其他地区,识字率在上升,市场的跨区域化也随着社会流动性的提高而加强。[22]

与这些联系和共同的转变相伴随的,是新的知识和技能的流动。来自世界各地的商人开始分享遥远之地的市场和价格信息,在亚洲沿海的某些地区,一种经过本土化的葡萄牙语成为通用语言。[23]新的技术和与之相关的人的技能也跨越了社会边界,带来这一变化的通常是那些离开家乡服务于远方统治者的专业人士。同样，有关异域文化的新知识在许多社会都得到传播，它激发了人们文化上的好奇心，不论这些人是欧洲社会受过教育的阶层，还是生活在包括中国在内的世界其他地区。

一些学者借助欧亚纠缠这样的概念或者欧亚早期现代性这样特定的观念来思考这些相似性和相互联系。[24] 但应当注意的是，我们不应从这些共有的模式中，读出过多的相似性。因为在包括中国和欧洲在内的世界许多地区，所有的流通活动以及社会秩序和思想政治文化的关键方面仍然是不尽相同的。[25] 不过，当我们将 17 世纪中欧关系的历史纳入其全球背景时，这两大地区便不再显得完全不同。实际上，那个时期的许多旅行者都谈到，他们在世界不同地方都遇到了熟悉的因素。比如，耶稣会关于中国的报道并没有将这个庞大而遥远的王国完全描述成充满奇异或异国情调之地。[26] 相反，他们的叙述是用他们不断增长的全球纠葛的鲜活经验写成的，这种纠葛在宁波这样的海上贸易中心尤为明显。

时代危机

朱宗元的中国不处于任何黄金时代之中。他一生中的大部分时间，都伴随着一个衰落、死亡和毁灭的时代。中国在几十年的时间里都处在彻底动荡的边缘，尤其自 17 世纪初开始，各种危机相互交织，给予中国一次次重击。叛乱和外族入侵最终汇聚成一股巨流，冲垮了明朝。这个故事更为详细的内容读起来就像是一出戏剧。早在 16 世纪的最后几十年，高居明朝制度结构最顶端的朝廷，就遭到反对派、腐败和阴谋的削弱。一些皇帝，或所谓的天子，自愿隐退到自己的私人世界之中。有些皇帝则是不得已而为之。比如，天启皇帝（1620—1627年在位）在其当政的大部分时间都在从事木工活，此时的中国则在太监魏忠贤（1568—1627）实际的独裁统治下坠入第一个低谷。其他一些皇帝因早逝，留下了更年轻且准备不足的继任者。更为常见的是，高官的职位犹如走马灯一样变换不停。明朝中央政府和整个国家机器的力量有如盘根错节，充满了斗争，以至于非常有能力的官员也最终陷入绝望。[27] 在这种情况下，越来越多的官员不再为国家服务，转而在更有前途的领域寻求完满。其他的儒生甚至都不愿在政府中谋得一个职位。朱宗元就是他们队伍中的一员。

然而，并非只有内讧和国家部门的瘫痪困扰着这个每况愈下的王朝。从17世纪初开始，这个国家的大片土地遭受到一系列歉收，到17世纪30年代状况愈发恶化。干旱、洪水和蝗虫结伴到来，每一次灾害都夺去了明朝大批人的生计。在这条毁灭之路上，瘟疫又接踵而至，它击倒了那些因饥饿和营养不良而变得羸弱的人。摇摇欲坠的官僚体系却无力减缓这些灾难，因为在财政上已经捉襟见肘的明朝还在不断增加军费开支，但又没有可以借款的公共信贷系统。最终，朝廷用尽各种严酷的手段来增加税收，给农民和工匠们带来了最猛烈的打击。一个饥饿的国家正在向它饥饿的人民谋求岁入：在宁波，明朝灭亡的最后几年，税收竟然翻了一番，根本不顾当地人民的悲惨境遇。[28]

中国的状况变得越来越糟。当时的史料谈到了买卖儿童、杀婴、谋杀、绝望和流离失所。明朝的许多地方，包括宁波及其腹地,时常爆发匪患和起义,也就不足为奇。在 17 世纪二三十年代,从邻近的县征兵,使之服役于中国北方,就屡屡引发叛乱和动荡。同时,各政府机构采取了打击海盗的行动,造成了更多的流血事件。1627 年,中国军队与海寇林七老作战,据说后者与荷兰军队合作,竟然到了自封为王的地步。[29] 17 世纪 30 年代中期,政府展开了讨伐刘香的激烈战斗,后者用其在海上贸易获得的财富,建立了自己的武装部队。[30] 最终,刘香在他的一艘船上自尽,但持久的冲突使包括宁波沿海在内的许多地区被彻底破坏。而社会上的焦虑和绝望通常也会很快演变成当地的动荡和冲突。[31]

明朝大部分地区的情况都没有变得更好。歹徒和叛乱分子的数量一开始并不多,但到了 17 世纪 30 年开始显著增加,其时崇祯皇帝刚刚成年。因为财政危机,许多军队经常被克扣军饷,他们四处劫掠,最终成为叛军,有时也与白莲教等宗教组织发生联系。这些叛军与其他亡命之徒一道,组成了日渐庞大的武装集团,几年之后竟达到数十万之众,在中国的中部和西北部诸省尤为活跃。17 世纪 40 年代初,几支最大的叛军首领在联合失败之后,开始有计划地攻城略地。[32] 最著名的反叛者李自成(1606—1645)甚至宣告成立了一个新的王朝,并于 1644 年春攻克北京。明朝龙椅上最后一位正式的在位者崇祯皇帝别无选择,他自缢于紫禁城里的一棵树上,享年 33 岁。

李自成的大顺王朝是短命的。它不是被明朝的残余势力联手摧毁,而是为另外一股威胁明朝多年的力量所灭。在 17 世纪的前几十年中,一些游牧民族(主要是女真人,也包括蒙古人和其他游牧民族)结成联盟,在一位有号召力的领袖的领导下发展成一支紧密团结和引人注目的力量。到17世纪30年代，这支力量的组织更加完善，具有了军事技术和作战经验。其时，许多游牧民族以满洲之名进行了重组，并宣布成立新的朝代。新的王室自称为清，且已经占领了长城东北的大片领土，[33]但没有人会猜到它的统治将持续到20世纪初，并成为中国历史上最后一个王朝。

1644年夏，明朝将军吴三桂与清朝临时合作，为后者迎来了良机。吴三桂曾为明朝辽东总兵，拒绝归顺由闯王卒践帝祚的李自成，他将最后的希望寄托在与满洲人的结盟上。但是，在1644年晚些时候占领京城后，满洲人的首领扭转了局面，他们将天子的黄袍穿在了一个孩子身上。*此后，他们设法迅速巩固了自己的权力，并在一些强大的汉人同盟中赢得了合法性。[34]在接下来的几年中，满洲人的联军挥师南下。到1646年底，帝国的重要部分，如长江三角洲和浙江省，大部分都已沦陷。在一年左右的时间之内，满洲人就牢牢地控制了中国大部分地区。

诚然，直到17世纪40年代末，明朝的势力依然没有被彻底根除。以明朝皇室的旁系为中心的零星抵抗，一直持续到17世纪80年代初。但不管怎样，明朝无疑在很久之前已经归于历史。清朝的成功建立意味着，一群一代人之前数量不足7万人的武士，征服了一个拥有世界上10%的陆地和35%的人口的帝国。[35]清朝的统治者努力在保持满洲认同和重新将自己定义为统治中国的合法力量这两个目标之间找到了平衡。其早期的政策反映了这种紧张关系：一方面，每一位中国男性都被迫接受典型的满洲人发

---

* 指顺治皇帝。1644年10月顺治在北京参加入关后的登基大典，时年7岁。——译者

型，剃光额头和脑后留有长辫;[36]另一方面，新王朝渴望恢复儒家的科举考试，尽管在当时实行一种配额制，以保证满洲考生也能获得头衔和职位。

中国社会的部分地区，特别是北方，对清朝表现出高度支持，尤其是在看到清朝明显能够重新统一和再次巩固这个帝国时，就更是如此。但在南方，却有着更多的反抗，以文人尤甚。当数百名文人意识到明朝的统治在李自成垮台后不能迅速恢复时，他们便自杀了。[37]在满洲人的军队和汉人盟军开始南下后，一些地区进行了顽强的斗争，但当反抗新统治者的协调运动不可能再出现时，这种武装反抗便瓦解了。为了避免受到新统治者的严酷惩罚，越来越多的汉人城市和地区自愿投降。这一波波的破坏和不幸同样也将席卷宁波，迫使朱宗元这样的人小心行事以保平安。

虽然目睹中国大部分地区陷入战乱之中，但朱宗元可能并不知道如下一个事实，即17世纪中叶的危机有着区域和全球两方面的因素。[38]实际上，朱宗元的一生（大致从1616年至1660年）恰逢一个动荡不定、暴力丛生的时期，一些历史学家称之为17世纪中叶的全球危机，因为世界上很多地方都目睹了重要的战争和暴动。最明显的例子有中欧的三十年战争、中国的朝代更迭、苏格兰和丹麦革命、莫卧儿帝国的内战以及葡属巴西的成功起义。这些基本上同时发生的危机，在世界范围内引发了许多历史反思和学术争论。一些学者将之解释为人口增长与无力承受经济和政治挑战的僵化的行政结构共同导致的后果。[39]其他学者的解释侧重于新军事技术的出现，[40]还有一些研究强调了气候的因素，着眼于17世纪早期和中期的全球变冷及其对收成的负面影响。[41]

而发生危机的各个地方之间并非没有联系：一个地区的战争可能会对另一地区产生重大影响。比如，欧洲的三十年战争，再加上美洲几乎枯竭的银矿和日本的政治危机，意味着全球对白银的需求在上升，这便导致了中国白银的短缺。[42]它击中了中国经济的软肋，也打击了明朝难以为继的税收制度，加剧了朝廷的财政问题。不仅如此，西方的大规模战争也损害了中国的经济，因为欧洲的丝绸消费量在急剧下降，削弱了中国相应的出口产业。当然，这一时期，几乎没人能理解全球范围的这些联系或潜在的交流路线。相反，无论是在杭州还是汉堡，人们都在承受当地之苦。朱宗元即是其中一员。

寻道于多事之秋

朱宗元卒于1660年左右，其生也短，让他不能一睹明朝最后的效忠者与清朝之间一切敌对行为的结束。不过，他有十多年的时间生活在一个大灾大难已经结束的世界里。国家的制度架构虽然发生了变化，但更重要的是，它正在恢复结构和稳定性。据估计，明朝长久的亡国之痛和清朝之初肇使大约一千五百万人丧生。但这些伤痛很快就消蚀于这个逝去的时代中。

在这一时期，中国有些地方的生存环境变得更糟，尤其是北部和西北部，那里遭受自然灾害和战争的打击最大。但朱宗元的家乡也未能从这场在当时的欧洲语境中可能会称之为末日四骑士的灾难中幸免。在政府崩溃之际，尤其是在明朝已经灭亡，新的统治者尚未到达南方的1644年前后，宁波地区出现了地方精英、匪徒和民兵争夺影响力的复杂局面，人员伤亡极为惨重。[43]一两年之后，一支清军横扫了这一地区，他们针对平民的残酷暴行被记录下来。宁波的一位居民写道，被斩首的尸体横陈街头，血泊遍地，唯有幸存者在哭泣。[44]

这种复杂的局势并没有在1646年戛然而止，那一年，满洲人接管了浙江省大部。投降派与其他决心抵抗的人——如活跃在宁波周边山区的"世忠营"——之间展开了激烈的战斗。[45]这种紧张局面在1647年达到高潮，当时反清义军在一位盘踞在舟山群岛附近的海盗的支持下，发动了一场起义。但他们被出卖了，政变随之失败，很多人遭到逮捕和处决，并波及宁波大部分受过教育的上层阶级。[46]

政变失败后，清朝逐渐巩固了他们在区域政治上的权威。清军铲除了宁波附近四明山最后的抵抗力量，与此同时，清朝也确保了已经向之投降的前明官员在清朝的职位。新政府很快就举行了新的科举考试，其架构和内容普遍建立在前朝的体系之上，目的是要招募大量忠于新王朝的官员，国家因而也允许尚未正式投降清朝的诸省考生参加考试。[47]与明朝时期一样，浙江省也培养了许多成功的应试者，他们中很大一部分来自宁波周边的县。[48]

几年后，新的稳定状态便被郑成功的北伐战争暂时打断。郑成功的军队占领了宁波地区，但几个月后又被清军夺回。[49]此后，这座城市便免于兵马之乱，但朱宗元却也将走完他短暂的一生。在这个疯狂多难的时节，朱宗元本人又过得如何？我们虽然对他的家乡在漫长的明清变革时期的命运有着相当详致的了解，而且也知道他属于"被征服的一代"，[50]但关于他本人的信息却几无所获。比如，涵盖地方乡绅的政治、社会和文化成就的地方志中就没有记录他的生平。这些著作提供了历史上及当时地方精英的信息，包括该地区重要人物的传记。但它们对朱宗元却保持着沉默：或许我们的这位宁波基督教徒还不够有名，尚不能收录于曹秉仁撰修于1733年的《宁波府志》中。当然，朱宗元被这部清代中期的著作所遗漏的原因，也可能是因为在当时的中国，基督徒是一个敏感的话题。

零散的资料让我们只能看到朱宗元生平中的一些碎片，其中包括他在那个时代最迫切问题上的立场。在寻找朱宗元时，我们需要展开一项核查事实的工作，引领我们走进来自不同历史领域——从全球天主教到宁波地方社会——的原始资料。在处理这些零碎的证据时，这一侦探般的工作有时需要我们潜心进入看上去单调乏味的细节层面。朱宗元的出生年代问题，就是我们在全面了解朱宗元时所面对的一个具有挑战性的例子。

在所有已知的史料中，都没有明确提及朱宗元的出生年份。20世纪中叶的中国历史学家方豪，是第一位从学术上对朱宗元的生平予以描述的学者，他认为朱宗元生于1609年左右。[51]方豪通过将散落在朱宗元著作中的不同信息连缀在一起，得出了这一结论。朱宗元《答客问》一书一个早期版本的序言中提到，作者在撰写该书时方二十三岁，[52]在随后的1697年的再版序言中也给出了相同的年龄。[53]此外，《答客问》的正文中有一处评论，提到耶稣会士来到中国已经五十年了。[54]中国一方的记录一致认为，传教士在万历九年（1581年）抵达中国，方豪故而断定该书写于1632年左右，因此时年二十三岁的朱宗元应该出生于1609

年左右。不过，我们最好将方豪所参考的《答客问》中的这段文字看作一个大致的推算，而不是一个可靠的历史事实。朱宗元评论说耶稣会士来华已有五十年，并不是要对历史作一个准确的陈述，而是要支撑他的下述观点，即传教士不可能有什么不可告人的动机，但在他们来华后的几十年中，却没有人能明白这一点。

我们在葡萄牙人何大化（Antonio de Gouvea，1592—1677）所著的一部亚洲史手稿中，可以找到朱宗元出生的另一条线索。何大化曾于1636至1665年间在中国传教。在该书第19章的开头，何大化报道说，在伏若望（João Froes，1591—1638）死后，另外一位传教士利类思（Luigi Buglio，1606—1682）被临时委托主持杭州教务。[55]在同一段中，何大化提到"葛斯默"（即朱宗元）从宁波来到耶稣会士的前哨杭州，并在当年受洗。[56]这两件事差不多是同时发生的，既然伏若望死于1638年7月，那这一年也一定是朱宗元受洗的年份。假设二十三岁的朱宗元在撰写《答客问》时已经皈依基督教，他之前还写过一本宣扬基督教的小册子《破迷论》，[57]那朱宗元的出生不可能早于1615年，而很可能是在之后。[58]

第三条证据来自上文提到的《答客问》一个早期版本的序言，这个版本现存于法国国家图书馆。朱宗元的著作是老皇家图书馆藏书的一部分，但搁置在那里长久不为人所知，因为在编目时它被归在错误的汉字下。[59]序言的作者张能信提到，他是在1640年夏首次看到未刊印的手稿。[60]结合这些线索可知，朱宗元在1638至1640年之间一定已经二十三岁了，因此他出生在1615至1617年之间。

我们对于朱宗元的出身或门第的具体情况同样知之甚少。我们可以确定的是,他出生于一个在过去至少属于宁波社会上层的家庭。朱宗元的祖父朱莹曾担任多种公职,包括地方检察长官按察使的副职按察佥事。按察佥事在国家的行政部门中是一个职位极高的官职,在明代严格的官僚等级制度中,位居帝国九品官职体系的正五品。[61]

可以确定的是,自其祖父的荣光岁月以来,朱宗元的家庭并没有完全失去其影响力。但我们无法确定,时代的悲剧在多大程度上影响了朱宗元及家人的生活水平和家庭关系。不过,我们确实知道,作为一个年轻人,他有财力接受一种通识教育,这在当时只有大约10%的男性可以获得。随后,他有幸参加了专门针对科举考试而举行的密集的儒家教育活动,并在科举考试中大获成功。朱宗元虽然没有考取最高功名(只能在京城举行的三年一次的考试中获得),但他在1646年通过了三级科举考试最低一级的考试,*获得了"官方注册学生"即生员的头衔。长期以来,生员都有着很高的社会声望,并享有政府的津贴。此举最初是资助其在各级官办学校中研读,以为更高级别的考试做准备。虽然生员的数量在明朝后半叶急剧增加,但他们在中国人口中的比例仍然很小。在17世纪中后期,生员的人数估计在3万至5万之间,而当时中国的人口则在1.5亿到2亿之间。[62]

朱宗元并不满足于登上中国科举考试阶梯的第一级。两年后,即1648年,在清朝治下进行的举人等级的考试中,他一考即中。

---

* 明清时期科举考试分四级而非三级,即童试、乡试、会试和殿试。参见刘海峰、李兵:《中国科举史》,东方出版中心2006年版。——译者

在晚明，举人有着更高的声望，因为这一级别比之前几个世纪更难获得。原因就在于生员的数量增加了，但举人的名额却受到了限制。到17世纪30年代，只有2.6%的生员能够通过更高一级的乡试成为举人。[63]如果放到更大的背景下来看，当时的举人只占中国全部人口的0.03%到0.05%。[64]

朱宗元在科举考试中的成功不仅让我们有感于他的知识基础和社会地位，也让我们能感受到他在17世纪这一中国历史上决定性阶段的政治立场。他参加了1646年和1648年的考试，而1648年的考试是清朝在其家乡举行的第一次考试。这表明朱宗元并不是满洲统治中国的积极反对者，也没有退而求其次选择一条被动的抵抗道路。相反，朱宗元应该早就接受了这个新的王朝，他可能与宁波社会上层的大部分人士一样，为了防止城市被毁灭而支持清朝——很可能在满洲军队到来之前就这么做了。[65]不过，我们不知道朱宗元的这一立场是出于信念、绝望抑或是其他什么动机。[66]

我们所知道的是，朱宗元与新政府的合作在当时并非宁波士林之常态。正如1647年密谋推翻满洲对宁波统治的事件所示，当朱宗元通过他的第一次科举考试并被授予生员的头衔时，许多当地精英根本没有接受这个新的朝代。甚至中国的基督教信徒或亲近基督教的人也积极反对满洲人，并因其立场而遭受包括死刑在内的结局。[67]张能信便是其中之一人。他与朱宗元过从甚密，在1642年，也就是几年前，为朱宗元的《答客问》写下序言。张能信的文字中包含了一些对朱宗元的最个人化的评论，一直保留至今。

熟人之间的这种分歧并不罕见：许多中国天主教徒和传教士在面对如何应对新的清朝统治者这一问题时，最终都会陷入对

第一章　地方生活及其全球背景　43

立。[68]那些采取不同路线的人，很可能会指责朱宗元的谄媚和机会主义。朱宗元也许会以当下最重要的是稳定与和平为由，为自己的决定辩解。那种给家庭、朋友和信徒们带来分裂的人与人之间的紧张关系，很可能是在之后，也就是17世纪50年代才有所缓和。当时，清朝统治者已经找到了平衡的办法与合法性。

在17世纪40年代末，通过科举考试比之前和之后都要容易：在清朝治下的第一次举人考试中，应试人数比以往要高，这意味着通过考试的考生比例比平时要高。[69]新政府迫切需要从占人口大多数的汉人中选拔新官员，尽管它采用了一种配额制来扩大具有满洲血统的士大夫群体。此外，在1646年举行的宁波地方的院试和1648年在杭州举行的省一级的乡试中，竞争肯定比平时更为有限。清朝接管期间，许多宁波文人被捕或被杀；其他人可能藏匿起来或者只是拒绝参加他们视之为非法政府举行的科举考试。

然而，即便获得了两个头衔，朱宗元和其他许多人一样，都没有走上仕途：他的名字没有出现在任何相关的名单上。这些细节隐匿在过去的黑暗之中，我们一无所知。但我们至少可以排除朱宗元的公职生涯是因信仰基督教而受阻的可能。这是因为，后来的浙江巡抚满洲人佟国器*（卒于1684年）与天主教圈子有着长期的联系，他的夫人就是一位皈依者。[70]佟国器是顺治皇后的亲戚，于1675年受洗，在此之前，他就支持兴建教堂，并与传教士和皈依者有着密切接触。当时，在朱宗元的参与下，两本宣传基

---

* 佟国器，顺治十五年至十七年（1658—1660）任浙江巡抚，其母堂妹为顺治帝皇后，康熙帝生母。佟国器的先祖本为汉化的满洲人，因反明有功，入清朝后最终被确认为满洲人。——译者

督教的书得以出版,佟国器曾为这两本书作序。[71]因此,我们可以断定,朱宗元与宁波地区新的管理机构有着良好的关系。

知识、信仰与归属

纵观朱宗元的一生,举人的身份以及他的家庭在当地所享有的社会声望,都会产生一定的影响。但在当时,仕途在社会中的地位已经发生了显著变化。在很长一段时间里,有学识的士绅和商人之间的界线变得模糊不清。[72]这在富饶的宁波尤为明显:明朝初肇时,城市周边的耕地便愈发集中在某些家族手中。随着财产所有权成为经济活动的基础,上层阶级中的许多人成为了儒商,亦即从贸易和农业中获利的儒生。[73]这一发展进一步削弱了士大夫的传统作用。

当然,精英结构的不断变化产生的不只是赢家。这一时期,许多书香门第在经济上都败落了,尤其是那些缺少谋生技巧的家庭,更是家道中落。在这些家庭中,他们所秉承的各种儒家思想都对财富和权力持强硬立场,有时甚至对国家说不。[74]因此,许多考取功名的人都选择投身于社群,比如参加慈善组织或宗教团体,而不是从政。对一些人来说,这是迫于生计,因为国家提供的职位本来就很少;但对另外一些人来说,却是首选之举,因为明代的危机使得政府的公职失去了吸引力,有时甚至是危险的。[75]不管怎样,无论博取一个科举功名有多么困难,它都不再被视为进入中国官场的敲门砖了。

所有这些都对中国知识阶层的自我组织模式以及他们如何看

待各种宗教的地位产生了巨大影响。一种普遍的趋势是，人们不仅在职业和经济生活方面，而且在宗教和伦理方面，都更加倾向于私人领域。与国家关系相对疏远的宗教形式，如佛教、道教和一些融合信仰（syncretistic beliefs），即使在群贤毕至的圈子里也经历了复兴。[76] 这种转变在朱宗元的家乡非常明显，那里长期以来就是颇有影响的世俗佛教徒的中心。[77] 在17世纪的宁波，佛教的寺院和庙宇得到了富人之家可观的财政支持。[78] 其中著名的当数楼心寺，* 它始建于唐代，留存至今。[79]

年轻时的朱宗元应当十分熟悉儒释道相互重叠的世界。在他的宗亲和自家熟人中，很有可能有些人是佛教徒，有些人更亲近道教，而另外一些人则偏好儒家典籍。朱宗元的第一本书《答客问》表明，他对这些宗教都有深刻的理解。朱宗元在后来的一本书《拯世略说》中也指出，他长期以来都在研究"三教"。[80] 而所谓"三教"，正是一个用于指称儒学、佛教和道教传统的术语。由于晚明时期有抱负的年轻人只应熟悉这三种教义，因此其他任何教义都可能是极不正常的。不过到了后来，像中国社会上层的许多天主教皈依者那样，朱宗元转而反对这个多元化的世界，他抨击佛陀和老子的教义，认为他的基督教信仰不仅没有脱离儒家学说，反而是对其唯一的充实。

孔子的学说，或一般所谓的"儒家"学说，构成了朱宗元教育的基础。科举考试需要考生准备多年，以深入研究儒家经典及注疏。考生还必须精通中国历史、礼仪和古典文学。[81] 朱宗元也

---

* 楼心寺，即七塔寺，为宁波市内规模最大的寺院，也是浙东四大著名丛林之一。——译者

需要了解官方对经典的解释,这一解释主要基于宋代著名学者朱熹(1130—1200)的学说。尽管官方对于儒家学说有着自己的态度,但在17世纪上半叶,各种儒家学派也在蓬勃发展。通过阅读朱宗元的著作,我们可以获知,他对儒家的这些思潮熟稔于心。

我们无法断定,朱宗元在其一生中是否参加过活跃在宁波的儒家组织。[82]我们所知更多的是朱宗元对天学产生兴趣的环境,这使他在很年轻时就接受了洗礼。朱宗元在自述中很罕见地提到了他的皈依之路。在第二本著作《拯世略说》的开篇,朱宗元说他已经痛苦地感受到人生的短暂、声名的浮华和人类认知的局限,并产生了即使是精神也必须服从于更高的存在的观念。他进一步补充说,他认真研究了三教,最终发现它们至少在当前尚不能为人生的意义提供真正和恰当的答案。[83]朱宗元写道,他在阅读天学诸书之后:"始不禁跃然起曰:'道在是!道在是!向吾意以为然者,而今果然也。向吾求之不得其故者,而今乃得其故也。'……吾何幸而获闻兹理耶?"[84]

朱宗元在早期的文章《天主圣教豁疑论》中写道,天主之说遽然将其从一个由梦和表象构成的虚幻世界中唤醒。[85]这段文字被嵌入一个梦的隐喻中,而这个关于梦的隐喻构成了这篇短文的开头和结尾:在引言中,朱宗元描述了他因发现基督教而产生的精神之觉;在文章的结尾处,朱宗元又评论道,如果读者能够认识到天地之公理,他们同样可以从梦中醒来,生活在一个不同的更高级的现实中。朱宗元生活的时代,在中国各种形式的文献中,不论是佛教论著、对道德一般性反思的撰述,抑或理学典籍,记述个人之开悟都是常见的主题。[86]个人开悟的比喻通常借助自发地寻找"道"这一想法而发生作用,它源自佛教,尤其是在中国十分著名的禅宗。因此,我们可以把朱宗元的言论更多地视作一种文学性的开场白,但我们也无更充分的理由认为,我们的主人公确实没有经历过一种可以称之为一生中决定性时刻的顿悟。

朱宗元很可能很快就皈依了基督,这也许就发生在一次顿悟之后。促使他皈依的其他个人原因,我们大都并不清楚。他可能是想在社会动荡和政治危机时期寻求一种精神上的支撑,也可能是对当时儒家各学派感到不满。这种挫败感后来如何转化为对上帝的信仰,是一个无法彻底回答的问题,因为原始资料过于有限,很难得出明确的结论。我们可以确定的是,受洗这一决定虽然可能是迅速作出的,但并不意味着朱宗元是以一种非理智的方式建立起与基督教的关系的——他的著作就可以证明这一点。此外,就像在中国许多其他基督教徒的例子中看到的,我们不应将朱宗元对基督教的"皈依",误认为是对其他传统的放弃。[87]即使获得了新的教名葛斯默,他依然认同儒家学说,认同它的规范与价值,认为它们能与天主之说完美契合。这并不是说朱宗元就全然赞同儒家传统的某些解释,他对之亦持批判态度,就像他坚定地反对佛教并视道教不过是一场骗局一样。然而,我们还是不清楚他的受洗是顺应了这种不满,还是只是一次新的表态。

耶稣会方面的资料显示,朱宗元不是在基督教的环境中长大的,他是其直系亲属中的第一位皈依者。根据前述何大化的手稿,朱宗元的父母起初反对欧洲宗教,朱宗元直到从杭州回来后才告诉他们受洗之事。不过,何大化又说,他的父母在听了儿子的话后对基督教产生了兴趣,之后朱宗元便邀请耶稣会神父利类思前往宁波。朱宗元的母亲显然是在利类思来访期间受的洗。[88]

关于朱宗元的家庭背景,另一部尚未刊行的耶稣会手稿给出了更多信息。这部手稿是杜宁-兹博特(Thomas I. Dunin-Szpot)所著的《中国史》(Sinarum Historia),大约成书于 18 世纪初。[89] 杜宁-兹博特使用了 17 世纪耶稣会的史料,报道了孟儒望(João Monteiro,约 1602—1648)1641 年的宁波之行,其中提到了朱姓文人之家的三兄弟伯多禄(Peter)、葛斯默和玛窦(Matthew)。[90] 从三兄弟都有教名可见,他们都曾受洗。实际上,在 17 世纪,核心家庭一起皈依并同时受洗十分常见。[91] 杜宁-兹博特进而写道,三兄弟以其高尚的品格的和虔诚的信仰闻名,他强调了葛斯默智慧、勤勉、仁慈和友善的性情。[92] 但作者并不确切知道朱氏兄弟的中文名字。[93]

朱宗元及其家人虽然不是宁波最早的基督徒,但他们很可能被后来的基督徒视为早期的皈依者。朱宗元还是个孩童时,耶稣会士便开始在这座城市中传教。1627 年,耶稣会士费乐德(Rodrigo de Figueiredo,1594—1642)造访了宁波教区。而在一年前,一名中国皈依者从北京返回,他在宁波周边的乡村里建立了几个基督教社区。[94] 当费乐德第二年来到这座城市时,他可能已经为八十多名信徒施洗,为后来朱宗元参与其中的宁波天主教社群奠定了基础。[95] 朱宗元曾提到,他在很小的时候就读过基督教著作,这些著作很可能就来自宁波其他天主教徒的藏书。[96]

朱宗元显然是宁波基督教社群中的重要人物,尤其是在 1647 年朝代更迭的大势巩固之后。除了与新的政治领导层以及有可能与地方精英中的某些重要成员有关系外,朱宗元还与欧洲传教士保持着密切的联系。相关的材料中曾记载了传教士的几次到访：比如，除了耶稣会神父孟儒望外，朱宗元还邀请阳玛诺（Manuel Dias，1574—1659）来他的家乡传教，后者当时担任杭州教区会长。[97]

之后，耶稣会传教士在宁波及其周边的活动逐渐减少。1646到1650年间，卫匡国（Martino Martini，1614—1661）是整个浙江省唯一的耶稣会神父，他可能只是偶尔到访过宁波。[98]在17世纪50年代，没有耶稣会士前来宁波的记录，但是自1649年起就生活在上海附近的潘国光（Francesco Brancati，1607—1671）有可能来过几次。[99]换句话说，自17世纪40年代以来，困扰中国耶稣会士已久的人手极度短缺的问题也影响到了宁波的基督教社群。这意味对于生活在北京、上海、杭州等基督教活动中心之外的人来说，个人与传教士接触的机会尤其有限。

在朱宗元生命的最后几年，他与多明我会的传教士走得更近，后者将传教活动的重心开始放在浙江和福建两省。[100]多明我会的活动让耶稣会士感到担忧，他们呼吁要加强传教力量。潘国光于1651年致信罗马的耶稣会总会长，要求更多的传教士来阻止托钵修会的修士接管浙江的耶稣会传教团。[101]自多明我会17世纪30年代进入中国以来，这两个天主教修会之间的关系就一直很紧张，耶稣会士通常不仅将多明我会的活动视为竞争，而且认为是对其中国宣教的破坏。[102]多明我会士之到访宁波等重要地区，很可能被耶稣会士认为是对长期以来在耶稣会监护下的基督教社群的侵扰。从17世纪40年代中叶开始，源自欧洲的政治及教会内部的争斗，使原本已经紧张的关系雪上加霜。

朱宗元在多大程度上了解天主教会各支派之间的全球性和地方性竞争，他对此又有多么关心？这些问题很难回答。我们可以大胆假设，朱宗元知道天主教并不总是爱、友谊与和谐的港湾。原因在于，至少从神学层面上来看，文化水平较高的皈依者卷入这些竞争是很正常的事情，因为即便是上至罗马教廷，这些纷争也始终存在。比如，耶稣会士有时会请有学问的皈依者就礼仪之争和其他有争议的问题发表意见。[103]多明我会士在包括浙江在内的不同地方也组织了与奉教文人的集会，并在会上与耶稣会士进行辩论。1659年，宁波召开了一场为人所知的类似集会，有多达七位多明我会传教士参加。[104]

我们不知道朱宗元是否参加了这次集会，因为他的健康可能已经恶化。我们只知道，一年后正是多明我会士黎玉范（Juan Bautista de Morales, 1597—1664）记录了朱宗元过早的死亡。实际上，黎玉范本人为朱宗元做了终傅礼，而且是在宁波做的。[105]黎玉范在作于浙江、刊行于1699年的作为一部大部头著作之一部分的《谦卑请愿书》（*Relatio et Libellus Supplex*）中提到，朱宗元于1660年去世。[106]这段文字证实了朱宗元是一位学识渊博的人，他精通基督教事务，而且写下了在其著作中拥有最多读者的《答客问》一书。

第 二 章
全球化的教会与中国基督徒的生活

朱宗元的著述

直到生命的尽头，朱宗元都未能留下一套非比寻常且数量众多的作品。但他还是创作了大量文字，主要包括两部专著和几篇已经刊印的文章，并对中国皈依者和欧洲传教士所撰写的著作亦有贡献。朱宗元的著作几乎都是为宣扬"天学"而撰，因而融宗教、道德和政治问题于一体。不过，与中国其他皈依者相比，他从未深入研究过欧洲数学或世界地理这样的科目，对于撰写流行文学、旅行指南等作品也不积极，而这些在他那个时代的中国都是常见的主题。

朱宗元本人肯定不认为自己的著作是专为"基督教徒"而作，我们亦不应如此。朱宗元无疑与读者分享了福音书中的核心要素，但他所有的著作都是在儒家思想的框架内完成的，目的是要在他所认为的关键时期介入到儒家传统之中。一般而言，我们可以将朱宗元的著作置于图书生产和发行这两个重要环境中。一方面，它们是17世纪中国书籍史的一部分。另一方面，它们需要放在这一时期天主教书籍在全球传播的背景中理解。明末清初时，中国的图书市场虽然受到了当时普遍危机的影响，但依然欣欣向荣。朱宗元的家乡位于江南省之东和浙江省之北，是中国书籍文化的一个重要中心。在这里，尤其是在某些城市地区，普通民众中相对较高的教育水平，确保了一个强大的读者群。考虑到这一经济发达地区的平均生活水平在中国长期处于最前列，识字率之高也就不足为奇。

不过，总的来说，自明朝中期发展起来的图书市场反映的是一种高雅文化的断面，已经完全与大众文化脱节。[1]现在，随着富人购买小说、色情文学等各类书籍，两种文化开始相互融合。同时，宗教书籍以及包括应试入门和佛教文学在内的道德教化类著作的市场行情持续看好。在朱宗元进行创作的年代，支持宗教融合与佛儒和睦的著作十分常见。在这种环境下，朱宗元所写的这类宣扬基督教的著作就不会显得与众不同。

较之于佛教，信奉基督教的情况虽然并不普遍，但寻求综合不同宗教的著作却构成一种蓬勃发展的文体。与基督教或其他宗教著作类似，朱宗元的著作通常使用非常口语化的语言。虽然他让自己的语言更加易于理解，但在某些段落中还是或隐或明地引用了大量儒家经典，只有受过更高教育的人才能深解其意。因此，基督教书籍虽为实物产品，却并没有打破中国当时的风俗和习惯，这或许并不会让人感到奇怪。当时，活字印刷已经愈发常见，但与天学有关的著作通常还是由抄录者和刻工制作，其中刻工将文字的镜像刻在木板上，并将文字周边的木板表层刮去。[2]在朱宗元生活的时代，宁波与苏州、杭州等城市一样，都是书籍生产的中心。[3]

我们同样不应忽视朱宗元著作所处的第二个重要历史背景，即全球天主教图书市场。实际上，当朱宗元在宁波著书立说之时，与罗马天主教会相关的书籍正在用多种语言印刷，从中美洲的各种方言到日语不一而足。[4] 在世界大多数地方，被翻译成非欧洲语言的基督教书籍主要是祈祷文。但中国是个例外，因为耶稣会传教士、他们的皈依者或双方共同组成的团队所创作的大量书籍都涉及欧洲的科学或地理学。根据对刊行于17世纪的590种出版物的估算，至少有120种（约占20%），其关注的主题与基督教没有直接关系。[5]

耶稣会士很快就尝试利用中国图书市场的有利条件来获得自己的优势：毕竟，这个世界上只有很少一些地方，那里的大部分人口既能阅读又买得起书籍。[6] 将欧洲的科学、制图学、记忆术和其他知识领域传播给中国人，便成为耶稣会士努力改变中国人信仰的组成部分。由于中国的上层阶级大都热衷于学习异域的博学传统，耶稣会士希望这有助于为基督教在华传播创造一种信任和接纳的氛围。在有些情况下，比如对大名鼎鼎的徐光启和李之藻来说，这确实有效——他们对欧洲科学的兴趣可能是他们皈依过程的开端。[7]

耶稣会士在他们的许多著作中并没有将自己的文化背景隐藏在普世科学和天儒会通的幕布之后。比如，一些重要的欧洲神学著作在早期就已经至少部分地译成了中文，[8] 但人们并没有仔细考虑过中国读者是否对这类文献中的一些奇特概念感到陌生。我们很难评估这种文化适应与文化转译相结合的政策是如何在更大范围内取得了成功。因为不可否认的是，17世纪以降，让中国社会的最高阶层皈依基督教愈发困难。一份对晚明私人藏书的评估显示，购买欧洲科学著作的通常是那些未皈依基督教的中国读者，而中国基督徒和西方传教士所著的大多数宗教书籍似乎并没有获得广泛的传播。[9]

因此，中国大多数公开宣扬基督教的著作可能主要是在信徒之间以及他们的周边传播。就此而言，中国与17世纪全球天主教图书保持着一致。在整个基督教的世界里，基督教书籍首先是为皈依者这一小圈子生产的，它们用不同的语言，通常以本地化的方式，宣扬天主教的重要内容。朱宗元著作中的许多叙述、主题和概念，与其他大量以耶稣会传教士或中国皈依者名义出版的书籍别无二致。在晚明，作者的原创性并不是人们最关心的事情，对抄袭的指控也不是什么大问题。[10]

我们该如何定位朱宗元的著作？我们可以将之视为明清变革时期中国基督教书籍生产中的连接点。朱宗元从现有的这一类型的著作中汲取了许多要素，而其他人反过来又对他的著作有所吸收。朱宗元实际上促成了多位传教士著作的出版，其中包括耿稗思（Thomas à Kempis，约1380—1471）《师主篇》（*De Imitatione Christi*）的部分内容。它们由阳玛诺译成中文，在其死后于1680年刊行，名之为《轻世金书》。[11] 朱宗元还安排了阳玛诺另外一本著作全本《天主圣教十诫直诠》的印制，[12] 并为之撰写了其中的一篇序言。他在序中述及《梅瑟五书》*的本质，尤其称赞了十诫，

---

* 即新教中的《摩西五经》。——译者

认为其超过了现有一切书中所包含的智慧。

朱宗元也曾为孟儒望的《天学辨敬录》作序,将"敬"描述为一切美德的根源。[13]他写道,真正的敬不仅表现为敬重父母和世俗君主,而且首先要敬重天主。天主创造了宇宙并将人类视为自己的孩子。一个人只要全心全意地敬拜天主,就会得到道德上的净化,获救于万劫不复。朱宗元还对《天学辨敬录》作了校正,并校正了孟儒望的《天学四镜》和《天学略义》。朱宗元也参与了耶稣会士贾宜睦(Girolamo de Gravina,1603—1662)《提正编》一书的校订工作,后者有段时间被派驻在杭州。此外,他还协助耶稣会士卫匡国翻译了第二经院哲学*的代表人物弗朗西斯科·苏亚雷斯(Francisco Suárez,1548—1617)的著作**。卫匡国在1648至1650年间一直忙于翻译苏亚雷斯的著作,但并未完成,因为他在1651年被召回罗马。[14]

朱宗元自己也写下了一些著作。[15]他的第一篇刊印的著述并不长——印在当时典型的木刻版上,不过七八个双面页。这个短篇的标题是《破迷论》,大致概述了基督教与儒家学说在本质上相统一的观念。除了一些小的修正外,《破迷论》在内容上与《天主圣教豁疑论》相同。我们尚不清楚后者确切的出版时间,因为保留下来的只有一部1680年的重刻本。[16]《破迷论》刊行后的反响似乎让年轻的朱宗元感到失望。张能信在上文提到的《答客问》序中说,由于《破迷论》未能达到预期的效果,朱宗元才决定撰写

---

* 第二经院哲学(Second scholasticism)指的是16世纪为应对新教改革而对中世纪经院哲学的复兴,主张研究《圣经》的文本和回到早期的教父著作中去。——译者
** 即《法律及神作为立法者》(*Tractatus de legibus ac deo legislatore*)一书。——译者

第二部篇幅更长的宣教之作《答客问》。[17]

关于朱宗元第二部著作的命运,张能信——他后来将站到满洲问题的对立面上——讲述了一个有趣的故事。《答客问》刊印出来后有一本书的厚度,但其原稿显然是遗失了。1640年夏,张能信在友人冯石沪处首次看到书的原稿,当时这些人已经对嫉妒的个人或邪恶的灵魂表示了怀疑。但没过多久,原稿便不知所终。两年后,朱宗元拜访了张能信,另外一位刚刚从南方游历回来的熟人钱发公碰巧也在场。[18] 最终的情形是这样的,钱发公在启程出游之前曾手录复卷一份。众人长舒一口气,相视而笑。朱宗元在第二年即1643年,又补充了十条问答,并请张能信订正全文。[19]

《答客问》是朱宗元的第一部重要著作,共58页,116面,以对话体写成,对答的双方是一位基督教徒和一位前来拜访他的对其信仰感兴趣但又不熟悉这一宗教的客人。客人的作用主要限于提出问题和异议,这些问题和异议很可能反映了当时文人阶层对基督教普遍的保留意见。在朱宗元的著作中,异议之后通常是主人更长的阐述。对话始于一些十分常见的话题,比如基督教何以与儒家的首要地位或中国的儒释道三教合一观相协调等问题。之后,主客之间就一些话题进行了更加深入的交流。儒家的各种观念都比照基督教思想予以了讨论,虚构的主人也分享了耶稣会士对各种新儒学派别的厌恶。至于佛教和道教的观念与习俗,主人则从基督教-儒家的角度予以了谴责。

书中的大部分内容都集中在基督教仪式与儒家礼仪的关系上,并在近结尾处详细讨论了被认为是"蛮夷"之教义的基督教是否应被纳入中国文化。在这一部分中,朱宗元竭力证明了西方传教士的正直和善意。全书以主人哀叹世人之愚蠢而告终,因为人们空负主恩,故而永世沉沦。对话的形式让朱宗元得以逐步去介绍基督教诸要素,因此在书的第二部分他讨论了圣经的各个主题、各种神学概念和天主教礼拜仪式。全书的整个结构反映了客人态度的变化,从好奇和怀疑转向偶尔的接受,直至最后对基督信仰产生了真正的兴趣。因此,客人所问的最后一个问题是:"今欲决志从事,当若之何?"

《答客问》中的两个人物都缺乏个性,客人对基督教态度的转变完全是依据提问的内容,而不是通过情感上的回应来表现。根据不同的主题而设置一种假想的对话,这一形式是汉语文本的一种传统,在明末很受欢迎。实际上,明末已刊印了许多以对话体写成的科举考试应试之作,这一传统可能受到了佛教的影响,[20]它与欧洲的那种虚构的思想对话文体也很相似,后者在当时欧洲的学术和政治著作中十分常见。被派驻到世界各地的耶稣会士也确实都使用了这一文体,[21]比如利玛窦首版于1603年的名著《天主实义》即是如此。因此,朱宗元的著作可以被置于中国和欧洲的双重文化语境中,抑或介于两者之间。[22]

朱宗元的第二部重要著作《拯世略说》共计66页,132面,以非对话体写成。朱宗元在全书28节中向读者介绍了基督教的各种观念。在序言中,他这样解释了他的这两部重要著作在形式上的差异:"始也好辩,为《答客问》行世。今标大义数端,曰《拯世略说》,大约详于彼者则略于此。"[23]

《拯世略说》在清初可能只刊印了一版,尚不知其确切日期。

虽然在"天地原始"一节中有"自有天地至今顺治之甲申,仅六千八百四十四年"这样的句子,[24] 但这一说辞并不一定意味着该书就出版于那一年,即 1644 年。实际上,在当时的长江三角洲地区,根本不可能出版承认新朝代的著作,因为这一地区直到 1645 年仍然处于明朝的控制下。朱宗元在序言中写道,与这部新著不同,他在撰写《答客问》时采用了对话体的特殊形式,是因为他"始也好辩"。"始"字显然指朱宗元的青年时期,暗示了他是在人生的不同阶段写下了《拯世略说》。考虑到朱宗元是在 1640 年之前写下了《答客问》,那么他不可能在几年之后就暗示一个明显的时间段已经过去。因此,提到顺治元年大概只是为了具体提及当时的统治。由于顺治时期一直持续到朱宗元死后,我们能确定的只是,朱宗元是在 1659 年得病之前写下了这部著作,且可能是在手稿完成后不久便得以付梓。

《拯世略说》一书的结构如下:在生动地描述了此生要为来世做好准备的重要性之后,头几节将天学与中国的主要宗教进行了对比。朱宗元认为,基督教由天主亲自创建并昭示于尘世,故唯天主一教,至真无谬,至备无缺。与之相比,儒家虽然最初给人以希望,但却走向了歧途。至于佛道二教,只不过是异端而已。之后,《拯世略说》介绍了《圣经》的相关主题,比如创世、三位一体、道成肉身、原罪说等。这些主题有时也与儒家传统联系在一起。接下来的几节重点讨论了基督教在个人为来世做准备中的重要性,伴之以对天堂和地狱的描述。然后,该书探讨的内容就转向了礼仪:朱宗元以各种理由拒绝了佛教和道教的仪式,用更加平衡的方式看待儒家的实践,并在最后向读者详细介绍了天主教的礼拜仪式。接下来，他又涉及了诸多主题，包括受难的重要意义、华夷之辨、耶稣会传教士崇高的道德标准等。最后一节叙述了圣约翰启示录中所描绘的即将来临的世界末日，很可能是想对读者产生一种心理上的影响。

与目前所提到的朱宗元的所有作品不同的是，他的短文《郊社之礼所以事上帝也》[25]明显不是从基督教的角度来写的。该文只有六页，没有使用任何专门的基督教术语，比如"天学"或"天主"。尽管如此，朱宗元在看待国家的"郊社之礼"时，本质上还是采用了基督教的观点。他试图用一种儒家的话语风格来证明，两个最主要的国家大典实际上是在祭祀儒家经典中提到的"上帝"。《郊社之礼所以事上帝也》一文可能是朱宗元得以刊印的科举考试应试之作，这样的文章在明末十分常见。[26]

中国皈依者的著作能够留存至今的并不多。朱宗元在这些著述者中足够杰出，因而是这一普遍规则的一个例外。《天主圣教豁疑论》与《答客问》在1680年和1697年分别得以重印，就说明其著作具有持续的重要性。[27]这些重印本出版时，各耶稣会团体都面临上层皈依者数量的减少，且都在努力应对财力上的不足。在这种情况下，最好的办法就是重印旧著，而不是再去创作新作。[28]这意味着在17世纪末，朱宗元的著作仍然被中国的基督教群体阅读——实际上，这些出版物，尤其是《答客问》，是礼仪之争这一背景下论辩的主题。

礼仪之争围绕着信徒在皈依天主后，是否还能行中国的祭祖之礼这样的问题展开。长期以来，大多数耶稣会士都认为，这种习俗只是象征性的姿态，没有任何宗教意义，因而能够得到教会的允许。但其他的修会,尤其是托钵僧修会,从根本上就不同意这一政策。他们认为祖先崇拜和其他礼仪都是非基督教元素,这会使受洗的基督教徒的活动成为一种异端行为。这一分歧后来转化为天主教会内部更广泛的冲突,它以西方的语言表达出来,基本上是在没有中国人参与的情况下爆发的。仪式之争所带来的冲击之广、之大,屡屡引起罗马教廷的关注。这场争论持续了很长时间,直到18世纪才平息下来。[29]

在这场争论中,朱宗元的著作后来也引起了人们的关注,因为他用著作中的一些段落驳斥了耶稣会士对中国祖先崇拜的解释。《答客问》中的一段简短的文字即在这一背景下发挥了尤为重要的作用:在这段文字中,朱宗元让虚构的客人发问,基督徒是否被允许在其祖先的塑像前敬拜。主人答曰,因祖宗之德而敬重之,是完全恰当的。但主人接着说,在祠庙中因祸福之故而祭拜古人之像则是一种渎神之举,因为这意味着将死去的人奉为主宰。[30]*

耶稣会士的反对者在这场礼仪之争中指出,这一陈述可以作为耶稣会士将这些仪式的作用曲解为纯粹世俗行为的证据。换言之,朱宗元对某些形式的祖先崇拜持批评态度,可以用于佐证一个好的天主教徒应当完全拒斥这一传统。方济各会中国传教士利安当(Antonio de Santa Maria Caballero,1602—1669)于1660年

---

* 这段文字为:"问:祠庙虽无祸福之权,但今人见戚友遗像,虽生平无德足取,亦必致敬,若祠庙间一跪一揖,岂遂伤理? 曰:譬有一不义者於此,或系知识,自当加礼。若一旦有无知之徒,误相崇奉,推为君王。兹时必将奋击之,可与众同推戴乎?今祠庙立古人像,咸以祸福故而祭,是误奉为主宰也,即推不义为君王之类也。"——译者

9月撰写了一份备忘录,其中援引多部著作,包括《答客问》中的上述段落,用以证实他的假设,即中国人的祖先崇拜充满迷信,皈依者不可为之。[31]同样,后来成为加勒比海某教区大主教的多明我会中国传教士闵明我(Domingo Navarrete,1618—1689)在1676年写道,朱宗元本人在《答客问》中已经得出结论:中国人的祖先崇拜与基督教不容。[32]

另一位活跃于中国的多明我会传教士黎玉范(他曾报道过朱宗元的死亡),也提及《答客问》中这段文字的拉丁文翻译。[33]黎玉范在引用了这段文字后指出,朱宗元证明了耶稣会士将祖先崇拜说成是一种毫无迷信纯属象征行为的做法是错误的。这位多明我会传教士进一步补充说,朱宗元作为儒生,对自身文化背景的理解要比欧洲传教士深刻得多,其观点因而更有分量。黎玉范强调,朱宗元的立场并非个案,而是代表了其他成千上万受过教育的中国基督教徒。

一些中国祖先崇拜的批评者甚至谴责耶稣会士在新版的《答客问》中改动了原文中最具争议的这段文字。中国传教团中的一位重要人物耶稣会神父南怀仁(Ferdinand Verbiest,1623—1688)在写给时任广州传教站会长且身兼其他多种职务的方济各(Alessandro Filippucci,1632—1692)的信中,指责耶稣会士修改或全部删除了《答客问》中的相关文字。这封信写于1685年2月,它还提到了多明我会修士罗文藻(Gregorio López,1616—1691)也曾向一位耶稣会成员抱怨过这样的修改。[34]

在一些稀有的材料中,朱宗元的思想本身也成为抨击的对象。方济各会修士卢卡斯·多马(Lucas Tomás)在1701年的一封信中称《拯世略说》和《答客问》的内容充斥着迷信,但并未对其观点作进一步解释。[35] 很可能是因为欧洲各派传教士以及欧洲教会之争的缘故,才让那段涉及中国祖先崇拜的有争议的文字,赋予朱宗元的著作以"新生"。反观中国,朱宗元的著作在基督徒社群中可能仍然被广泛阅读。《天主圣教豁疑论》和《答客问》分别于1680年和1697年重印的事实,至少可以说明这一点。由此可见,朱宗元的著作在不同的语言中有着不同的接受史,究其原因是因为朱宗元的这两部著作都没有被从中文译成另外一种语言。

异中求同

朱宗元的著作虽然在中国多地甚至欧洲传播,但其本人的影响却没有超出他的家乡宁波。即便在那里,他也算不上一个大人物,可以藉其声望在当地历史上留下一笔。不过,他在科举考试阶梯上所处的高位,很可能让他在当地基督徒群体中享有地位和受到尊敬。与晚明某些更为激进的宗教运动不同的是,耶稣会士所建立的各天主教社群确实不会对社会等级构成挑战。换句话说,官方头衔对中国大多数基督徒而言具有一定的价值,亦能在很大程度上决定一个人在其所处社群中的社会地位。

在当时各地的基督教社群中,举人都十分少见。从1636年——大约是在朱宗元连续通过院试和乡试的十年前——的一些罕见的统计数字中,我们可以看到朱宗元在当地社会中的特殊地位。据估计,当时中国大约有4万名信众,只有11人具有举人名衔,另约有290人通过了较低级别的科举考试。[36] 这些数字大致等同于当时整个中国社会拥有科举考试名衔者的比例。然而，在接下来的几十年中，基督徒中享有科举考试较高名衔人数的比例开始下降，这有可能提高了像朱宗元这样杰出人士的地位。

关于朱宗元的后半生，尤其是在 1648 年顺利通过乡试之后，在当地基督教社群中处于何种特殊地位，我们所知甚少。我们知道的是，他吸引了到访宁波的耶稣会神父和其他西方传教士的注意，他们认为，获得地方精英的支持对于他们在中国进行更广泛的传教不可或缺。[37] 这种情况到 17 世纪 30 年代之后依然如此，当时整个中国社会皈依基督教的儒生的数量开始下降，耶稣会士逐渐更多地依赖北京的朝廷，而不是地方精英的庇护。

在耶稣会的各种记录中，都提到朱宗元是宁波仅有的少数基督徒之一。这一事实表明，他的角色举足轻重。同样的资料让我们对朱宗元的家庭有了深入了解，也为他在宁波天主教徒中的作用提供了线索。杜宁－兹博特的手稿提到，由于宁波尚未建有教堂或耶稣会士的驻地，孟儒望曾与不同的人同住过，其中包括伯多禄、葛斯默和玛窦三兄弟。他还赞赏地提到，三兄弟家中有着大量基督教的圣像。[38] 朱宗元的家可能是宁波基督徒群体定期聚会的场所之一；朱宗元实际上也提到，信徒和传教士经常在他家中聚会。[39] 在明末清初的政治动荡时期，这并没有什么特别之处，当时包括教义问答和联合祈祷在内的社群活动通常都在私人住宅中举行。如果有一位受命神父在场，甚至可以在那里举行弥撒。

朱宗元对天主教生活的贡献不仅限于基督教社群的建设，他与整个中国有影响力的欧洲传教团都保持着密切的联系。用现代的说法，我们可以称之为"网络人"（networker）。这些为数不多的耶稣会神父或多明我会兄弟到访朱家的记录，很可能只是冰山一角，因为朱宗元实际上与耶稣会学者，如中国传教团中的杰出人物阳玛诺、孟儒望及卫匡国合作编写了好几本著作。这一定表明，双方之间不仅有着某种相互欣赏，而且存在私人聚会和至少是定期的信件往来。

在中国社会，朱宗元的各种关系几乎仅限于他的家乡。他不像徐光启那样才能卓越，可以代表耶稣会士在朝廷上多次发挥作用。耶稣会的资料并未明确提及朱宗元是一位会长或传经者，即管理基督徒群体或其网络的皈依者，也不认为他在许多方面起到了半官方神父代表的作用，后者在某些情况下甚至拥有施洗的权力。同样，朱宗元也不是少量在中国传教团的组织中发挥着重要作用的辅理修士。[40] 但我们可以确定的是，朱宗元对于维持欧洲传教士与宁波信众之间的交流渠道非常重要。

从很多方面来看，中国的天主教社群都是明末社群生活与基督教教区传统之间的结合。但这种结合并不和谐：全球结构与地方结构之间、天主教会与中国社会之间的许多紧张关系仍未消除，而且这种紧张关系不仅存在于中国，也存在于亚洲其他地方。17世纪初，亦即朱宗元出生的时期，整个亚洲大约有 1800 名天主教神父。除少数人外，这些宗教旅行者都出生于欧洲。相比之下，亚洲共有 15000 名葡萄牙人，其中包括葡萄牙人与当地人通婚后所生的混血儿。神职人员在居住于亚洲的全部欧洲人中所占的比例在当时是最高的，之后只会低于这一比例。[41] 即便如此，亚洲的神职人员在基督徒总人口中所占的比例，仍然远低于欧洲。17世纪初，共有大约 150 万基督徒生活在亚洲，但只有少数地区才有本地出生的神父，故不能完全依赖欧洲的神职人员。除了日本外，印度喀拉拉邦（Kerala）也有着本地的神职人员传统，因为在欧洲舰队于好望角以东探险之前，当地就已经有基督徒了。

在像天主教这样以官僚系统组织起来的宗教中，新的皈依者群体必须被纳入教会的管理框架中。亚洲教会作为向世界延伸的欧洲模式的一部分，也组建了教区和主教教区等神职单位。教会的各分支机构，就像在拉丁基督教世界的心脏地带一样，与世俗权力紧密合作，以确保其行政架构的稳定性。在欧洲扩张主义时代，这意味着教会与欧洲殖民主义及其海外贸易有着紧密勾连，只不过这两种组织架构从未完全融合。17世纪初，整个西亚和东亚建立了一系列教区，果阿是其宗教中心，有着自己的大主教和大约600名神父。[42] 天主教教会网络的其他重要节点还有澳门，它除了发挥着经济和军事作用外，长期以来一直是整个地区天主教活动的重要中心。前往中国、日本及其周边地区的传教士通常在澳门进一步接受语言、当地文化和传教实践的教育，葛斯默·朱在宁波遇到的许多传教士，都曾在澳门这个中心花费了大量时间从事商品、知识和信仰的交流。

教会虽然在组织上遵循欧洲模式，但作为社会和政治机构，教会不可能在亚洲大部分地区复制这一模式。在从莫卧儿帝国到日本的许多国家，耶稣会士和其他欧洲传教士所赖以支持的统治者都不是基督徒，他们需要在没有国家权力直接支持的情况下，建立自己的管理机构。耶稣会中国传教团在许多方面都是这一更广泛模式的典型例子。罗马的耶稣会总部支持建立一种机构上的分层制度，以管理在中国新成立的天主教社群。显然，这种教会组织的建立和运转需要在一开始就完全独立于中国的官僚机构。实际上，如果可能的话，最好的结果是中国的官僚机构完全不去干涉基督教教区网络。

长期以来，欧洲的神父们在任命中国神职人员上因观念不一而长期争斗，这成为中国基督徒社群中神父匮乏的主要原因，这种情况在朱宗元的生活时代，依然如此。17世纪，活跃在中国的耶稣会神父从未超过40人，但皈依者和天主教社群的数量却在不断增长。在朱宗元生命的末年，中国大约有四百个固定的天主教结社，分布在许多省份和气候带。不论是在大都市、城市，还是在乡村和小村庄中，都分布有基督徒群体。在17世纪中叶浙江十一府中，只有三个府没有基督徒社群。[43] 除了与教区相当的社群外，还有各种更专门的组织，比如，由狂热信众组成的兄弟会，践行鞭笞、禁食和禁欲的苦行群体等。[44]

在当时，建立一个由大量中国人组成的神职人员群体是一个经常被讨论的话题，但由于种种原因，这一想法在17世纪从未实现。耶稣会的神父们只得疲于奔命，尤其是在17世纪中叶，他们中的许多人都忙于在京城开展活动。尽管现代学术倾向于强调传教士与精英的合作、他们之间所倡导的耶儒对话，以及他们的著作和科学研究工作，但许多神父还是将大量个人时间投入到定期的教区工作上，这些教区的信众大多由中国社会底层没有文化的人构成。[45]

在这样的系统中，许多职责，从祈祷到社群生活的其他方面，都被委派给中国的辅助人员。尽管如此，欧洲的神父们还是倾向于自己来完成某些任务，比如行圣餐礼和忏悔礼。[46] 他们在短暂停留于当地的基督教社群期间，行使了一些重要的圣事，并藉此机会参与了许多其他活动，从考察当地基督教社群领导到处理行政事务，不一而足。

我们该如何理解这些虽担任教区神父却很难被教区内的中国居民接触到的欧洲传教士呢？如果认为这种模式是经过审慎思考和周全计划，进而是制度性的，那将是一种误导。相反，它是由多种因素共同发展所致，其中许多因素在利玛窦和其他早期传教士抵达中国沿海时是无法预料的。中国基督教社群的人员配置以及这些社群与活跃在中国的欧洲神父的联系，是全球化的教会与明朝这个强大的政治实体碰撞和遭遇的结果。一方面，中国严格限制来华欧洲传教士的人数，也经常限制他们的活动。而另一方面，天主教会在17世纪尚未就如何成为一个全球网络达成共识。这些因素都延缓了中国神职人员的形成。只有到几个世纪以后，这些神职人员才能起到桥梁的作用，将梵蒂冈和中国当地的基督教社群联系起来。[47]与此同时，教会则依靠中国皈依者来承担管理、礼仪和教义等事务。这既是出于需要，却也符合耶稣会士在世界许多地方（包括欧洲）的政策。在这些地方，神父的目标就是将那些普通百姓从被动的接受者转变为教会积极的创造者。[48]

因此，从许多方面来看，中国的情况很难与欧洲相比。在拉丁基督教世界，天主教会势力范围之内的领地几乎都被划分为若干教区和主教辖区。这意味着耶稣会的活动都被框定在一个十分密集的网络之中，而这个网络由高级和低级的神职人员以及存在已久的当地基督教传统所构成。相比之下，中国在很大程度上只是基督教传教事业的一块新大陆,仅有的几十名神父必须去面对十万左右的皈依者,其人数和分布的地区要大于天主教欧洲的信徒。此外,与欧洲相比,明末所有的天主教神父都不是中国本地人,他们显然来自遥远的异域。有证据表明,耶稣会传教士将他们不同寻常的外貌、陌生的基督教图像,甚至他们自己都作为传教策略的一部分。我们需要更加仔细地审视,欧洲神父对中国信徒不定期的造访中所蕴含的种族认同、异国情调和表演特性。[49]

考虑到所有这些因素,中国的习俗和传统在许多基督教社群中发挥着重要作用,也就不难理解了。[50]实际上,耶稣会传教士也对基督信仰的某种在地化持宽容态度。他们不仅接受了多种形式的祖先崇拜,甚至把当地神祇与基督教圣徒联系起来。尽管如此,欧洲神父在华居留期间,当看到他们无法接受的基督信仰方式时,经常会记录下那种沮丧之情。一些传教士警惕地观察到,宗教融合传统存在于中国社会的许多阶层。尤其是在农村地区,基督教的图像和符号经常被整合到一个包含佛教和道教元素在内的宗教多元世界中。[51]换句话说,许多人向上帝或天主教圣徒祈祷,以寻求帮助和支持,但同时他们也祈求各种地方神祇或佛教菩萨。许多传教士逐渐意识到,洗礼并不一定意味着教会所认定的真正的皈依。也就是说,并非每个人都服从全能的上帝的观念,不在其面前崇拜其他神祇。这些混合的崇拜形式在更为偏远的地区尤其难以控制,而依照天主教教义,它们都应被视为异端行为。

欧洲的传教士发现,在中国农村,甚至在特权阶层中,都存在着各种有问题的基督教自我组织形式。比如，耶稣会士试图禁止某些基督教组织收取入会费的行为。[52]但某些地方因素却更受神父们的欢迎：他们乐于容忍更多的基督教社群与常见的且有影响的中国社团分享那些共有的重要特征。在这样的基督教社群中，社会的中上层往往扮演着重要角色。

出于对仕途的普遍担忧，16世纪和17世纪初，越来越多独立的慈善机构和书院建立起来。[53]明末的书院虽然在历史上有其前身，但从其数量、规模和性质上看，当时的观察者都认为这是一种新的现象。[54]特权阶层可以加入到与私人书院联系密切的各种团体中，如互助组织、道德论辩讲会等。[55]书院主要是供论辩、学术和研习经籍的场所，但儒生们也从事与社会福利和基础设施建设相关的公共工作。随着明初建立的乡村机构的衰败和国家财政状况的恶化，这样的任务就变得愈发重要。在明末一些著述者眼中，加入这样的组织是在社会混乱腐败之际坚持正气和培育正道的唯一出路。[56]

因此，基督教社群纷纷加入到之前既有的组织当中，这些组织通常也注重集体吟诵、公共工作、道德内省和自我修养。许多新成立的基督教社群其实与中国既有的组织之间有着明显的联系。比如，一些建立了基督教组织的皈依者，之前曾加入过佛教团体。而接受儒家教育的社会精英中，也出现了一些基督徒，他们所成立的基督教组织，成员多限于当地社会的上层。中国的这些基督徒奉道德的自我修养为圭臬，认为这样有助于政治稳定，这一点与众多儒家团体相类似。[57]

基督教社群与中国其他组织的重叠也反映在它们所使用的术

语上。许多基督教团体都使用"会"这一名称,而"会"也经常用于指称中国的其他组织。此外,基督教社群的首领被称为"会长",而类似的中国组织的首领也有着同样的称号。尽管我们对大多数基督教的"会"所知甚少,但有很多理由可以推断其中许多"会"深受当地传统的影响。比如,在享有更多特权的基督徒圈子里,儒家主题能够继续与基督教理念放在一起讨论,皆因"天学"被认为是对夫子之道的直接再现,而非背离。

就组织文化和社会互动而言,基督教社群乍看上去似乎并没有真正偏离中国既有的各类组织,或其中的大部分组织。虽然我们有充分的理由认为,基督教社群与当时中国各类组织的模式保持着一致,但我们不应当仅从地方视角来看待这一现象。原因在于,中国基督教社群日常生活的某些核心要素和组织结构是与天主教会这个全球性组织联系在一起的。与其他组织相比,基督教社群的首领事实上是全球网络的一部分,并对之负有责任。像在其他地方一样,耶稣会士在中国的基督教社群中也设置了种种制衡机制,由中国的辅助人员和偶尔来访的欧洲传教士互相控制。这个体系可以满足多个目的,其最终目的是确保社群的首领不在地方化道路上走得太远。因此,教会可接受的地方化的程度不能被过分夸大,它至少应在传教士努力保证的范围之内。

耶稣会士试图在所有中国基督徒社群中强制推行天主教最基本的惯例。他们尽力确保让所有等待受洗的中国人都能放弃其他宗教,而熟悉新信仰的核心教义。宗教的教导贯穿于皈依者的宗教生活中,耶稣会也竭力确保皈依者能履行像忏悔这样重要的礼拜仪式。许多有声望的中国基督徒也认为这些因素至关重要,因此朱宗元在他的各种著述中对包括圣礼在内的重要礼仪实践都作了解释，使之免受潜在的异议之扰，这并不奇怪。[58]

从哈德逊湾和巴塔哥尼亚到南亚、中国和日本，坚守核心教义、礼拜仪式以及标准的文本是耶稣会的一项全球政策。[59]虽然许多重要的祈祷文和仪式用语都被译成了汉语，但就基督教的基本教义而言，耶稣会实际上很少调整所要传递的基督教信息和象征主义，以使之适应儒家思想或中国文化的其他要素。比如，童贞女生子、耶稣受难、耶稣复活都是基督徒公共活动的重点，并未被边缘化。耶稣会的这种实践，与许多学术著作和思想对话中，以更为儒学化的方式呈现出的天学是不一样的。

换句话说，在中国基督教社群的生活中，基督教的核心教义和仪式是稳固不破的。更为重要的是，这种稳定是借助一个联系和控制的体系实现的，这一体系从当地的辅助人员到中国的传教士，再到一个个的欧洲传教士，最后直达位于罗马的耶稣会全球总部。围绕着这些稳固的核心观念，发生了各种适应性调整，其中最为人所熟知的是在上层展开的天儒会通。同样，围绕着这些稳固的核心观念，中国各地的基督教社群也以一种与许多其他中国团体相似的方式行事。不过，天主教在中国适应、融合与本土化的努力，基本上并没有触及这些核心观念。

如果我们认真审视当地基督徒生活的复杂本质，我们还需要深入理解朱宗元这样的人物，认识到其全部的复杂性。朱宗元的一生紧系故土，他的传记需要从地方史的视角来理解，这一点毋庸置疑。但他也属于包括耶稣会在内的天主教全球网络。他生活于其中的全球和地方世界难以分开，他身上所担负的各种义务、认同和责任之间亦无法作出明确的区分。但这并不意味着它们是完全和谐的。朱宗元一生中的许多方面都是由各种混杂相交的体系塑造而成的,这其实是全球与地方性力量错综复杂的碰撞的结果。许多矛盾和紧张关系也延续了下来,我们在朱宗元的著作中可以发现它们的痕迹。

第三章
被限制的教义

错综复杂的遭遇

朱宗元实非文化转译（cultural translation）的发起者。他虽然发展了自己的思想，但没有摆出一副新的神学体系开创者的姿态。在图书出版不一定是为了呈现新思想的时代，朱宗元的著作亦不打算向渴求获得思想激励的读者展现自己的突破。他在已经确定的天学的主要框架内行事，在思想上忠诚于融合了中国和耶稣会因素的天主教的主要路线。他所阅读的宣扬基督教的文献可能包括小册子、长篇论文和一些影响后世几十年或者几百年的专著。这些文献中就有著名的《天主实义》，该书以利玛窦之名出版于1594年。[1]

这些早期的中国儒生和耶稣会传教士设定了将基督教转译到中国文化语境中的主要框架，这一框架后来被称作"适应性政策"，它基于如下假设，即儒家思想的真正原则最终应与基督教的要旨兼容。而后者以天学的面目示人，有助于人们重新获得儒家经典中所蕴含的最初智慧，但这种智慧在公元前479年孔子去世后的几个世纪里就消失了。基督教作为神圣造物主天启的旨意，能够提供道德上的确定性和本体论上的自信，这对于涤荡佛教与道教教义给中国人思想生活所带来的不良影响是必要的。人们正是在这一意义上，认为孔子之言和上帝之道最终可以彼此兼容。

一直以来，人们对适应性政策的实际目的、社会基础和起源存在一种误解。一方面，适应性政策并不是要涵盖17世纪中国天主教信仰和实践的各个方面，农村和城市穷人中的皈依者对此就毫无兴趣，而这些人是当时天主教信众的最大群体。[2] 相反，这个复杂的思想框架是专为中国精英准备的，他们是与儒家学说联系最为紧密的社会群体。与儒家学说的交好不仅有助于促进同中国社会上层的对话，而且使这个国家更有可能包容天主教在传教上的努力。这对耶稣会这样的宗教修会十分重要，因为有些成员已经找到了通往中国官僚机构的进路。这种情况让人们可能会想到宫廷天文学家汤若望或某些耶稣会士，他们的技术专长为晚明和之后的清朝提供了间接的军事支持。[3]

适应性政策除了为天主教适应中国文化提供了一个总体框架外，还以大量中文词汇来表达从再生到天堂、从原罪到地狱等基督教概念。这些表述在儒家思想和中国佛教中都有着更为悠久的历史。不管怎样，到17世纪20年代朱宗元具备了阅读能力时，用汉语来表达基督教概念的标准已经固定下来。这一标准并不是没有争议，其中有些术语几十年来在欧洲传教士中始终争论不休。但总的来说，到 17 世纪第二个十年，耶稣会士所营造的中国天主教的概念世界最终站稳了脚跟。像朱宗元这样的皈依者便不再需要寻找新的术语和概念来表达这一外来的教义，[4]但对某些个别的著述者来说，随着其信仰的发展，他们在这方面仍然可以作出贡献。与其他博学的基督徒一样，朱宗元也力图将自己的想法加入到这一现存的标准中。

正如一些年代久远的历史文献所示，适应性政策不是由那些重要的耶稣会士单方面创造出来的，也不仅仅是中国人对天主教信仰和实践加以重新阐释或地方化的产物。更准确地说，天儒会通是在一系列复杂的碰撞中产生的。在思考其本质时，有两种做法值得警惕：其一，将这一碰撞主要看作是欧洲人与中国人之间的接触显得过于简单，甚至具有误导性。这样做将低估两个领域中丰富的多样性。比如，中国佛教徒就没有参与导致天儒会通的文化对话，欧洲一些重要的群体如新教徒亦未参加。相反，适应性政策应当视为特定的代表，即耶稣会成员和中国精英代表之间对话的结果。

其二，如果我们认为天儒合一的框架是从无数可能性中单独设计出来的知识体系，那将会把我们引入歧途。适应性政策不仅是学术对话的结果，其主要原则也不仅仅是由思想上的选择和偏好决定的：许多权力因素，无论是法律上的还是霸权观念上的，都推动了它的形成。对那些参与将耶稣会士的天主教转译成晚明中国文化景观的欧洲和中国代表来说，这些权力因素共同给他们带来了诸多意识形态和制度上的限制。

首先，从 16 世纪晚期开始，中国便陷入深重的危机之中，尽管其社会和国家组织尚未完全分裂。实际上，中国的实力使之在与欧洲人的互动中占据主导地位。双方的关系是以多种不同的方式表现出来的，这在包括澳门在内的各种背景中均可看到。澳门在历史文献中通常被视为葡萄牙帝国的一部分。但在现实中，葡萄牙在澳门的定居点与中华帝国之间仍然保持着广泛的权力关系，中国政府要求葡萄牙每年支付租金并控制着进入澳门腹地的通道。中葡关系也体现在如下一个场景中：在通往中国内陆的关闸之上悬挂着一副匾额，上书四个大字"孚威镇德"。这是对葡萄牙居留者提出的告诫。[5]虽然我们可以将澳门视为欧洲殖民主义的产物和推动基督教全球化的中心，[6]但从葡萄牙人的这一据点也可以看出，与亚洲既有的强国尤其是中国相比，伊比利亚国家与天主教会仍处在相对弱势的地位。

此外，对前往中国的传教团来说，中国政府的监管能力仍然是一股不可忽视的力量，即使在明清变革时期最严峻的岁月里亦是如此。在危机最严重之时，中国政府的各个机构在与欧洲商人和传教士交涉时，继续实施严格的规定，并至少部分地执行。[7]而且，耶稣会士还经常遭受政府官员的敌视，这些敌视通常从书面抨击开始，在不同时期也可能导致地方性的抓捕甚至全国范围的压制。例如，1616年左右，南京掀起了反基督徒的迫害浪潮，虽然规模相对较小，但有可能导致全国范围的镇压，严重威胁耶稣会士在中国的存在。

所有这一切让耶稣会士在将其信仰中国化时，都必须认真考虑中国的国家结构及其基本信条。许多身处不同环境的耶稣会神父或许真的很欣赏儒家思想，但他们也不能完全忽视中国国家的正统性。如果耶稣会士想得到官方渠道的接受，以及受到与这些渠道密切联系的社会各阶层的尊重，他们就需要将其宗教展示为一种对儒家有所增益的力量，而不是去挑战它。至于中国的某些礼仪和核心价值，如果并不危及整个传教任务，也无需对之进行检验。与此同时，晚明中国的文化和政治景观也为天主教以一种儒学化的天学面目示人留有了余地。

同样，天主教一方对于天儒会通也有诸多限制。正如上文所提到的，耶稣会士有其自己的神学框架和制度上的制衡。他们在与天主教会内部和外在的强大对手较量的同时，也不得不构想自己的天儒会通原则。许多耶稣会士对待祖先崇拜等中国礼仪时的宽容态度，以及他们将中国的概念等同于基督教观念的做法，无不让这些对手感到震惊。从很多方面来看，耶稣会士将基督教中国化的方式至少部分地是由他们的对手造成的。作为天主教会的下级单位和一个全球网络，耶稣会并不能完全自由地选择从何种方向将自己的信仰转变为中国的概念世界。

纵观这些因素可知，天儒会通显然不可能凭空出现，它只能产生于集各种限制、期望和约束为一体的复杂模式中。将耶稣会神父及其宗教转译到晚明社会复杂的结构之中，不是一个语言上的任务，也不只是一个决定将中国精神和学术景观中的哪些要素与天主教结合起来的概念上的工作。相反，所有这些思想挑战的背后都是制度和政治上的挑战。就像中国基督教生活的组织方面一样，由此产生的妥协并不一定能形成一个完全一致的神学结构。在被称作适应性政策的会通中，仍然存在着诸多矛盾，部分原因是由于造成这一碰撞的主要双方并非彼此直接对等的事实。在东方,是作为一种帝国建制、领土政体(territorial polity)和文化景观的明朝或清朝;在西方,是作为一种跨洲际网络的耶稣会,它与全球化的天主教会和欧洲殖民势力纠缠在一起。两种结构在17世纪都经历了重要变化。

天主教会的全球扩张及内部压力

在朱宗元生活的时代,亚洲天主教会组织结构的变化使耶稣会在中国的活动经受着持续的压力。葡萄牙帝国的缓慢衰落也意味着,那些来到明朝的新的天主教代表,在返回罗马后很难再为耶稣会士的适应性政策辩护。尽管梵蒂冈和葡萄牙政府之间进行了一系列商议,决定以保教权来确保卢西塔尼亚*的国王在教会事务上享有高度的宗主权,但这一制度在17世纪第二个十年后开始瓦解。葡萄牙帝国试图进行反击,一段时间以来,果阿等地的宗教裁判所也主要忙于迫害在保教权法律框架之外从事活动的欧洲传教士。[8] 从某些方面来看,教皇格列高利十五世(Pope Gregory XV)于1622年成立传信部(Sacra Congregatio de Propaganda Fide),也应放在葡萄牙的影响力减弱和欧洲的竞争者在该地区出现的背景下加以理解。传信部将进一步把教会从伊比利亚帝国及其所有欧洲继承者那里解放出来。它力求建立一个新的传教体系,拥有自己的学院和地区总部。[9] 为了在葡萄牙帝国控制范围之外建立一个替代性结构,传信部甚至打算建立一个独立的行政机

---

* 卢西塔尼亚(Lusitania),原为罗马帝国的一个行省,包括今天的葡萄牙和西班牙西部的一部分。这里特指葡萄牙。——译者

构。[10]

不仅如此，梵蒂冈还废除了之前允许耶稣会在葡萄牙统治范围之内开展活动，并拥有在中国和日本传教专属权的政策。1633年，一个重要的时刻到来了。教皇乌尔班八世（Pope Urban VIII）颁布了一项教皇法令，准许所有国家和修会的天主教徒进入远东地区。[11]这意味着越来越多的西班牙国民现在可以前往中国传教，严重背离了保教权规定的即使耶稣会中的西班牙成员也不得进入中国的条例。而之前的限制性政策导致在中国服务的耶稣会士中的葡萄牙人、意大利人和德国人的数量通常很高。[12]

这些政策不仅造成梵蒂冈与葡萄牙帝国之间的紧张关系,[13]而且使中国成为天主教会不同支派之间——比如耶稣会和方济各会——剧烈对抗的舞台。双方冲突的可能性在不断增大，原因在于教皇没能集中协调天主教会的传教活动——单个的修会在欧洲和欧洲之外都是各自为战，天主教会的各个下级单位通常也像教会本身一样具有全球性。许多修会都有着在欧洲之外宣教的历史，它们遵循各自的政策，与内部的竞争者以及中心与当地传教士之间的紧张关系作着斗争。[14]

耶稣会是现代早期天主教全球化最成功的推动者之一。1626年，当朱宗元还只是个10岁的孩童时，耶稣会在全球就已经拥有444所学院、100所神学学校和教育机构，为超过15000名被授予圣职的人员服务。[15]耶稣会在1534年成立后不久，便致力于全球议程。早在1540年，耶稣会的第一个海外传教士沙勿略（Francis Xavier）便动身前往印度。[16]在随后的几十年中，耶稣会发展成一个组织完善的全球网络，活动范围从南美一直延伸到日本。[17] 耶稣会期望它的神父们能够接受派遣，到任何地方去旅行和工作。17 世纪初，耶稣会的成员已有 8% 至 12% 驻扎海外，构成了一个组织相对紧密的由独身的博学之士组成的全球网络。

因此，耶稣会士可以前往从巴塔哥尼亚到东南亚的世界许多地区。他们被派驻在迥然不同的气候带和文化中，通常需要学习当地的语言。作为一个全球网络，耶稣会表现出广博的语言学专业知识，但其全球组织的运转则依靠拉丁语和一些现代早期的欧洲语言。由于在某种程度上允许耶稣会士将其信仰地方化，这意味着其成员在践行基督教各种鲜活形式的时候——比如，那些与亚马逊河流域的美洲土著生活在一起的耶稣会士，或者那些试图让日出之国的大名皈依基督的耶稣会士——会有很大的差别。[18] 同时，耶稣会成员社会政治基础的多样化，反过来也对当地耶稣会的组织性质产生了影响。在南亚，耶稣会传教士主要以殖民地沿海城市为基地，那里有着大量信奉天主教的人口，这使得他们的教会生活与欧洲有些类似。相比之下，在中国这样的社会中，耶稣会神父是外来居民，他们要和分散在这个庞大帝国中的各个基督教社群一起工作，并为之服务。

耶稣会的全球架构由诸多地方参赞区（assistancy）这样的复杂分支组成，其下是一些次级的教省和副教省。这些较小的组织单位通常由若干耶稣会学院和其他传教据点来管理。比如，朱宗元认识的神父就隶属于中国副教省，属于葡萄牙参赞区的一部分，而中国副教省则是从印度教省和日本副教省发展而来。[19] 上级单位与下级单位有着复杂的管理结构，没有明确的权力、任务和职责的划分。

这就赋予耶稣会亚洲视察员（visitatore）*以重要角色，他们负责监督耶稣会在亚洲领导的社群的行政和宗教生活，[20]并担任该地区耶稣会的首席代表。范礼安（Alessandro Valignano，1539—1606）可以说是亚洲视察员中最著名的一位。

除了宗教上的追求外，耶稣会在经济上也很活跃。[21]对中国传教团这样的地区单位来说，由于官方赞助者葡萄牙王室的捐赠既不充足且时断时续，其资金故而长期不足。耶稣会士便利用中国庶务修士（lay brothers）对亚洲社会的熟悉以及他们自己的社会关系来增加额外的收入。[22]比如在日本，耶稣会利用从16世纪中叶开始便在重要的港口长崎享有的部分领土权，帮助葡萄牙商人进一步打入日本市场。当耶稣会士被迫离开日本时，他们手中控制着中日贸易的很大一部分份额，其中大部分是在官方渠道之外进行的，而这恰恰是葡萄牙王室特许的商人所无法完全渗透的。利润当然被用于资助他们的传教活动，但贸易的介入也有助于传教事业更为直接。实际上，日本的耶稣会士能获得部分的宽容，是因为他们对国际贸易的重要性，但这也意味着随着17世纪荷兰人和葡萄牙之外的其他竞争者的到来，当地对耶稣会的支持减弱了。[23]

与其他全球性的宗教修会相比，耶稣会特别强调教育，这通常包括语言和文化教学。他们深信地方知识在传教、建立政治联系、经济或其他目的上的重要性。耶稣会在全球范围内经营着许多学校和学院，这些教师成为欧洲和地方知识形式之间专业的架

---

* 又译"巡按使"。——译者

桥人。传教士在被派遣去完成任务之前,都要在这些学校接受严格的训练,他们认识到这种教育基础将使他们获得社会尊重和文化权威,从而有益他们的工作。然而,尊重并积极参与其他形式的文化遗产,这一政策并不只是教会的战士手中的策略性工具。在许多耶稣会士的世界观中,文化差异是上帝赋予的,因而可以与天主教的普世传播完美融合。虽然耶稣会神父坚信基督教上帝的垄断地位,并经常认为未皈依基督的社会将遭受永恒的诅咒,但他们并不认为改宗天主教信仰就等同于传播欧洲的生活方式和社会文化价值。[24] 一般而言,这也是现代早期的传教士与19世纪和20世纪的后继者之间的区别。

这种文化上的普世观念,可以在耶稣会的活动遍及世界各地这一特点上看到。耶稣会士认为,基督教内容与地方因素的结合是可行的。当然,结合的程度要视具体的环境而定。比如,许多在美洲传教的耶稣会士都有同感,认为这片辽阔的陆地构成了一个"新大陆",可以按照欧洲的原则予以再造。[25] 但是,即使在这里,社会的各个阶层都强烈反对伊比利亚王室制定的彻底重塑美洲土著社会的计划。一些耶稣会士甚至建立了被称作"缩减区"(Jesuit Reduction)*的定居点,以保护土著人民免受殖民剥削。

不过,在17世纪许多亚洲传教区中,欧洲的影响力是有限的,通过欧洲人来改造当地社会也是不可能的。[26] 像莫卧儿帝国

---

* 西班牙耶稣会士于17—18世纪在南美洲建立的一些殖民据点,旨在将印第安土著集中管理,以实施更有效的统治,并借助将之基督教化的手段最终达到减少印第安土著人口的目的。生活在"缩减区"的印第安人需改宗基督教,但不必接受欧洲文化。在耶稣会士和土著酋长的共同领导下,"缩减区"在西班牙殖民帝国内获得了高度自治。——译者

或明朝这样在地缘政治上享有绝对重要性的国家，尤其需要一种适应主义的方法，因为传教士网络意欲接触的是包括统治者本人在内的富人或统治精英。这一点，我们可以在亚洲视察员范礼安1579年的《训示》(Instructions)中看到，这位亚洲传教团的首领告诫其部下，不要试图"说服这些人改变他们的习惯和行为，只要他们不明显违背宗教和道德即可"。[27]

这类指导原则的实施是多样化的。比如，罗伯托·德诺比利（Roberto de Nobili，1577—1656）在印度研习梵语文献，过着酷似婆罗门种姓的生活。其他的神父也在向印度的种姓制度靠近，希望能得到印度上流社会的接纳。[28]在印度，一些耶稣会士甚至进入莫卧儿帝国的宫廷，加入到一个国际化和跨宗教的顾问团中。一些耶稣会成员甚至有着过高的期望：1579年，莫卧儿皇帝阿克巴（1542—1605）邀请三位神父在他身边居住了数年，他们希望再来一次君士坦丁转变（Constantinian shift），即借助最高统治者的皈依展开一场大规模基督教化运动。[29]但这并没有发生，而16世纪90年代初发起的另一次宫廷传教也以失败告终。

一两代人之后，在印度更靠近南部的地区，葡萄牙神父恩里克·恩里克斯（Henrique Henriques，1520—1600）对泰米尔语基督教文献的增长作出了积极贡献，他亲近当地的风俗和传统，并与上层种姓建立了友好的关系。在1600年的日本，耶稣会传教团虽然备受攻击，但却蓬勃发展，他们已经创作出大量基督教著作，并开始训练第一批当地的神职人员。[30]耶稣会传教士努力将重要的基督教观念与礼仪实践同当地的传统联系起来，一些日本宫廷精英以及地方统治者和大名确实也接受了基督教信仰。但让幕府将军和天皇改变信仰的尝试却屡遭失败。

从这个角度看，耶稣会在中国实行的适应性政策只是其作为全球宗教网络所采用的更加广泛的传教方式的一部分。像利玛窦在中国一样，耶稣会亚洲传教团在其他地区也有一些思想上极具影响力的人物，耶稣会的本地化策略在这些地方也引起了天主教会其他分支的反对。实际上，耶稣会在亚洲的适应性政策打开了一个神学论辩的潘多拉魔盒，几个世纪悬而未决，其中哪些文化实践可以接受，哪些不能接受，这一问题引起了巨大争议。比如，德诺比利将印度教种姓制度部分移植到基督教社群中，就在印度传教团中引起了长期争论。[31]

在欧洲天主教会的各个中心，关于基督教本土化的局限最明显的争论当数中国礼仪之争。围绕是否接受某些中国礼仪，尤其是中国信众是否应当崇拜祖先展开的争论，看上去集中在神学问题上。但实际上，它们经常与全球教会中敌对网络之间的权力斗争密切相关。不论在教会内部还是之外，许多个人、机构和权力中心都以高度批判的眼光看待基督教对中国文化背景的适应。如前所述，在中国传教中颇为活跃的多明我会士始终反对与儒家保持任何重要的友好关系，他们游说罗马教廷接受他们的意见。[32] 耶稣会政策的其他批评者还包括一些个别的权威人士，比如负责监管亚洲多个传教团的视察员班安德（André Palmeiro, 1569—1635）。[33] 因此，当耶稣会士着力为他们的中国模式的天主教作出界定时，他们即使不是被责难，也是在令人不快的审查下进行的。这迫使他们与敌对的天主教派系展开神学上的论辩，其中一些论辩越过了教会的高墙，对广大公众产生了影响。更重要的是，它进一步限制了天儒会通碰撞中耶稣会士一方对某些术语、概念和观念的接受。

在耶稣会士与中国的对话者共同推进适应性政策时，反对者不仅限制了耶稣会士的地位，甚至也不允许耶稣会随意寻找适当的方法，将基督教转译到中国的文化背景中。耶稣会士的优势在于他们自己的制度文化、神学偏好和思想传统，这些都与天主教会的其他分支截然不同。[34]简而言之，耶稣会对中国思想传统的认知在很大程度上是由早期的经院哲学传统决定的，而后者将古希腊哲学与基督教要义结合起来的努力却是不同文化间碰撞的结果，这一点是应当注意的。经院哲学家对待亚里士多德和柏拉图学说的伟大遗产时，其灵感部分来自于穆斯林学者，比如伊本·西拿（Ibn Sina，即阿维森纳［Avicenna］，约980—1037）和伊本·路西德（Ibn Rushd，即阿维罗伊［Averroës］，1126—1198）。一个重要的观念是，自然之光（*lumen naturale*）引导着过去伟大的哲学家走向造物主更高的真理。它被进一步引向如下信念：如果这些哲学家有机会聆听上帝之道的话，他们将会向这独一无二的神忏悔。[35]耶稣会传教士在中国把这些联系明确化了。比如，在利玛窦的西语著作和通信中，他将自己对古代儒学的赞赏同基督教与古希腊罗马的传统关系联系在了一起。

如果说参与交流，进而导致适应性政策产生的耶稣会士一方，是一个充满矛盾和明显紧张关系的复杂世界的话，那么对话的另一方同样复杂。儒家学说尤其如此，它在晚明时期呈现出异乎寻常的多样性。儒家思想依然是中国国家的基础，国家机构有权支持或约束在中国境内出现和从事宗教活动的外国传教士。然而，一些新的儒家学说出现了，它们要么产生于国家框架之外，要么声称与国家无关。在这一复杂的模式中，很难找到天学坚实的基础。但是，对于一种来自远方、同时又渴望得到官方承认且以精英圈子为主的宗教来说，与儒家世界建立密切的联系是绝对必要的。

晚明的儒家学说

儒学在晚明时期呈现出何种面貌？称儒学为"学"虽然意味着它是一种得到阐明的思想方案，但如果就此认为它具有高度的一致性，那也是对它的误解。"儒学"这一概念在晚明时期或之前的中国并不存在，也没有一个与之相当的近似的术语。这一术语是在19世纪末和20世纪初创造出来的，其西语形式来自耶稣会士在现代早期创造的拉丁化的"孔子"（Confucius 和 Confucianos）一词。这种拉丁化将"孔"（Kong）这个姓和汉语中称呼老师的"夫子"（fuzi）融合在了一起。[36]与其被西化的名字一样，20世纪初中国知识分子就儒学主要是一种宗教还是哲学展开的辩论，[37]反映了外国范畴和概念对中国的冲击。这一问题实际上源于不同的文化关系，可以视为对儒家原初学说的歪曲。

在17世纪的中国，有多个术语用于表示"儒学"，但均不是以孔子的名字来命名。实际上，人们通常用更普遍的"儒家"这一术语来指称"儒学"。新的儒家派别——尽管已经有数百年之久——则被称作"道学"或"性理学"。[38]这些表述方式体现了中国国家与社会对儒家学说的理解。一般而言，精英圈子倾向于将之视为在个人发展规划与更广泛的社会政治稳定之间形成互补的唯一学说。

儒家在包括明清在内的许多朝代，都是一种国家正统的角色，这是它之所以十分重要的原因。[39]由于科举考试制度的缘故，儒家学说与中央王国的官僚体制、制度框架有着密切的联系。鉴于对儒家思想的认知是官员选拔过程的关键，这一学说在本质上与中国国家有着千丝万缕的联系，从精英教育到朝廷的礼仪世界莫不如此。与拉丁基督教世界不同的是，儒学并不想组建一个独立的教会，而是希望从观念和制度上成为中国政府的内在成分。

由于儒学主要——尽管不是唯一地——通过教育机构传播，因此大多数特权阶级都认同它的议题。此外，儒学与基督教不同，它没有标准的入会仪式，比如洗礼或明确规定的成员资格。一个人不能"皈依"儒学。相反，他必须利用儒家典籍和实践开启修身的过程。在这一过程中，个人也会经常利用其他的精神资源，尤其是佛教或道教。[40]这意味着儒学与其他教义之间的界线并不明确。与基督教相比，它也是不设防的。但与天主教会不同的是，儒学中没有宗教裁判所去强制执行标准的信仰学说，也没有神职人员去监视其对共同心性（common souls）的追求。

这并不是说儒学在中国就不用考虑教义问题。虽然没有忌邪的天主（jealous God），也无需将尘世严格地划分为信主之言和不信主之言的人，但任何个人、学派或者宗教都有可能被贴上"邪"的标签，而被迫去证明自己的观点为"正"。[41]由于中央机构无权对所谓的异端加以定性，各种运动因而都可以诬蔑对方为"邪"，称自己对儒学意义的阐释才真正遵循着古代的孔子。

但是，对于国家权力部门来说，像天主教这样新来的且集中组织的宗教尤其危险,被认为是一种潜在的有害因素。特别是,当这种宗教网络对作为国家正统的儒学的核心原则构成明显挑战时,国家就会感到恐慌。因此,教义问题绝不是让天儒会通成为必要的唯一因素:来自中国国家层面的潜在的政治压力也是一个重要因素。[42]儒家思想和国家政策的重叠,意味着耶稣会士及其中国信众需要遵守诸多法律限制和国家的其他法令。他们甚至必须参加儒家的国家仪式,因为没有哪个教义的代表在声称为中国的社会政治福祉作出贡献的同时,又能完全抽身而退。

晚明时期宗教融合的盛行,或许是因为生活在社会经济危机和文化紊乱的时代,促使许多儒生去对儒学作出新的解释。换句话说,晚明时期对儒学的阐释是格外丰富的。这种情况的发生也受益于图书市场的繁荣和精英阶层的出现,这些精英不像其父辈那样,较少固着于某些传统形式。而更为普遍的国家危机,则助长了儒家学派的分裂。积重难返的官僚机构几乎没有资源,或许也无太多抱负,将士大夫们在思想上统一起来。从这个意义上说,晚明各儒家派别的兴起,至少部分与作为国家学说的儒学的危机有关。

儒学作为官方学说地位的巩固始于宋代(宋代结束于13世纪70年代),当时像程颐(1033—1107)和朱熹这样的思想家都力图重振早已衰落的儒家学说。[43]他们对儒学的重新定位基于对自古以来儒家发展——也隐含着中国的伦理和政治状况——的特定解释。根据这种历史观,过去曾有过一个道德完满和政治稳定的黄金时代。但这个理想时代之后却是一个衰败的时代,至战国时达到极点,其时中央王国的政治统一让位于一个由彼此争战的军事化国家构成的动荡体系。

宋明时代的许多儒生都认为，孔子发现了修身养性的力量，使之能够达到满足早期理想时代最高标准的境界。但是，孔子自己作为官员却是失败的，其高尚的价值观并不能减缓时代的颓势。虽然他没有成为又一位伟大的帝王，但在理学家看来，孔子已经将道传给了少数选定的追随者。理学家在对过去作出解释时进一步认为，在汉代（公元前206—公元220）之后的官僚主义帝国中，甚至这种个性化的传道方式也消失了。

儒生的历史使命就是回归这种道，其主要方式主是通过个人的学习。[44]理学家虽然声称已经摆脱了异教邪说，去再次传授原初的道，但他们实际上并不是要回归古典儒学。相反，这些宋明时期的思想家正在进入新的哲学领域，它融合了佛教和道教的因素，而这些宗教曾经被认为是多余的。[45]比如，他们将每个人内在的道德潜能定义为宇宙的力量。甚至理学的"道统"概念本身，以及包括静坐和冥想在内的修身养性的实践，也可能来自佛教。[46]不管怎样，对道德理想的追求不再被视为一系列社会活动，而是要求个人更加关注自身内在精神的成长和成熟。

12世纪的理学家向来强调自主学习，但当国家将朱熹、程颐等思想家对儒家经典的文选和注疏变成重新恢复生机的科举考试制度的基础时，情况就发生了变化。在帝国官僚体制的手中，理学的学说成为国家的正统，这意味着学习的主要目的是为了求得功名。科举考试的渠道虽然建立在个人成长的观念上，但在很大程度上却等同于对标准文本认真细致的研读。从16世纪开始，一系列复杂的社会变革拉大了国家机器与广大知识精英之间的距离。

日益腐败的官僚体制和僵化的考试制度似乎对特权阶级不再具有吸引力,他们的思想生活和个人生活变得更加多样化。不足为奇的是,精英阶层对程朱理学的态度也发生了变化,认为国家授意的这些儒学版本愈发僵化,宛如冰封在时间之中,无法应对当前的种种灾难。

作为这诸多变化中的一部分,更多的儒生开始以自己的方式培护儒学。他们中的许多人又重新回到了通过个人的努力可以找回失去的道的理念上。从某种意义上来说,他们延续了宋学的重要传统,但将之引向新的方向,甚至使其中的一些内容更加激进。他们的主要变革领域之一即涉及与国家的关系。宋代的理学在当时科举考试制度中地位低下,这就清楚地表明士大夫与统治者之间已经产生了一定的距离。理学认为孔子——而非古代的圣王——是道德的最终来源,这一理念挑战了朝廷对道德权威所拥有的权利。[47]在整个明代后半叶,国家是否具有道德和政治学习的最终决定权,一直遭到人们的质疑。一位著名的思想家谈到了对这一问题的看法,他就是心学的奠基人之一王阳明(1472—1529)。[48]王阳明指出,国家正统思想未能培养出达到古代儒家高标准的道德精英。他说:"圣人之道,若大明于世。然吾从而求之,圣人不得而见之矣。"[49]

在朱宗元生活的时代,阳明学派在包括宁波在内的长江三角洲下游地区有一大批追随者。[50]王阳明哲学的部分内容很好地契合了中国这一地区和其他地区的社会转型。比如,他远离经世之务就反映了当地精英家庭的状况,这些家庭已经开始从事商业活动,他们的后代也不再热衷于服务于国家的职业理念。17世纪上半叶,浙江著名的学者黄宗羲(1610—1695)认为,商业是国家的基础之一,应该充分认识到商业的这一性能。但是,阳明学派及其分支不仅是针对富裕阶级——不论其是旧富还是新贵——的言说,而且也针对不断增加的无望获得官职的贫困儒生阶层的言说。这两个群体都更容易接受把儒家学说从中国国家正统的角色中解放出来的观念。

对官方教育渠道的普遍怀疑,归根结底是认为真正的教育不应再被看作是对国家权威的服从过程。尽管这种观念在宋代就已经存在于朱熹和其他理学家的思想中,但国家的教育体制并没有对之给予足够的重视。其时,晚明的许多儒生都将重心放在了个人发展的观念上,王阳明及其追随者进一步推进了这种人本主义理想。他们明确指出,个人发展并不一定需要通过勤奋地研习经典以逐步汲取儒家智慧。他们认为,道德的进步可以自然而然地到来,一个人与生俱来的道德潜力可以在自发学习的那一刻实现,这一想法显然受到了佛教顿悟观念的影响。

在明朝的最后阶段,许多有影响的儒生不仅仅强调了儒学与国家部门的分离。他们也重新界定了儒学文献遗产的权威性,并使之相对化。对一些理学派别来说,古代经典文献并不是绝对和永恒的标准性阐述,它们只是在自我完善的道路上起着检验的作用。其他的思想家则更为激进,比如哲学家李贽(1527—1602)。李贽在晚明的思想生活中是一个古怪但却极具影响力的人物,他强调孔子思想有其时限性,故而不能为其表象所迷惑:"昨日是而今日非,今日非而后日又是矣,虽使孔夫子复生于今,又不知作如何是非也,而可遽以定本行罚赏哉!"[51]

既然回到古代儒学古老而鲜活的智慧中可以有诸多不同的道路，那么其他教义在个人修身之路也可以发挥作用就不足为奇。在过去，虽然个人在儒学之外研究其他教义亦很常见，但宗教融合在明末达到了一个新的高峰。一些读者最多的思想家，如王阳明、李贽，都涉身佛学多年。[52]他们与许多生活在同一时期的其他儒生一样，为了巩固儒家的地位，公开求助于佛教或道教。许多著述者都强调了，中国儒释道三教的核心是共享一种统一性，它们各自提供了理解同一现实的不同方式。[53]

从这个意义上说，16世纪以来佛教的伟大复兴，不一定要被视为与儒学的对立。许多佛教流派和知名人士都把自己的信仰与寻找失落的儒家理想联系起来。比如，袁宗道（1560—1600）和焦竑（1540—1620）就认为，佛教著作是阐发孔子言论的注解，能够使现在更接近过去的理想。[54]袾宏（1535—1615）相信，儒家和佛教的价值观，只是在细节上有所不同而已。他同样赞成，借助佛陀的智慧便可以重获往昔黄金时代的重要内容。[55]

至16世纪中叶，儒家的一些融合论者（syncretist）与佛教学者的观念已非常接近，这两个阵营之间的界线也日趋模糊。[56]比如，王阳明坚称，修身必须从个人内在的道德知识开始，对他来说，这意味着个人有可能通过研习其他教义获得成长。无论如何，这位伟大的明代学者坚信，中国三大教的创始人在很多方面都是统一的，而且这三大教都已经偏离了其最初的道路。[57]像王畿（1498—1583）这样的思想家就主张，佛教接近于最初的儒家之道，并以此为儒家与佛教的结合进行了辩护。[58]人们通常认为，佛教可以帮助儒生从社会习俗和政治约束中解放出来，这在个人真正的成长和道德成熟的过程中至关重要。

从根本上来说，王阳明和其他许多醉心于佛教教义的文人仍属于儒家。他们与佛教的各种宗派保持着距离，因为后者将世界以及自我都解释为空幻。对于坚定的理学家来说，出世不是一种选择，他们坚信人类生活在一个最终应当被视为现实的世界中。从最宽泛的意义上来说，这种哲学上的入世态度也反映在政治议程上：道德上成熟的人有望为一个繁荣的家庭、国家和人类社会作出贡献。[59] 而这项工作是可以通过推动公共教育来完成的。比如，一些离经叛道的儒生甚至利用流行的戏曲表演场所在更广泛的人群中传播正义和诚信。[60]

在这种社会和思想氛围中，独立的儒学书院蓬勃发展起来，它们通常代表着儒学特定的分支。[61] 比如，林兆恩（1517—1598）创立的三教合一祠。[62] 从其名称可以看出，该祠堂是儒家、佛教徒和道教徒进行思想交流的场所，致力于形成一种会通方法。其他的机构还有16世纪80年代成立于无锡的东林书院，尤专于儒家经典的研究，以此作为道德指引的关键。顾宪成（1550—1612）是东林党早期有影响的一位人物，他虽然支持王阳明对道德自觉的强调，但还是与阳明学派自发学习的理想保持着距离。

在某种程度上，东林党的思想主旨是，努力把王阳明自发学习思想的批判精神与以朱熹学派为代表的儒家文本学习的固有模式结合起来。[63] 东林党力图维护个人的学术道德和真正的儒家价值，为一个道德和政治上失败的国家树立一面批判的镜子。在宦官魏忠贤的恐怖统治下，政治危机加重，东林党中在北京任职的一些最重要的成员试图干预朝政。这导致政府对之的镇压，政府动用了酷刑甚至杀死了几名东林党人，书院也遭到摧毁。[64]

朱宗元在开始著述时，东林书院已经被焚为灰烬，但书院的思想和政治观点依旧能引起人们的共鸣。那些与东林党的议题关系密切的儒生，往往坚决反对将儒学与佛教或其他任何宗教结合起来。相反，他们试图借助一种更为纯粹的儒学来巩固中国的道德、社会和政治状况，并希望通过剔除空洞的形而上学玄思以回归过去的儒家理想。[65]他们认为，新的道德取径和宗教融合并不意味着儒家潜在的复兴，而是其衰败的先兆。[66]他们的判断并非孤例，因为许多人都认为，其他宗教至少对文官的道德败坏负有部分责任。在明朝的最后几年，这种担忧加剧了，因为民众对佛教和道教的狂热崇信，在遍及全国的农民、手工业者和匪兵的叛乱中起到了一定的作用。

这些力求对儒家传统作出更加狭隘和更具本质主义理解的力量，只是一个非常复杂领域的一部分，其中各个派别和各种阐释竞相发挥作用。需要再次强调的是，在朱宗元生活的时代，认为儒家的伦理政治纲领可以通过与另一种教义相融合来实现，以及认为这种融合能够帮助中国重获社会政治稳定的观点并不鲜见。这种融合运动主要是以儒家-佛教为轴心而展开的，但道教的影响也很大。此外，中国的穆斯林群体逐渐开始用中文发表著述，试图将他们的信仰与儒家的概念世界联系起来。从历史上看，中华帝国的伊斯兰社群很难进入精英文化，但现在情况发生了变化。与基督教社群不同的是，穆斯林文化适应论者的主要目的不是让大多数人皈依自己的信仰，而是要表明他们的追求植根于儒家和伊斯兰传统。[67]

有鉴于此，随着明代气数将尽，儒家与基督教之间的相互适应似乎也顺应了诸种宗教之间纷繁复杂的融合景象。基督教适应儒家的关键因素，与其他宗教与儒家的关联类似。与其他宗教代表一样，基督教皈依者认为，天学将有助于中国社会回到已经丧失的被认为是气节高尚和政治稳定的状态。[68]许多佛教徒也声称，他们的目的是恢复儒家的价值观，助其重拾失去的理想。[69]道家同样认为，他们能够使中国回到古代社会，那是一个通常被想象为没有受到文明糟粕影响的纯粹社会。[70]

不过，基督教在许多方面与晚明时期融合儒家的其他方式都是不同的。首先，它努力与儒家传统相结合的概念是中国信众所不熟悉的。[71]相比之下，与儒学大致同时代的道教则是一种中国本土宗教；佛教作为一种外来宗教虽然会面临一些批评，但它在中国大部分地区已经存在了一千多年，而且经历了本土化，这意味着它通常也被视为中国的宗教。[72]即使是伊斯兰教，追溯起来，它在中华大地和某些地区存在已久的华人社群中，也有着数百年不曾中断的历史。[73]其次，与中国的融合主义者以折中方法对各种教义加以利用不同的是，基督教的融合主义是一个例外，它坚称佛教和道教对儒学有害，必须加以净化。基督教对佛教和道教的谴责与儒家"纯正主义者"（purist）的要求相似，但基督教本身却是外在于传统儒家思想的。虽然如此，天学还是宣称，它可以通过注入新的元素来重新巩固儒家的精髓。[74]

从儒学可选择的模式来看，耶稣会所认可的中国模式的天主教同时提出了融合和纯正的主张。因此，它显然不属于这一时期任何一个主要的儒家阵营,这对于获得现有的任何中国文人群体的大力支持都是不理想的。天学的这种双重性,在一定程度上是将基督教的上帝与儒学相结合的产物,同时也是将效忠罗马与表达对中国国家的忠诚相结合的必然结果。

朱宗元的适应之道

当年轻的朱宗元执笔写下他的第一篇宣扬基督教的文章时,耶稣会的基督教模式已经搭建好了适应中国环境的框架。搭建者是一些人数相对较少的群体,主要是欧洲的耶稣会神父和中国儒生,但后者不一定是皈依者。许多人,包括天主教会内部以及中国国内适应性政策的反对者,都在这一政策上留下了长久的印记,以至于此后几十年几乎不可能对15世纪末16世纪初形成的这一政策作出重大改变。因此,朱宗元并不打算改变现有的适应性框架,但他在文章中对儒学与天学的关系依然给予了大量关注。

实际上,朱宗元的第一部重要著作《答客问》开篇,便由一位虚构的客人述说,中国的三教传统悠久,可以追溯至一个共同的源头。接下来,客人问及基督教还能为鼎峙并立的三教增添什么。[75] 主人在回答中却否认三教是平等的,甚至不认为它们有着共同的目标:

> 子欲知教之实,必先思乎教之名。夫教乃修道之谓。道者,率乎性而原乎天。……道以虚为本,佛以无为本,[76] 儒以诚为本。虚无与诚,犹水火、东西之不相一也。[77]

仅就这段文字而言，它读起来就像是这一时期儒家纯正主义者的典型言论。朱宗元将"修道"作为儒学的主要议题，[78]而修道在理学四大经典之一《中庸》中占有重要地位。对佛教和道教以空或无为本的指责，在试图清除儒家融合论的圈子里，是很常见的。此外，朱宗元还把儒学的起源与"天"联系起来。"天"也是坚定的儒生群体中常见的表述，是一个经常出现在儒家经典中的概念。

朱宗元在接下来的文字中提到了天学。他写道，孔子以一种打动人心和清楚易懂的方式吸引了人们，并认为这位古代大师的伦理价值观与天学非常相似。不过，孔子在生死、鬼神、万物共同的起源等关键问题上并没有给予过多的解释。[79]而这些空白之处，可以由——尽管朱宗元并没有这样说——天主之说来填补。"天主"这一概念在当时宣扬基督教的著作中多指造物主，在朱宗元的著作中亦是如此。

在几页文字之后，朱宗元终于直指基督教信仰。他首先间接引用了理学四书中《大学》里的一段名言。[80]这段话将古代圣王时期的情形与修身的理想联系起来，列出了从修身、齐家到以治国平天下为目标的个人成长的不同阶段。这样，个人便被定义为一个具有某种特殊意义的政治存在：道德的成熟被视为一切可能的公共和政治贡献的根源。朱宗元以《大学》为着眼点，继续写道："此正修身克己之良图，齐治均平之上范也。故钦崇天主，乃儒门之真本领、真血脉。"[81]通过引用《大学》里的典故，他强调了天主之说不仅限于让儒学回归其精神上的纯正和概念上的正统。

在他看来，复兴的儒家学说可以完善个人，只要它的议题植根于在来世发现的更深的意义。与许多同时代的人一样，朱宗元认为，经过振兴的儒学具有一种伦理力量，能够给病入膏肓的明代带来稳定的政治局势。

在朱宗元看来，社会秩序得以恢复的唯一根基是个人道德的矫正。这或许可以部分解释他为什么没有涉及治国之道或统治之术这样的问题。与徐光启等其他儒生基督徒的著作不一样，朱宗元的著作中全无政治和社会改革的计划。他们彼此不同的生平与经历或许是造成这种差异的原因：朱宗元与徐光启不同，[82] 他不是一个在帝国官僚体系中位居高位的士大夫。治理国家方面的议题并不是他日常工作的职责。虽然他与宁波的新旧精英纠缠不清，但因为没有担任重要官职，他得以更自由地以一种更加智慧的方式追求自己的理想。在一个政治忠诚，乃至日常政治上的明确立场都可能是危险的时代，这样做也更为安全。

从儒家传统更为悠久的背景看，一个关心政治的人主要述及伦理问题却很少关注具体的政治问题，这并不罕见。除《孟子》外，儒家经典都不包含具体的政治方案，宋代许多伟大的思想家主要关注的是道德上的高风亮节和治学上的浩然正气。这一点在晚明得到进一步强化，当时越来越多的儒生不再通过传统的官场去寻求社会福利和政治稳定，他们追寻的是一个重要问题的更具个性化的精神上的答案，即成为一个大儒的意义。

朱宗元在《答客问》中甚至更进一步，他认为，除了善生的准则外，天学也包含了善死之法，两者是相互关联的。他写道，通过促使人们反思自己的死，天学的教义将激励人们改过自新，使自己的生向更好的方面变化。[83]他继续说道:"尊奉天主,正践孔子之言,守孔子之训也。乃猥云儒说已足,不待天学,非特天帝之罪人,实孔子之罪人也。"[84]这样的反思即使在纯正的儒生看来也很传统,它为与天学休戚相关的诉求作出了铺垫。朱宗元在这里多次使用了"天主"和"天帝"这样的词,也反复提到了"死"。他还断言,对儒家的传统理解无异于是对孔子和天主的犯罪,这一说法在中国文人中是不多见的。在这段文字中,朱宗元对天主教在中国宣教后未能皈依正确信仰的儒生作出了明确的评判。根据这一论断,他们不仅违反了创世神的原则,而且不再被认为属于儒家。朱在此处将基督教对异端的谴责与儒家各派别对不遵循真正的儒家思想而惯用的指责结合在了一起。

朱宗元在另一部篇幅较长的著作《拯世略说》中,首先探讨了今生与来世的关系。他写道,贵贱无法与生死之间的鸿沟相比。即使每个人都能获得财富,那也不过是人们辛苦劳作的结果。他又说,鉴于世事之无常,他很难理解为什么大多数人要么不能正视自己的死亡,要么坚持错误的教义。在横渡茫茫的大海时,人们知道其中的险阻,并采取了必要的预防措施。那么,除了有一根芦苇可以抓住外,人们如何能穿越生死之海?这一反问巧妙地引用了一则通常表现在绘画中的禅宗典故。它讲的是中国禅宗祖师菩提达摩在觐见梁武帝(464—549)无果而终后,如何单凭一根芦苇横渡长江到北方传教的故事。[85]

朱宗元还批评了道教,为此他反对追求永生,认为这种广泛流行于道教各个派别中的实践,主要是一种提升身心的修炼。他认为,不死之身的目标只是人类愿望的投射,没有超出我们意识的界限。因此，在此生中寻求永生并未指向更高的真理，故而是徒劳无益的。[86]在对比了世俗的快乐和永恒的幸福之后，朱宗元接着说：

> 总之，生死一事，俗儒存而不论、二氏*论而不确。存而不论，则理何由明；论而不确，则益以滋惑。今将求之《六经》，大旨虽有包蓄，而儒生不知所讲明。[87]……欲知死生之正道者，必决诸生死之主。吾生也，谁为赋畀；吾死也，谁为收取。……皆知天之生此民也，非苍苍之天[88]生此民，而苍苍之天之主宰生此民也。[89]

这段文字中包含了朱宗元如何将基督教与儒学联系起来的重要因素。其中有一点是，在中国的经典中，关于造物主存在的根本知识包含在诸如天这样的概念中。在朱宗元看来，当时的儒生忽视了古代儒家智慧的这一更高层次，而道教和佛教只不过是人们对一种更高的现实的软弱而无法验证的尝试，其倡导者所阐发的不过是毫无思想的"喃喃之语"。[90]对朱宗元而言，这两种在宗教上对肉体不死和顿悟的追求，是有悖于天和天主的，因为天主已经赋予人类人的肉体和精神。[91]他在此使用的"悖天"一词，不仅是指打破了天人合一的理想——这是儒家各学派长期以来对这个词的标准解释，而且意味着对天主或作为拟人神的基督教上帝的放弃。在另一段文字中，朱宗元对儒家与上帝之道的关系作了更加直接的解释：

---

* 二氏指佛教徒和道教徒。——译者

> 人有不尽性者，天主乃命圣人立教以训之耳，如中国之尧、舜、周、孔，及他邦之一切先哲是也。人又侮蔑圣言，不知遵守，天主不得不躬自降生喻世。[92]

这段话中的全球视野令人注目。朱宗元明确提到了"他邦之一切先哲"，这意味着中国古代的智慧不再被视为特例；相反，中国只是众多自然而然向上帝靠拢的不同文化中的一种。这说明，儒家经典和夫子之道根本不是独一无二的，它们不过是不同文化范例中的一个组成部分。

无论是在这段话中还是在其他地方，朱宗元都没有试着去阐明古典儒学的智慧如何与世界其他地区的古代学说发生联系，也没有试着去概述儒家潜在的跨文化外延。将基督教与儒学结合起来，同时思考这一伟大的中国传统对全球的潜在贡献，并不在朱宗元的议程之上。直到很久以后，即19世纪末20世纪初，康有为（1858—1927）、梁启超（1873—1929）等中国著名思想家才阐述了具有这一倾向的儒学的愿景。[93]不过，那时中国内外的地缘政治背景和思想氛围已经发生了巨大变化。

朱宗元虽然并没有把儒学视为一种可以让世界其他地区变得更好的教义，但他还是将古典儒学的起源放在了一条全球的时间线上。前文所引的朱宗元的话也可以理解为，中国早期的圣人是生而注定而不是被指派去发展一种与天主的真理相一致的教义。然而，接下来的话却让神圣造物主有意干预人类教义的观念明确化了。朱宗元认为，上帝降临这个世界，是为了让人类社会的教义重回正轨。由于他明确指出世界上其他地方的教义也面临着各自的危机,他便将理学关于正道已失的典型假设转变为一个全球性问题。按照这一逻辑,基督教不是外来教义,而是早期儒学一直要阐明的圆满之道。不仅如此,孔子还竭力保留了"志于道"的地位,而在朱宗元的作品中,"道"则成为造物主的意志。

对那些将佛教或其他外来因素与儒家结合起来的做法持批判态度的儒生读者来说,朱宗元的解释是难以接受的。毕竟,那些主张把他们视之为有害的佛教因素从儒学的框架中剔除出去的儒生通常认为,儒学是从一个自我发展的文明进程中产生的,与中国的社会和政治结构有着不可分割的联系。但是,如果假设中国古代的圣人和其他地方的圣人一样,遵从着一个超越各种文化、对现世进行干预的上帝的命令的话,这种观点便不再成立了。

后一种假设肯定会让那些赞同朱宗元的反佛教言论的儒生感到不满。天学的两难处境,以及其介于融合儒家和反对融合儒家之间摇摆不定的立场,在这里再次以尤为明显的方式表现出来。那些原本支持朱宗元的克制佛教以恢复儒家稳定之主张的人,很可能会因其对中国文化的全球或形而上语境的呈现而对之展开强烈批评。朱宗元在同一段话中预见到了这一批评,并将对方的所有辩解视为一种文化上的傲慢:"奈我中邦,矜骄自满,溺于习闻,锢于俗见犹难速变耳。"[94]

圣典中的智慧

与其他许多建立在经文之上的传统一样,在中国的儒家传统中,解经的目的是重新解释传统文本以适应当今的需要,进而将连续性与变化协调起来。[95]古典的经文世界为外来教义提供了一个重要舞台，使之可以证明其旨归和概念最终与孔子及其先人的经文遗产相一致。早在第一个一千年，人们已经花费大量笔墨，并运用学术上的审慎和思想上的狂热，去努力表明佛经与儒家经典之间并无抵牾。包括伊斯兰教在内的其他宗教亦很早加以仿效。

从这个意义上说，17世纪的欧洲传教士和中国基督徒作出类似的尝试也就不足为奇。朱宗元显然关注这一问题，也努力证明他的天学最终相容于儒家经典。晚明的某些学术风气固然促成了这种尝试，但在其他方面却使之变得更加复杂。首先，儒家经典应当发挥什么作用这一基本问题被证明是极具争议性的——可以说比往几个世纪的争议要大得多。关于儒家经典的作用，出现了一种新的不确定性，它源于阳明学派这样的群体与国家认可的官方儒学版本之间的分歧。在一些激烈的争论中，道德修养的界定和最终的道德权威遭遇到了困境。对这一话题的争论，隐含着孔子和先贤在当下应该扮演什么角色的问题。而这一话题又牵涉到科举制度和整个中国国家机器的合法性。

官方的科举制度以及与之关系密切的朱熹学派都支持如下观点，即儒家经典由孔子亲自编定，应当成为修身之道的主要准则。这种观念不仅基于孔子在历史上的作用，而且扎根于天人合一的（anthropocosmic）愿景之中。程朱正统尤其认为，宇宙的原则"理"在儒家经典中有着尤为清晰的表达。通过长期地实际上也是持续地研究这些文本，人们不仅会变得日益成熟，而且可以实现他们内在的"理"。在理想的状态下，儒生和儒家经典将借助宇宙之力，进入一种由普遍联系所塑造的关系中，这种关系将使"道"

在个人之中或借助个人产生。

相比之下，许多儒生认为，官方认可的各理学派别已经沦落为一种迂腐陈旧的文本研究，推动它的不是对自我完善的追求，而是名利心。作为对之的一种批驳，阳明学派强调，道德学习的主要源泉需要在个人的精神和内心中寻找和调动：对于儒家经典枯燥和过于琐碎的研究并不是道德成长的道路，[96]因为修身可以以一种突然的、高度个人化的方式进行。王阳明将研习经典更多地视为一个批判性自省的机会，一种自我提升道路上的信心来源。[97]

一些儒生甚至比王阳明走得还远，他们提出了经典是否需要阅读的问题。这里尤其要提到李贽，他曾说过"孔子未尝教人之学孔子也"。[98]* 在这种思想氛围下，不少儒生转向了佛教，其目的之一就是要将儒学从他们认为的僵化中解救出来。[99]他们撰写了许多解释性的著作，将佛经与儒家典籍置于同等位置。[100]实际上，大多数宗教融合论者，不论他们从何种路径出发，都对只有在儒家传统中才能研究经典的观念提出了挑战。换句话说，他们认为有可能运用其他教义，尤其是佛教，来揭示这些文本中所蕴含的精神财富。比如，泰州学派的焦竑，其深受佛教和道教影响的哲学多元论就建立在对儒家经典的精确解释上。这也是他批评程朱正统的一部分。其他一些团体则试图在阳明学派和作为官学的儒学之间找到一种中间立场。东林书院的几位重要人物就不像多数融合论者那样激进，他们同样赞同王阳明的观点，认为真正

---

* 见《答耿中丞》。——译者

的学问不应当与对儒家经典的奴性态度混为一谈。[101]

对更为正统的儒生来说，他们倾向于与宋代的注解保持距离。但在明代，对宋代注解的研究往往比儒家经典本身更为深入。人们转而回到汉代的著作中，去寻找对"正典"合乎历史的敏锐理解。[102]当时，一种具有导向性的假设依然认为，经典真正的要旨被遮蔽了，但责任不在官方的正统，而在于宗教融合主义的泛滥。对经典纷繁混乱的注解好比一面宝贵镜子上的灰尘，需要被清扫干净。[103]人们批评佛教徒将他们的佛经等同于儒家经典，阳明学派也遭到类似的抨击。一些儒生认为，王阳明的传人借助他们对经典的解释，有意用道教和佛教思想来影响人们。[104]

朱宗元的著作即是这种对经典的解释权争论不休的各种派别、网络和思想家所形成的复杂局势的一部分。与后来的一些皈依者不同，他的著作并没有详尽地列出儒家经典中与基督教有关的每一段文字，[105]他实际上只是从包括《四书》在内的大量儒家重要典籍中引用了一些个别文字。朱宗元的《天主圣教豁疑论》对儒家经典引用的密度最大，其中援引了《五经》中《诗经》和《尚书》的某些段落来支撑自己的论点。[106]

在《天主圣教豁疑论》这篇短文中，朱宗元提出了一个利玛窦[107]之前曾提到过的观点，但可能会让许多中国读者感到极不寻常。他首先提到了一个人们普遍接受的说法：儒家经典之所以没能以其原初的形式保存下来，部分原因在于公元前213年秦始皇的焚书。在汉代，如何处理疑问重重的文本流传问题，一直是个争辩不休的主题，这些争论到晚明变得更加激烈。[108]不过，朱宗元要更进一步：他写道，如德亚国是唯一一个自开辟以来文字记载未曾间断且流传下来的地方,因而史载无讹。[109]

这一说法不仅指出了《圣经》与儒家经典的相容性,还支持了基督教解经学及其文本基础更高一等的主张。朱宗元的读者如果同意这一论断,就不仅要承认其他文明中存在着与中国等同的教义,还要承认在犹太教和基督教中,这一知识得到了更好的保存。考虑到儒家对在历史中获得的权威高度自豪,这不啻一个令人担忧的观点。

除《天主圣教豁疑论》外,朱宗元还在他的两部主要专著中思考了儒家经典及其权威性问题。在《答客问》中,朱宗元认为只有基督教才能指明理解经典内容的正确途径。他写道,这一点极为重要,因为权威的儒家经典虽然包含了有关正道的知识,但却不能以清晰明确的方式呈现出来。而且,经典的智慧对于那些迷失了正道、发现自己犹如徘徊在歧路的儒生来说,是难以企及的。[110] 他继续写道:"一领天教,而后知我《六经》《四书》中,句句皆有着落、句句皆有把柄,浅儒诚未得其解也。"[111]

从理论上来说,朱宗元所谓之经典中句句"皆有把柄",与阳明学派和其他阵营所宣扬的自发性学习的可能性这一信念不无关系。"把柄"毕竟可以得一时之用,开启通往其他房间或外部世界的大门。朱宗元还认为,若获得经典中所表现出来的智慧,并不需要通过长期持续不断的教育过程,遍览对经典的解释和评论。不过,与理学各派不同的是,他认为对经典真正且深邃之内涵的把握,不是来自于以特别明确的方式内在于儒家经典和人性之中的宇宙原则的展开。相反,是天主之说这种外在的力量提供了开启真知的钥匙。

朱宗元强调以上帝之道作为儒家神圣经典的把柄，剥离了经典作为价值和道德政治主要来源的特征，将其还原为见证古代圣贤和指向更高存在的文献。由此，真正的文本权威，真正的开启真知的钥匙，便来自于其他地方。虽然朱宗元并没有对之予以明确说明，但其所言显然意味着，儒家经典不能再被视为独一无二的：它们与世界各地发现的前启示时代的其他智慧形式是一样的。所有这一切都意味着一种假设，即现在有一个比儒家经典本身更高的文本权威。

朱宗元对经典的看法，与这一时期中国其他许多基督教徒的看法是一致的。这一看法是如何顺应了晚明时期总的思想语境的呢？在对经典阐释的总体方向上，他显然与当时许多重要的儒家派别在用一个声音说话。朱宗元认为，当今已无正确学习经典的方法，甚至不能声称对传统经典有正确的理解。[112] 在晚明思想生活的背景中，这并不是什么非同寻常的观点。许多儒家派别不仅持同样的观点，而且主张他们最终能揭示经典的真谛。从这个意义上说，基督教与这一时期以及中国历史上其他时代对儒家经典的其他解释有着许多共同的特点。

然而，当我们更加仔细地审视朱宗元论点的背景时，我们会再一次看到天学在他那个时代儒家环境中的不稳定地位，其部分原因在于天学对儒家经典的立场尴尬地介于两个不同的主要阵营之间。一方面，欧洲宗教对宗教融合路径持批评态度，并宣称重新发现了经典的真正内涵，这与东林党或"复社"等力量很类似。[113] 传教士和皈依者因而经常指责理学对经典的解释受到了佛教的影响。但另一方面，作为一种依附于儒家传统的典籍文化

(scriptural culture)，基督教与那些效仿佛教各宗派对儒家经典作出融合式解释的人有很多共同之处。当然，两者的不同之处在于，佛教徒通常寻求一种严格的个人路径来处理经典，而基督徒则将更高的真理与各种普遍的范畴联系起来。[114]毕竟在佛教中，佛经中的字句并不被认为是造物主的话，故没有任何文本可以被视为一种普遍性的把柄，打开通往古代儒家所记录的真正精神的大门。

因此，在与中国经典的关系上，天学也发现自己处于一种矛盾境地。当时反对西来宗教的人也注意到了这一点。比如，文翔凤（1577—1642）在作于1616年的《处分西夷议》中指出，虽然基督教反对佛教，认为它是对儒家思想的腐化，但基督教对经典的解释同样导致了儒家的庸俗化。[115]通常，基督教的批评者会引用经典来支持他们的论点，并指责传教士和皈依者有选择地使用这些经典，故意歪曲它们的要旨，为的是错误地宣扬这一欧洲宗教。

然而，除了这种困境外，天儒会通还提出了其他具有挑战性的问题。比如，这种会通对双方来说是平等的吗？天学没有被优先考虑吗？天学与中华文明之间是一种什么关系？天主是否真的是一个高高在上的，超越了世界上文化差异的神性存在？或者，天主带给17世纪中国的信息，是否与来自欧洲的概念和内容密切相关？如果是后者的话，那么适应性政策对儒学所声称的历史性意味着什么？这不仅是一个理论问题，而且指向了许多实践问题。

第四章
西学与儒道

欧洲文化与全球教会

所谓的适应性政策，是指中国古代儒学与上帝之间的一致性，而后者被认为超越了尘世所有文明的界限。这种关系是直接的，所以原则上不需要其他文化，比如欧洲文化的中介作用。然而，文化的作用并不像孤立地看待天儒会通时所表现得那样明确。耶稣会士不希望基督教完全隐藏在汉化的天学背后，中国的受众在接受基督教信息时，也未将之视作文化中立的上帝之道。相反，在耶稣会中国传教团及其组织结构和文化中，基督教的域外起源在各个方面都得到了强调。

耶稣会的这种做法，其实是它在中国推行的更广泛的改教策略的一部分。在传教过程中，耶稣会士并非只依赖超越文化的上帝这一概念，他们强调了自己的"异域"背景，并在与中国社会迥然不同的各个阶层的互动中采用了这一做法。在乡村和城市贫民中,耶稣会神父并不总是身着华服来展现耶稣和教会。事实上,他们传播的是圣经故事,是拿撒勒人耶稣生活过的地方这样的信息。此外,哪怕是在中国基督教最偏远的村镇,他们也坚持保留天主教象征主义、礼仪和音乐等核心元素。当时,中国的皈依者肯定也在参与创建他们鲜活的基督教模式,但耶稣会神父并不实行,他们也不允许教会生活的所有方面完全本土化。17世纪在中国兴建的少数大型教堂建筑,可以看作是此类文化政策的一种物质表现形式;它们通常按照欧洲风格来建造,为杭州或上海等地的城市景观增添了明显的异域元素。

不仅天主教文化,而且耶稣会士的种族特征,也在中国社会下层的传教策略中发挥着作用。尽管欧洲神父的异样外貌给他们的日常生活造成了困难,比如,客栈掌柜或船家不愿为外国人提供服务,甚至威胁要向官府告发他们,[1] 但耶稣会士不同寻常的外貌也可能有利于他们的传教目的。事实上,耶稣会士有时也积极地成为改教政策的一部分。1599年,早期的一位在华耶稣会士龙华民(Niccolò Longobardo)报告说,他经常让一位中国的合作者提前去探访一些小村庄,为的是宣布一位"来自远西的传道者"即将到访,希望以此引起人们的兴趣。[2] 在另外一个例子中,阳玛诺记录了费乐德对宁波地区的访问,他补充说,这位欧洲神父奇特的外貌,连同祭坛和相关的图像,在朱宗元家乡周围的小村庄中吸引了大量民众。这种最初的对异常之物的迷恋,往往有可能为村民和传教士之间的对话铺平道路。[3]

在其他方面,比如耶稣会士明显不同的异族特征,以及他们的外国文化背景,同样在中国的传教中发挥了一定作用,但现代学者并未对之进行充分的研究。在朱宗元生活的时代，中国其实尚无本土出生的神父，加之欧洲传教士在中国的数量甚少，绝大部分基督教社群一年最多只能见到同一位神父两次。[4]包括洗礼在内的一些宗教上的职能，都是由一些本应作为耶稣会神父助手的中国辅理修士来完成。[5]未经受命的中国耶稣会兄弟的数量也仍然极为有限，一百多年来，总共只有二十八人能够以这种身份加入耶稣会。[6]整个明代，基督教社群主要由中国的平信徒来监管，他们不仅处理世俗事务、参加社群生活，而且指导教理问答。但一些重要的礼仪内容，如圣餐礼或忏悔礼，只能由受命教士提供。我们可以想象一下这些欧洲传教士到访时的表演特性，这在绝大多数中国基督徒所处的没有特权和更为偏远的社群中尤为明显。想象一下一个异国长相之人来临时的魔力吧，他的到来十分罕见，这意味着整个基督教社群几个月来翘首以盼的重要的礼仪终于可以实施了。

耶稣会士不仅在未受教育的穷人之中强调他们的异国起源，他们在文人圈子里亦然，只不过方式不同。当欧洲的科学、记忆术和其他科目进入汉语中时，带来的不仅仅是信息，还有来自远方的博学传统的诱惑，中国上层阶级中的许多人都渴望对之有所了解。耶稣会士希望这些世俗技巧能提高人们对天学的认知水平，[7]并为他们的主要事业——基督教在中国各地的传播，奠定信任和接受的基础。对耶稣会士来说，实际上往往是欧洲的科学，以及其发源地远离中国的事实，为他们打开了进入精英府邸，甚至朝廷的大门。

耶稣会士传播的是理想化的欧洲信息，他们的许多出版物也强调了他们来自一个地理上遥远的世界。这也是流传甚广的耶稣会世界地图集，如 1623 年出版的艾儒略的《职方外纪》所要传达的信息。[8] 此类著作中通常包含有单个欧洲国家，如意大利或西班牙的相关信息，并清楚地注明基督教在远离中国海岸的地方也有自己的据点。耶稣会世界地图的绘制者并不是要充分展现一个在文化和宗教上充满多样性的世界图景。[9] 这类著作也大多根本没有把远西展现为另一个文化上的中国。比如，艾儒略在他的一本著作中，比较深入地介绍了欧洲大学中常见的知识分类，但并不认为它在认识论上与明代的高等教育制度接近。[10]

耶稣会士的故土有着多种不同的称谓。除了所提到的单个国家外，耶稣会世界地图还经常使用"西国"或"泰西"这样的术语。在许多宣扬基督教的著作中，耶稣会士使用了"泰西之学"或"西学"等表述。[11] 耶稣会士因而没有忽视其宗教的遥远起源，但即使他们想这样做，在晚明的文化背景也是不可能的。在 17 世纪的中国社会，介绍一种迄今不为人知的教义而不提及其地理起源，几乎是不可想象的。事实上，根据教义的起源地来为之贴标签是一个悠久的传统，而且当时已经在使用"西方"这一概念了。自元代（1279—1368）以来，中国的穆斯林就称伊斯兰教为"西学"或"远西之学"，所记之文字与明代基督教徒为其教义所采用的汉字完全相同。同样就伊斯兰教而言，源自阿拉伯文的宗教和非宗教著作早已被归入"西学"之类。甚至明代官方著作也将伊斯兰天文学的背景称为"西学"。[12]

在这个意义上，当耶稣会士把自己的信仰和知识称为"西学"时，很难说创造了一个新的范畴。不仅如此，从历史上看，

"西学"这一概念在中国并不只是与伊斯兰教联系在一起。事实上,即便是长期以来作为中国精神版图一部分的佛教,也可以与"西方"这一表述联系起来,而且延续了许多个世纪之久。在这一背景下,我们可以回顾一下晚明最著名的小说之一《西游记》,它讲述了7世纪一个和尚前往印度的故事。[13]不过,由于欧洲书籍的影响和关注度在晚明社会的迅速增长,"西学"与伊斯兰教的联系便缓慢但确定无疑地从这一图景中消失了。"西学"一词也越来越多地指称在中国流行的欧洲著作。换句话说,在明朝末年,"西学"开始指以耶稣会传教士的名义翻译或撰写的著作。[14]

所有这些都明确强调了天学的异域背景,就这一点而言,它很难与天儒会通的要旨相调和。需要指出的是,天学基于如下观念之上,即耶稣会士的主要目的是传播高居所有文化差异之上的上帝的意旨,他们并不打算将另外一种文化输入中国。但基督教作为一种普适性的上帝之道以及作为一种欧洲文化要素,两者之间的张力并没有得到解决。因为没有一部以中文刊行的重要理论著作,深入探讨了耶稣会模式的基督教中全球与地方、跨文化与欧洲之间的关系。

因此,我们不应向后投射历史,赋予耶稣会中国传教团更多新近的"西方"含义。在17世纪的中国,"西方"主要意味着世界上的一个方位基点(cardinal direction),但在这个世界中,中国没有理由感到边缘化,对落后的恐惧也尚未充斥在大多数知识精英的心灵和思想中。简而言之,在17世纪的中国,西方并不具备强大、进步和活力的意蕴。[15]天学依然只是一个来自遥远之地的微弱教义,皈依它的只是中国总人口中很小的一部分,对它感兴趣的大多只是文人,而后者也主要是与耶稣会的科学和制图学著作发生联系。所有这些意味着,不论是耶稣会士还是中国一方,都没有按照霸权主义世界观的傲慢逻辑来构想天主教与欧洲之间的联系,这种霸权主义世界观认为西方文明比世界上的所有其他文化都要优越。与 19 世纪不同的是,基督教在当时被认为是西方这一教导型文明(teaching civilization)必要的组成部分,这对中国来说既不会是一种帮助也不会是一种负担。将天学作为一种外来教义而加以接受,需要借助其他的方式来实现,对某些人而言,这可能是一场艰苦的斗争。

自足的中国?

天学除了作为一种外来教义被呈现外,没有其他选择。晚明社会为新宗教的传入提供了十分有利的条件,加之理学思想内部发展缓慢,这些都有利于中国和儒家学说向外来教义的开放。尤其是自宋代以来,许多儒生倾向于不再将道德意识的实现主要视为古代中国历史的产物。他们逐渐相信,这些价值不仅是从中国的过去传续下来,而且是更高的实在的一部分。当时许多思想家都认为,仁或礼这样的美德是宇宙之力的一种表现,它将人性与整个宇宙联系在一起。换句话说,一些儒生认为,道德的最终来源并不局限于中国这个历史形成的国家和文化。这种观点使人们更容易认为,世界不同地区的教义可以——也应当——为中国恢复稳定提供帮助。

此外，寻求世界其他地区的信息在 17 世纪的中国也很常见。社会成员享有的特权越多，他们对于获取更多有关异域及其文化的知识就越有兴趣。这种普遍心态的一个例子是，耶稣会传教士传入的带有注解的世界地图在中国的成功。虽然这些地理上的描述在某种程度上贬低了明代中国而美化了欧洲国家，但这些地图在知识分子中引起了轰动，甚至震动了皇帝本人。[16] 这些地图刊行于 16 世纪末和 17 世纪初，它们有着多个版本，反映了中国图书市场对之的强烈需求。[17] 然而，也有人批评了耶稣会传教士的地图。比如，在反基督教活动中表现活跃的晚明士大夫魏濬（约 1553—1626），于 1616 年写下了《利说荒唐惑世》一文，[18] 指出利玛窦地图存在错误，因为"中国当居正中，而图置稍西，全属无谓"。[19] 同样，南京礼部尚书沈㴶（1565—1624）反对耶稣会士地图和其他文献上的"大西"这一称号，因为他认为，只有明朝才能被称为"大"。[20]

这类反基督教著作在知识分子中虽然并不具有广泛的代表性，但一些文人群体还是对外来因素的传入表示了反对，促使他们这样做的通常是出于重新回到假定的中国文化精髓的意愿。正如利玛窦在他的记录中所述，对许多有识之士来说，中国不仅是一种更伟大的文化，而且就是文化和文明本身。[21] 即使是扎根已久的佛教也面临这样的指责，因为它并非源自中国，它只会让当时的政治危机和文化弊病进一步恶化。有趣的是，一些佛教徒却将他们的信仰作为一种有效的防御方式，以抵御来自西方的危险教义。1633 年左右，当耶稣会士艾儒略抵达福建时，居士黄贞号召佛教徒和儒生一起来抵制新的异端。[22] 晚明思想生活的景观显然是复杂的。

在中国与其他文化之关系的诸多论争中，某些重要的词汇居于中心位置，它们在朱宗元的思考中也发挥了重要作用。比如，"夷""羌""戎"等词，它们最初是指生活在古代中国核心地区之外的特定区域的民族。从19世纪开始，大多数西方学术文献将这些词译为"蛮族人"（barbarian）。[23]尽管使用这一术语有其原因，但是源自古希腊的、后来才进入许多欧洲语言的"蛮族人"概念，并不能完全理解这些中国词汇的内涵。[24]在明清变革这样的时代，许多儒生和知识分子无疑认为，中国之外的民族文明程度低下。像"夷"和"羌"这样的词，甚至在地理上更加中性的词"外"，经常与"质"（未充分发展的）和"朴"（未经修饰的）这样的概念联系在一起。[25]但另一方面，中国社会的某些阶层，包括部分受教育程度最高的人，并不认为中国与邻国之间存在着不可逾越的文明鸿沟。这些分歧的重要性并不只是表现在思想上，文明的问题也不仅仅是学术上的争论。这些主题与一个充满争议的重要问题联系在一起：像满洲这样的族群是否有权进入宫廷并统治中国。[26]

同样陷入争议的重要词汇还有"中国""中""华"等词，以及从中衍生而来的表述，如"中华"。在17世纪的语境中，我们不应对"中国"这样的词作出误读，以为它们指向现代意义上的民族国家中国。[27]可以肯定的是，早在明朝肇始之前，与"中国"相关的概念就已经是指公元前221年秦统一之前以中原国家为基础的领土；它也代表着自古以来持续不断的文化流动。[28]同时，在20世纪早期之前，亦即在致力于民族建构的语境中重塑中国的历史意识之前,[29]"中国"一词有着广泛而可塑的含义。它更多地是指亚洲体系中的一个中央国家,而不是狭义的中国性(Chineseness)。因此,这种概念趋向(conceptual trend)的政治维度再次变得重要起来:从语义上来说,依然有可能将从满人到耶稣会士在内群体,定义为"中国"的内在组成部分。

就其自我呈现而言,耶稣会士并不适合扮演中华文明的没有文化的学生这一角色,而且这也不是他们所向往的角色。与此同时,他们也遭到了一些儒生的抵制,后者反对让儒家传统去适应外来教义的想法。即使是朱宗元,他也不能忽视其教义的外来渊源——事实上,他的《拯世略说》中就包含着一个典型的问题:"舍此间相传之道,而取外夷新立之说以救过,不亦悖乎?"[30]

朱宗元不仅在《拯世略说》中,而且在其第一部著作《答客问》中,都用较长的篇幅探讨了这一主题。[31]似乎是为了打消读者心中最后的疑虑,朱宗元在这两部著作的末尾均讨论了基督教的文化背景。他的主要方法是坚称中国古代的先哲从不相信或践行任何形式的文化孤立主义。朱宗元试图通过指出那些丰富了其读者生活的舶来元素,来抨击中国文化自足的观念。比如,在《答客问》中,他提到了阿拉伯对中国历法的影响,以及从越南引入的火器。[32]后一个例子并不准确,但直到明亡之后,仍有一种观点认为,中国是通过永乐皇帝(1402—1424)15世纪初征服安南而拥有火器的。[33]

这些论点提醒人们,中国在很多情况下都是外来因素的受益者,中国作为一种文明,不能仅依靠自己的物质而存活。朱宗元提到的都是公认的事实,即使是保守的士人也普遍承认某些产品和技能起源于外国。许多指称外来物品或思想的词都表明了其外国起源,这些词中都含有"胡"或"洋"这样的音节,分别指中国的内亚和海疆。朱宗元在《拯世略说》中还提到了药物普遍从海外进口的例子,其隐含的信息是,人们相信外国的产品有益于他们的健康。因此,他向读者请教了下面这个问题:"苟可与病相济,岂曰不生我土而不用乎?"[34]

当然,从接受个人技能或物品到接纳新的宗教教义或价值体系,还有很长的路要走。因此,朱宗元也试图解构这样一种观念,即中国在文化上自成一体,不能与其他文明区域并置。比如,在《答客问》中,他谈到了汉语与其他语言的差异,在他那个时代,汉语往往被视为文明世界与野蛮世界的分界线。通过让客人提出语言文字是区分华夷的确然证据,朱宗元暗示了这种观点的存在。[35]不过,主人却作出了如下回答:

> 据语言文字别华夷者,犹向者方域之见也。必语言之为见,则吾越[36]之方音,已不同燕赵[37]之土语。得无南者指北为索虏,北者讥南为岛夷乎?必文字之为见,则方今之真楷,已不同上古之蝌鸟,[38]得无前代詈后人以蛮貊,方今笑太初为戎狄乎?夫一义也,或为福,或为祉;或为厥,或为其。[39]……况处十万里外者,安能强之使同哉?[40]

在这段文字中,朱宗元明确指出,汉语作为一种语言和文字系统,在空间和时间上都不是同质的。正如中国各地的语音有很大的地区差异一样,汉字的含义和外形在历史上也会发生很大的变化。在秦朝(公元前221—前206)文字标准化之前,情况尤其如此。

朱宗元还进一步指出了中国不同地区之间的紧张关系和偏见。比如，早在 5 世纪，含有"索"字的词就用于贬义，来称呼中国北方部分地区的人，暗指垂在脑后的发辫，这在北方一些地区是男性常见的发式。[41] 甚至还有更古老的"岛蛮"这样的概念，它在公元前一千年就有了贬义的用法，指那些生活在中国边境以南的人，后来则指中国南方人。[42]

按照某些解释，尤其是在明代，地域认同就在文人圈子中发生了竞争性，有时是敌对性的转变。有证据表明，在长江三角洲和中国北方士大夫之间的紧张关系中，出现了文明差距的观念。其中一个原因可能是国家注意到了官员的地域出身，并对他们进行了相应的调配——比如，为了防止腐败，出身南方的官员不能在民政和财政部门任职，因为中国东南地区是最大的财政来源。[43] 所有这些都加深了朱宗元所提到的两极分化。

朱宗元希望通过他的例子和反问，给读者留下这样的印象：中国文化统一不变的观念是站不住脚的。其隐含的论点是，中国有着丰富的多样性，不可能在中国人和非中国人的世界之间作出断然区分。

对"中"的深刻反思

在努力使中国的定义不那么僵化和更具包容性的过程中，朱宗元不只是提出了一些例子，他还精心创作了一些文字，以学术和思想上更加复杂的方式来处理这一话题。我们可以想一下他在《答客问》中论及古典儒学"中""外"两个重要概念时的大段文字。朱宗元或许认为，如果他能充分展示其学术能力，那些博学的批评家也许会侧耳倾听。因此，尽管他的大多数著作都是以一种易于理解的风格写成，并不需要特别高的教育背景，但朱宗元在这里还是转向了一个更高的层次。这些段落中包含了大量典故和间接引文，只有深谙儒家文本传统的读者才能把握和欣赏这些文字。所以，即便是理解作者的基本观点，也必须要有多年的儒学教育，尤其要熟悉与晚明科举考试相一致的那些分支。这些文字所要传递的核心信息，对于17世纪大多数中国公民来说，就像对于现代大多数读者一样——无论他是否来自中国，都是难以理解的。朱宗元在这里对中国跨洲遭遇的思考，不仅在空间意义上，而且在社会意义上，都表现出极强的地方性，因为能够抓住其论证思路的潜在读者非常之少。下面这段《答客问》中学识渊博的文字即是一例。在这段文字中，主人回应了客人所提出的反对意见，即孔子《春秋》中最重要的莫过于华夷之辨：

> 孔子作《春秋》，夷狄而中国，则中国之，故楚子使椒来聘，进而书爵。中国而夷狄，则夷狄之。故郑伯伐许，特以号举。是其贵重之者，以孝弟忠信、仁义礼让也，不以地之迩也；其贱弃之者，以贪淫残暴、强悍鄙野也，不以地之遐也。[44]

对这段文字的直接翻译，并不足以解开其深义。要理解其中所蕴含的思想，还必须挖掘晚明中国文人知识世界的各个层面。首先，我们必须了解大量相关的权威著作，这段文字中的许多直接和间接引文都出自这些著作，但只是回忆一下17世纪上半叶有哪些著作正在被阅读还是不够的。其次，重要的是要考虑朱宗元的潜在读者是如何阅读这些著作的。这又需要我们去熟悉晚明时期人们对儒家经典著作所作的注疏。再次，去辩明单个文本片断的含义，以及所引整个段落总体上所欲表达的要旨。

从所涉及的经学知识的核心内容来看，朱宗元的这段话是以十三部儒家经典为基础的。十三经形成于 12 世纪，在科举考试中占有重要地位。十三经包括所谓的"四书"——其重要性从宋代以来就得到极大的强调，同时还收入了一些年代更久远的、长期以来被认为是选拔中国士大夫必不可少的著作，比如《易经》以及《尚书》《春秋》等史书。

《春秋》是获取这段引文含义的关键，该书极为简略地记载了从公元前 722 年到公元前 481 年的鲁国历史。从唐代（约 618—907）开始，《春秋》的地位得到提高，原因在于有三部对之作出注解的著作被纳入十三经中。在这三部对经典的注解中，《左传》对政治和军事事件进行了补充性描述，《公羊传》和《谷梁传》则更多地采用问答的方式解经，主要集中于《春秋》中所谓的规范性陈述上。[45] 在官方的儒家经典之外，人们还另外使用了其他一些著作，以便理解《春秋》的微言大义。其中有董仲舒（公元前 179—前 104）的《春秋繁露》。[46] 对明代读者来说，最后一部重要的解释性著作是胡安国（1074—1138）的《春秋传》，是当时科举考试备考的权威著作。[47]

《春秋》之所以特别重要，原因在于它的作者被认为是孔子本人。现代研究通常认为《春秋》只是对政治事件纯粹的实录，但儒家的解经者却希望发现孔子对这些事件的道德评价。比如，董仲舒的那本非常哲学化的著作就基于这样一个假设：孔子在他对政治发展的评论中揭示了"天道",而他的这些话对当前的重要问题给出了深刻的见解。[48]这种看法哪怕是在1500多年后,亦即17世纪的中国,依然非常普遍。大多数文人仍然认为,孔子的主要思想蕴含在这本著作的语义和结构中。如若解读它们,则需要对文本爬梳剔抉,钩沉索引,以为当今提供权威的信息。《春秋》中,任何对名号或日期的提及或隐去,尤被认为是孔子思想的明确表现。许多学术或朝政上的论战,皆因对《春秋》中个别段落能否作出恰当的解释而引起,这不足为奇。因为《春秋》微言大义的特性,让这些段落可以接受各种解释,并且与重大的政治问题联系在一起。

在这样的文本背景下,人们才有可能对所引段落中诸如"楚子使椒来聘"这样的简短引文作出解释,但必须从三个层面来进行。首先,人们需要回顾公元前8世纪末至公元前5世纪初春秋时期总体的历史环境。其次,人们要仔细审视所引此类事件的具体所指,这一点很重要。最后,人们还要考虑儒家对这些历史事件以及对《春秋》中实际措辞作出的解释。

让我们首先来看一下这一时期大的历史背景。在公元前8世纪末,周王朝已经失去了对各诸侯国的最后一点实权,仅剩下名义上的普遍统治权,尤其是在周礼的功能方面。虽然周王朝事实上已经屈从于一个政治独立的王国集团——它们变幻不定又相互竞争,但周王室的统治者依然在法理上被认为是中华世界内外唯一的天子。在这种情况下,到公元前8世纪时,大约出现了170个可以被称为"中国"的诸侯国,但其数量在随后的时间里急剧减少。由于这些国家的国君从周天子那里获得了采邑作为领地,他们因而有权参与周王朝的某些仪式。[49]

当时的"中国"未必包括东北的齐国、西边的秦国、西北的晋国、南边的楚国等周边大国。但是，除了鼎盛期来得较晚的秦国外，正是这些"外国"形成了为争霸而产生的不断变化的结盟中心。[50]它们的国君宣称拥有"王"的名号，并声称他们可以保护中国免遭夷狄的侵犯。除了南方存在一些混杂的文化形态外，这些"外国"上层阶级的文化实际上与"中国"非常相似，对领土的管理亦然。随着周礼至高无上地位的衰落，"中国"的统一意识也发生了蜕变，成为不择手段的权力斗争中为了政治权益而可以随意使用的虚伪假象。春秋时期，尽管诸夏与夷狄之间的对抗还在继续，但在"中国"与周边的汉人所建立的国家之间作出区分似乎已没有什么政治上的重要意义。比如，晋国很早就被接纳为"中国"，并承担了周王朝至高地位保护者的角色。而这些"外国"也力图表明它们是在为"中国"的安全而战。

在这样的历史环境下，包括儒家思想在内的许多学说都得到了普及。儒家学说最初扎根于"中国"的贵族阶层。而那些被剥夺了过去的荣耀，如今又受困于险恶的权力中心的下层贵族，尤为重视"中国"的道德、精神和礼仪传统。[51]"中"的概念，及其所有的伦理、政治和文明内涵，因而在包括《春秋》在内的许多儒家著作中都占据重要的地位。

所有这些历史背景都影响了后世包括明代对儒家经典的解释。许多儒生倾向于将"中国"与周边国家——后来被称为"外国"——之间的生硬区分，归结到《春秋》中在华夷之间作出明确区分的措辞上。《春秋》的作者其实并没有一成不变地在"中国"的统治者和外围的统治者之间作出区分,这反映了公元前5世纪既已出现的一种趋势,即将"中国"与周边国家视为一个彼此互动的统一体。然而,后来的儒家解经者非常重视任何措辞上的变化,他们将这些变化解释为与"中""外"之间的区分有关。任何变化都被视为孔子作出的明确而规范的评论以及道德上的训示。评论者将《春秋》中措辞的变化解释为所提及的国家或国君地位的明显变化。比如,如果对国君或国家地位的描述在措辞上有所缺漏,那就意味着孔子本人在这里设下了一个隐藏的信息。许多评论者皓首穷经,力图从《春秋》质朴的文字中汲取孔子的道德教训。

前引"楚子使椒来聘(于鲁)"即为一例。这句话见于《春秋》鲁文公九年(公元前617年)的一条记载,提到了楚国派出的一次外交使团。[52]南边的楚国在四个周边国家中,距离中原诸国最远。楚国在穆王(卒于公元前614年)及其继任者庄王的统治下,实力大增。据记载,楚国的统治者在对中原小国的战争中表现出了高度的技巧。[53]

在《春秋》对公元前617年的记载中,楚国的国君被授予"子爵"之衔。根据周礼,"子"位列五等爵的第四等,而所有的五等爵位理论上都由中央统治者授予。[54]不过,后世的研究证实,"子"的头衔并没有严格地用于"中国"国君:与儒家的解释相反,它也用于被征服的蛮邦国君的头衔。[55]在晚明的解经传统中,人们认为,春秋时期只有"中国"在出使时才有提到国君头衔的惯例。[56]在《春秋》的记载中,文公九年之前五十三年,从楚国来的一个使团并没有获得这样的荣誉,而只是给出了使节的名字。[57]*而在《春秋》所提到的公元前617年之后唯一一个来自楚国的使团中，这个位于南边外围国家的国君也被称作"子"。[58]**

解经家因此得出结论，孔子使用"子"这一头衔，是承认楚国统治者的善政和高尚的道德，从而在内心承认楚国为"中国"。[59]12世纪胡安国所作的《春秋传》，在明代被视为权威的文本，它对"楚子使椒来聘"中"子"使用作出了如下解释："楚僭称王，春秋之始。独以号举，乃外之也。中间来聘，改而书人，渐进之矣。至是其君书爵，其臣书名而称使，遂与诸侯比者，是以中国之礼待之也。"[60]

由于已经成为经典的《春秋三传》并没有在它们对这段文字的注解中阐述"子"这一头衔，那么前引朱宗元《答客问》中的那句"进而书爵"可以理解为是对胡安国观点的引用。在力图将"中""外"概念相对化时，去参引胡安国的著作，确实是大胆的一步。事实上，胡安国在写下《春秋传》之前不久，北宋的朝廷便因为中国北方游牧民族的领土扩张而逃往南方。因此，胡安国著作中有许多地方都在"中"与"夷"这两个概念之间划出了清晰的界线。这就是为什么南京教案期间（1616—1617），胡安国的这部作品也会被引用，以支持对耶稣会引发外来文化威胁的指控。[61]

---

* 作者有误，这里并没有给出使节的名字，而只是称"荆（楚）"为人，见《春秋·庄公二十三年》"荆人来聘"一句。据《公羊传》："荆人来聘。荆何以称人？始能聘也。"又据杜预《春秋左传集解》对"荆人来聘"的解释："楚交中国始此。"——译者

** 见《春秋·襄公三十年》："三十年，春，王正月，楚子使薳罢来聘。"据译者查考，襄公三十年的这次楚国出使鲁国的事件，确实是文公九年（公元前617年）之后唯一的一次楚国与鲁国的外交往来。——译者

在《春秋三传》之一的《公羊传》中，对"楚子使椒来聘"一句的其他相关之处进行了讨论。《公羊传》解释了对使臣椒的名字的使用，暗示了楚国已经开始有了中央统治者授权的官员：[62]"椒者何？楚大夫也。楚无大夫，此何以书？始有大夫也。"[63] 朱宗元对《春秋》中这句话的引用，也可能会让博学而细心的读者想到《春秋》中对宣公十二年（公元前596年）的记载。此处，楚国国君依然被称作"子"，而中原晋国的国君就没有称呼其头衔。* 通过解释这种措辞上的选择，《左传》《公羊传》和《春秋繁露》都引用了楚王道德高尚的例子，尽管它们后来又提到了楚国的军事优势。

如果说朱宗元对《春秋》的第一次引用是他所看到的"外国"明显高于"中国"的一个例子的话，那么他的第二次引用则提供了一个"中国"国君道德堕落的例子。"郑伯伐许"这句引文出自《春秋》成公四年（公元前586年）的第九句。《左传》只提到了与成公四年这段文字有关的其他事件，《公羊传》和《谷梁传》并没有对之作出解释。但董仲舒的《春秋繁露》，则对这段文字作出了详细阐释。

《春秋》中"郑伯伐许"的背景是中原小国郑国——其国君长期保有"伯"的头衔——对外围国家许国的进攻。包括董仲舒在内的一些评论者，在他们对前一年即成公三年（公元前587年）的讨论中已经提出，《春秋》的措辞隐含着对郑伯坚的行为的指责。那一年，《春秋》中明确地写道："郑伐许。"[64]

---

* 当指"晋荀林父师及楚子战于邲"一句，见《春秋·宣公十九年》。——译者

按照董仲舒的解释，孔子不提中原郑国国君的头衔，是表达了对他的批评。[65]郑伯的无礼之处在于他打破了与许国的同盟关系。第二年，郑伯坚死了，[66]几个月后，他的儿子和继承人攻打了许。这严重违反了后来儒家服丧三年、禁行等训诫。[67]在许多评论者看来，礼仪还要求继承人在丧期的第一年只能被称作"子"，[68]以此表明，因个人的损失只是勉强承担起国君的职责。所以，董仲舒认为"郑伯伐许"的措辞是孔子提出的尖锐指责。他在《春秋繁露》中写道："春秋以薄恩，且施失其子心，故不复得称子，谓之郑伯，以辱之也。……今郑伯既无子恩，又不庸计，一举兵不当，被患不穷，自取之也。是以生不得称子，去其义也。"[69]*

朱宗元对《春秋》的引用，来自大量可能包含着被认为对国君或国家予以褒贬的相关段落。他很可能编排了引文的选择，使之成为一种文字上的正反游戏：在第一处用"子"将外围国家楚国的国君提升到统治"中国"的国君的行列，而在第二处不用"子"以表达一种谴责。[70]因此，朱宗元所用的典故和引文意在直接支持他在那段话中得出的结论："其贵重之者，以孝弟忠信、仁义礼让也，不以地之迩也；其贱弃之者，以贪淫残暴、强悍鄙野也，不以地之遐也。"[71]

换言之，朱宗元旨在证明，孔子本人曾将"中"用于当时不属于"中国"的国君身上。他还试图证明，孔子对"夷"这一概念的定义纯粹是道德上的，因而暗示在孔子看来，"外"与缺乏文化并没有必然关系。朱宗元在此努力让他的读者相信，孔子本

---

* 详见董仲舒：《春秋繁露·竹林第三》。——译者

人并不担心中国与外部世界的区别。相反，根据他的描述，孔子是一个批判性的观察者，他只关心礼仪和道德，而不关心"中国性"。言下之意，文化至高无上的观点似乎是对原初的儒家之道的背离，中国中心的世界观亦复如此。

因此，朱宗元在这段文字中直接批评了将文明的诉求与中国作为一个政体和社会的观念联系起来的做法。相反，他主张在理解儒家价值观时，不要认为它与中国历史有着内在联系。在朱宗元看来，真正的价值观至少要被确切地理解为是对地理、种族和文化界限的取代。这一观念旨在支持他所倡导的天学，朱宗元将之视为恢复儒家原初价值观的一种手段，其目的是为了增加基督教这一起源于外国的教义的可信度。如果用现代概念来理解的话，人们可以得出这样的结论：朱宗元是在反对文化至上主义，而赞成某种形式的伦理普遍主义。在解释"中国"或"夷"的含义时，这当然是一种可能性，正如我们之前讨论的，"中国"或"夷"在当时并不专指中国文化或外族。

119　　然而，正如我们所看到的，朱宗元对这一观点的辩护植根于儒家的解经学。也就是说，任何一段文字也需要透过层层文本传统才能理解。在这种情况下，读者必须非常熟悉17世纪的辩论，以及宋、唐、汉各代对这部公元前5世纪经典的注解和评论，而这部经典讲的是更久远的过去。如果没有这种复杂的经学知识，没有朱宗元的多层次的历史诉求意识，那么我们便无法理解那段文字中的确切思想，也无法理解他关于天儒会通的真正论点。

朱宗元的大部分著作，实际上是大部分宣扬基督教的著作，都没有在这种复杂的文化层次上展开。许多重要的著作，包括利玛窦的《天主实义》，都倡导汉化的基督教，故而容易被文化上的外来者（cultural outsiders）和中国社会中最缺乏教育的人所理解。这些著作通常以平实的方式表达主要观点，没有大量的典故和对纷繁的儒家著作的晦涩引用。尽管只有文化上的持有者（cultural insiders）才能理解这些著作中更加细微的引用，但其要旨并没有对来自不同文化背景的读者关闭。因此，即使经过翻译，许多宣扬基督教的著作中所讨论的总体思想，也仍能为现代读者所理解。耶稣会神父与儒生之间的许多口头交流，可能都是在这样一种相互通达的博学层次上进行的。

不过，像朱宗元对"中"进行思考的那些段落，主要属于因天儒相遇而引发的双方内部的争论，多发生在饱学之士的圈子里。比如，在天主教会内部，礼仪问题引发了一系列具有高度学术复杂性的神学争论；这些问题（即使翻译过来）既不是要引起中国文人的注意，也不是要让普通的欧洲民众遵从。同样，许多皈依基督的中国精英和他们的批评者，也是在高度复杂的学术层面就基督教信仰的各个方面展开争论，但这并不适用于包括耶稣会传教士在内的外来者。因为对欧洲神父来说，即使他们在中国生活了几十年，也很少有人能像朱宗元这样的儒生，以相似的文化本土主义水准做好了思想上的准备，以参与到对"中"这样的概念的论辩中来。

从历史中寻求帮助

明末科举制度之下的儒生，其知识世界不会局限于儒家经典。

他们也应当熟悉儒家典籍之外的伟大的历史著作,如司马迁(约公元前145—前86)的《史记》。对这些历史著作的解读,有着与对《春秋》等儒家著作解读相似的逻辑。比如,它们都是在古代伟大的历史著作中寻求对今天有用的深义和忠告,[72]并且努力从对过去的研究中求得道德理想。与研究儒家的核心文本类似,对这些历史著作的注疏也被认为具有很高的权威。

朱宗元在他的一些著述中也参阅了史学著作。在《拯世略说》中,有一段很长的文字引用了司马迁巨著的开篇,特别是他对中国早期历史的描述。在《史记》的开篇,司马迁这位伟大的汉代历史学家重点记述了传说中的"五帝"。五帝中的最后两位,尧和舜,以及他们的继承人禹,在《书经》中也有记载。[73]在司马迁笔下,这些早期的帝王尤其是尧、舜、禹,作为道德的三位一体,作为修身和善治的理想化身,熠熠生辉。[74]事实上,在司马迁对中国历史的描述中,他只赋予了孔子同样且至高的道德和智慧。司马迁将五帝时代描绘成虽文雅不足,但充溢着太平、和谐与道德。中国的许多史书,包括在晚明时期被广为阅读的那些著作,都传播了一个类似的关于中国最遥远的过去的形象。朱宗元在《拯世略说》中也部分地提到了这个理想化的远古时代,他写道:"大舜亦消得'东夷'二字,大禹亦消得'羌'字,由余消得一'戎'字。"[75]

同样,读者在这里应该非常熟悉这些权威著作及对之的注解,才能够立刻理解朱宗元所引的文字和所要传达的信息。舜在许多原始材料中虽被归为三大理想帝王之列,但也确实在一些重要的文本中被称为"东夷"。儒家四书之一,以及《十三经》之一的《孟子》曾言,舜为"东夷之人也",而在同一处又紧接着提到文王乃"西夷之人也"。[76]* 舜在后来的《史记正义》中也被称为"东夷之一"。[77] 根据司马迁等人的说法,舜是一个来自现在山东的农民,以其道德和才能而吸引人们到他的附近定居。[78] 据传,尧认识到了舜的完美,把两个女儿嫁给了他,并让位于他。

在司马迁的《史记》而不是《孟子》中,对禹也有记载,认为禹是来自"中国"西南蛮夷之地的一个羌人,舜因其治水成功而让位于他。[79] 而有关由余,也就是朱宗元提到的第三个人的出身,《史记》和相关的注解性著作中都有记载。由余是一个完全不同的历史人物,他是一位生活在公元前7世纪的大夫,帮助秦穆公取得了对西戎的决定性胜利。司马迁在《史记》第五卷《秦本纪》中提到,由余与"西戎"生活在一起,但其先人来自"中国"之外的晋国。不过,《史记正义》对由余的出身是否真的具有蛮族血统持开放态度。[80] 但不管怎样,由余的知识被认为在确保华夏的秦国战胜中亚的西戎中起到了关键作用。

在叙述中国早期帝王个人的历史时,《史记》和《孟子》都没有尝试从根本上改变关于"夷"的观念。两部著作也没有试图重新定义华夷之间的关系;相反,他们试图传达这样一种观念,即真正的道德原则,纵使山高海远抑或千秋万代,仍然是恒定不变的。但朱宗元却走向了一个不同的方向。他提及中国早期辉煌的帝王,是想强调中国历史上一些最受尊敬的个人来自中国之外的群体。朱宗元在文中所作的特定解释,应被视为长期以来华夷之

---

* 见《孟子·离娄下》。——译者

辨的一部分——这一辩论在 17 世纪中叶这样的时期显得尤为突出，因为当时的中国面临着被非汉族的群体统治的前景。[81]

在前文讨论的所引朱宗元文字的同一段中，他进一步挑战了"中""外"之间的这种绝对划分。他继续说道，

> 所谓"夷"者，特以地远言耳。不然，则以声名文物之自矜耳。如徒取声名文物，则后世之纷华靡丽，岂胜于羲农之不衫不履；娼优之珠玉锦绣，岂过于孝弟力田，鄙薄无仪哉。且如吾吴越之地，昔未尝入中国版图也，被发文身。[82]昔未尝衣冠文物也，至于文明极盛，岂得亦谓之蛮邦而不重哉？[83]

朱宗元在堕落的当下和理想的过去之间作出了区分，以强调"中"这一概念是从道德而不是种族上来界定的。在所引的这段文字中，朱宗元又举出了更多的例子，以进一步证明其观点，即中国人与非中国人世界之间的边界很难明确划定。可以说，"中""外"这样的概念，其内涵在过去就已经发生了变化，朱宗元以吴越之地为例说明了这一点。在这两个例子中，他提到了他所在地区早已不复存在的两个古国。吴国位于长江三角洲，曾经是这一地区的中心，现在则是今天苏州或无锡的一部分。古代的越国包括朱宗元的家乡宁波，它在公元前 5 世纪初达到鼎盛，公元前 333 年被楚国征服后就消失了。[84]事实上，朱宗元在其著作的序言中都自称为古越朱宗元。在整个帝制中国时期，儒生将自己与其所在地区的古称联系起来，是一种很常见的做法。

回到朱宗元的主要观点上，吴国和越国原本不属于中国。但他强调，随着秦始皇统一中国（于公元前 221 年完成）的征服活

动，中国的含义发生了演变，从理想的"中国"变为政治上统一的中央王国，由此产生出轻微的语义上的张力。这些例子旨在重申，"中国"和"中"的概念随着历史的发展而不断扩大。朱宗元的观点是，如果严格坚持以孔子的眼睛来看中国，那么晚明中国的许多地区都要被排除在外。当然，这个中央王国一直都在成长和发展。

朱宗元在那段论证其观点的文字的第二句中，继续朝着同样方向前进。他指出晚明社会特权阶层普遍存在着奢侈、有时也是放荡的生活方式，[85]并将其与儒家价值观，如尊重父母和兄长进行了比较。实际上，"孝弟力田"（孝敬父母、尊敬兄长、在田地里辛苦耕耘）这句话暗指汉代授予荣誉的标准。官员们必须举荐那些在田间劳作中证明自己、遵从儒家家庭美德的年轻人作为科举考试的人选。[86]在比较早期帝王统治下勤劳的乡村生活和当前奢华无度的生活时，朱宗元倚重的是他那个时代一个常见的修辞，即人类社会的早期形态，更加美好也更有道德。晚明中国的许多群体，尤其是文人阶层都提到了这一点。

从广义上讲，儒家和道家传统的主要派别都认同这一观点，虽然他们从五帝时代得出的结论不尽相同。[87]不过，道家和儒家的许多派别都同意，更简单、更纯粹的社会秩序形式应当主要在中国自己的过去，而不是外族中找到。在反对把"声明文物"作为中国性的主要特征来炫耀时，朱宗元建议与中国之外的社会进行比较，但这些社会通常被贬损为文明程度较低的蛮邦。朱宗元继续说道，

> 况所称大西欧逻巴者，文章学问，规模制作，原不异吾土也。辇毂几甸，地之华也；千万里外，地之夷也。克认真主，修身慎行，心之华也；迷失原本，恣行不义，心之夷也。不以心辨，而以地辨，恐所谓好辨者，不在是也。[88]

最后，当朱宗元把无道德称为"夷"（野蛮），把有道德称为"华"（繁荣、中国、文明）时，他明确得出结论：人类社会的最高形式并非只在中国才能找到。在朱宗元的定义中，"华"的概念并不专指达到人类文明鼎盛阶段的中国或其他任何地区，而是涵盖全世界所有具有非凡道德的个人和社会。朱宗元对"华"的使用，似乎是想明确地表达"中"的概念，这个概念不一定包括普通人，而是集中于道德精英身上。这一观点其实是很常见的：对"中"的诸种解释，是围绕各种精英和道德观念展开的，这一做法可以追溯至远古时期。[89]朱宗元的思考虽然基于年代久远的传统，但也需要在17世纪众声喧哗的背景下对之加以审视，这些声音试图为来自中国核心地区之外的新统治集团创造思想上的空间。

重要的是，在这段文字结尾，当朱宗元提到对真主的认知时，他通过吸纳天学的基本条件，在其关于"华"的标准上超越了儒家的价值观。如前一章所示，对朱宗元来说，通过基督教来恢复儒家的秩序和完整的观念，似乎将不可避免地导致如下结论：亲近天主是文明的标准。这对从概念上理解中国和其他文化之间的关系有着巨大的影响。朱宗元在《答客问》中的一段文字里讨论这个问题时，为人们描述了一个个性化的上帝形象："况方域虽殊，无两天地、无两日月、无两昼夜，则亦无两主宰、无两赋畀、无两赏罚。故分夷、分夏，特井窥者，自生睢盱；造物视之，胡越原同一家。"[90]

朱宗元在这段文字中所提到的井中之人狭隘的世界观，其典故来自道教的经典《庄子》。[91] 这一主题和意象与柏拉图的洞穴寓言不谋而合。在《庄子》中，一只青蛙认为自己的井就是全部和完美的世界，直到它遇到一只鳖，鳖向它讲述了广阔无垠的大海。正如《庄子》中明确指出的，鳖代表了智者，海代表了智者开始进入的无尽的道。因此，这个隐喻是提请中国读者认识到自己视野的狭隘，而采取一种更广阔的世界眼光。但在朱宗元的作品中，井外的世界却从高深莫测的道的隐喻，变成了万能神天主的象征。

论儒家经典的狭隘性

朱宗元在他的两部主要著作中，用一种复杂的方式向他的读者重新评价了"中""外"这两个概念。此举是为了说明如下事实，即无论是从象征意义还是从自我表现上看，天学都来自世界上一个不同的地方。朱宗元最终是要证明古代的伟大权威，特别是早期的帝王和孔子，并不蔑视中国之外的世界。他认为，从本质上讲，中国先哲最看重的是道德气节，而不是中国性。根据朱宗元对儒家原典的解读，真正的价值观和文明标准必然超越种族、文化或政治的界限。朱宗元并不是唯一一个就天学而提出这一论点之人：有证据表明，同一时期其他中国基督徒的著作中亦有着类似的倾向，诸如"夷"——西文中经常被翻译成"蛮族人"，但也有"文化外来者"的含义——这样的词汇也是中国基督徒论辩的主题。[92]

从个别宣扬基督教的著作中固然得以一窥这些论辩主题的特点，但我们同时也需要将这些主题置于围绕中外关系展开的长期争论的背景中加以审视。当朱宗元执笔在手之际，中国的儒生和官员们已经就类似的话题争论了几个世纪，甚至更久。比如，中国早期的佛教徒就面临着这样的情况：他们信仰的宗教与天学一样，无疑源自域外。早在北魏时期（385—535），佛教徒就受到了迫害。其原因虽然在很大程度上与对佛寺的征税有关，但反佛运动也攻击佛教是一种外来信仰。[93]一千年之后，一些佛教人士至少也面临着与基督徒类似的压力，他们也作出了类似的反应。[94]

在中国古代的佛教著作中，人们可以找到与朱宗元的思想相近的文本元素。牟子的《理惑论》即是一例。该著据说可以追溯到东汉末年一位改宗佛教的儒生牟融，但更可能是作于5世纪。[95]与朱宗元一样，作者也是以虚构的问答形式来组织文本，意在让读者熟悉他的学说，并认为中国的一些文化英雄都有着外国出身：两部著作都举出了由余的例子。此外，作者也提供了一些外国元素成功地融入中国文化和社会的例子。

同一时期的另一本宣扬佛教的著作《白黑论》，*同样将中国中心主义比作井底有限的视野。[96]与朱宗元非常相似的是，许多早期的佛教著作都反对以地理、语言或文字来诋毁文明。一些作者

---

* 南朝宋慧琳撰，亦名《均善论》《均圣论》。——译者

认为，每个人都是平等的，习俗和语言只是表面特征。《理惑论》中最后一处与朱宗元相似的地方是，作者将印度描绘成一个充满和平与和谐的完美国家，就像朱宗元笔下的欧洲那样。作者甚至认为，印度而不是中国，才是世界和宇宙的真正中心。[97]

当然，这种相似之处不应致使我们忽视中国佛教的早期时代与朱宗元时代之间的明显差异。这两个时代相距大约12个世纪，期间中国的社会政治秩序发生了深刻的转变，学术文化亦然。作为这些变化的一部分，"中"和"夷"这样的重要概念也开始具有非常不同的含义。[98] 尽管如此，这些概念还是有着明显的连续性：它们在17世纪中国关于是否接受哪怕是很久以前的外来教义的争论中，依然占据着重要位置。

除了宗教引发了关于文明问题及其对中国和世界之关系的影响的争论外，外族征服和新王朝的游牧民族起源也可能引发了类似的忧虑，这种情况在中国历史上的许多时期都出现过，比如南宋（1127—1279）和元朝（1279—1368）。因此，到16世纪初期和中期，人们重燃对"中"和文化外来者的担忧也就不足为奇，当时新形成的满洲在长城之外构成了越来越大的威胁。所以，在朱宗元生活的时代，关于文化内外之别的争论比以往任何时代都更为剧烈。面对外族接替前明的威胁，许多中国儒生在中国文明和外部世界之间划出了特别严格的界限。[99] 一位观察者指出，中国北方边境的游牧民族与中国的生活方式并不相容，因为他们不是定居文化。[100] 更有甚者，一些声音毫不掩饰地将这些民族贬斥为不可教化的他者。有趣的是，这些中国性本质的坚定捍卫者是通过引用《孟子》和《史记》等古代著作来支持他们的论点的，而朱宗元和其他主张适应论的儒生使用的也正是这些著作。

即使在亚洲其他地区，中国的政治发展也促发了对"中"等概念的新的反思。[101] 在清朝统治中国后，一些朝鲜儒生认为东亚整个地区的文明中心（中或中华）已经发生了转移。在他们看来，明朝灭亡后，朝鲜现在就应当去维护儒家和整个文明的真正理想。[102] 作为一种思想上的立场，这与朱宗元将欧洲描绘成一个理想的儒家社会并没有什么完全不同。

朱宗元所持有的伦理上的普遍性和种族上的包容性观点，很可能不仅针对欧洲传教士和他们的信仰，他对满洲人一定也有类似的看法，因为他显然不认为满洲人是对中国文化存续的重大威胁，也不像一些基督徒那样反对满洲人的统治。[103] 事实上，朱宗元是1647年满洲统治者治下在浙江通过乡试的第一批考生中的一员。在清朝举行的第一轮科举考试中，新政府强调了如何以儒家统一精神为满汉关系奠定基础等主题。朱宗元在这次考试中，或许运用了一些他在清朝统治中国之前就已经写在纸上的对"中"的思考。

朱宗元没有兴趣去掩饰天学的异域背景，也不可能将天主教的象征主义和实践完全融入中国世界。但是，他为自己设定了一个任务，那就是让更多的人去接受这种教义，尽管这种教义在日常实践和思想的自我呈现上保留了许多欧洲起源。朱宗元这样做并不是在遵循现代多元文化主义的路线；他决不会建议从一个中立的、相对化的视角来看待文化差异。相反，他在努力为天学创造空间的过程中，提出从跨区域的角度去理解像"中"这样的儒家核心概念，而这些核心概念则被认为是这一传统的真正根源。

这种思维模式挑战了修身和文明之道必然贯穿于中国历史的观念。如果在世界其他地方也可以建立起同样的，甚至更高的道德，那么这些其他地方又会是什么样子？这些遥远的地方有着什么样的情况？它们又会以何种方式影响中国人的生活？

第 五 章
欧洲起源的再审视

和平的家园？

基督教的西方起源不仅仅是一个哲学问题。在这个问题之外，也有一些报道和传言促使人们去关注，耶稣会神父带到中国来的信息是否可靠。毕竟，天主教与明朝周边地区的欧洲势力，尤其是葡萄牙和西班牙这两个帝国有着明显的联系。人们愈发感受到欧洲人在东亚的存在，也逐渐更加了解远西之人所崇拜的基督教上帝，这些人不再仅限于饱学之士和知识精英。甚至在中国社会的下层，也流传着关于伊比利亚商人和雇佣兵的消息，这些消息连同在中国附近活动的，包括荷兰人和英国人在内的其他欧洲人的形象，日益传播开来。

一些出版物虽然分别介绍了西方各国的信息，但在明末清初的中国，将欧洲的各色人等——无论是传教士还是商人，归入同一个文化或种族范畴亦很常见。比如，在16世纪流传的各种措辞中,"佛朗机"成为所有欧洲人的共同称呼。[1]"欧洲"这一范畴其实在朱宗元生活的时代就已经存在了,"欧罗巴"是其最常见的中文音译。"欧罗巴"一词部分来自于传教士自己,他们在其出版的世界地图中就使用了该词。这些地图除了提到欧洲之外,还提供了欧洲单个国家的信息,同时也淡化了它们之间的冲突。[2]

然而,远西依然是一个遥远的世界。与帝国主义高度发展及之后的时代不同,当时的欧洲在中国的经济、政治和思想生活中并不是一个位居中心的竞争者;它根本没有引起人们的广泛兴趣,也没有人去努力系统地收集关于它的大量事实。[3] 尽管如此,在中国社会中,还是有一些关于欧洲殖民主义发展和中国周边海域暴力冲突的信息。中国人对欧洲的这种认识当然无法与天主教在中国理想化的兼具耶儒特点的自我呈现相容,其传入中国的渠道也值得注意。在耶稣会士编制的世界地图和其他有关欧洲人的报告中,没有关于葡萄牙、西班牙或其他欧洲帝国的任何实质性信息。比如,艾儒略的世界地图只字未提欧洲人在更广阔地区的野心:他对菲律宾吕宋岛的论述只提到那里有大量巨鹰和毒蛇,* 而没有提及西班牙在这里的统治。[4] 受过儒家教育的儒生和官员也很难成为一手信息的来源,因为他们很少到自己的国家之外冒险。[5] 大多数传入中国的有关其海上邻国的消息主要来自商人和苦力,然后才逐渐为包括儒家精英在内的许多人所知。晚明时期,

---

* 作者有误。艾儒略在对吕宋的介绍中,只提到了鹰,并没有提到蛇:"广州之东南,为吕宋。其地产一鹰,有鹰王飞,则众鹰从之。或得禽兽,俟鹰王先取其睛。然后群鹰方啖其肉。又有一树,百兽不得近之,一过其下即毙矣。"见艾儒略:《职方外纪》卷五《吕宋》。——译者

儒家精英与商人的通婚日益增多,这在长江下游和附近沿海地区尤其如此。[6]

对宁波等地的社会和经济而言,海洋仍然是一个重要的影响因素,密集的短途和长途联系网络,将这些地方与亚洲和全球流通联系起来。[7]商人尤其是早期各类移民工人纷纷远赴海外,中国人向东南亚的移民也在稳步增加,政府时紧时松的控制无济于事。到17世纪中叶明清变革的危机时期,中国人向东南亚的移民达到顶峰。[8]从15世纪至18世纪,有100万中国人前往东南亚,这意味着在东亚尤其是东南亚和菲律宾许多大小不等的贸易中心,都居住着相当数量的中国人。[9]用卫思韩(John E. Wills)的话来说:"明朝虽实施海禁,但中国人无处不在。"[10]

在许多地方,中国劳工和商人与中东、南亚和欧洲等地区的人都有接触。同时,海外华人也经常与他们的故乡保持着密切的联系。如此以来,有关东南亚情况的信息传回中国,也就不足为奇。这类报道中所包含的关于欧洲和欧洲人的知识,与天学主导下的远西图景截然不同。相反,它们讲述的是一个为争夺市场份额和经济利益争战不休的暴力世界,一个命运和结盟均变动不定的复杂故事。[11]至少从1512年开始,欧洲人就已经是这个世界的一部分了,其时葡萄牙军队攻占了马六甲,而后者之前是中国的藩属国。葡萄牙人从那时起,就与当地的中国定居者有了接触,这场暴力行动的消息也经由这些中国人传回国内。甚至三十年后,清朝使节与在葡萄牙人谈判时,还在质问他们为什么要征服马六甲。[12]

这类事件到17世纪也没有减少。以菲律宾为例,虽然西班牙人16世纪就在这里建立了一块殖民地，但到17世纪时，仅马尼拉一地就生活着15000名华人。1603年和1639年，菲律宾的华人发动两次起义，均被西班牙人的屠杀所镇压，两起事件引起了中国极大的关切。明代旅行家张燮（1574—1640）在其广为传阅的《东西洋考》中详细描述了第一次屠杀。[13]当时居住在明代中国的利玛窦曾记录道，有一万多华人被杀。[14]更重要的是，人们已经知道，伊比利亚半岛上的两个帝国中有许多中国奴隶。这种现象非常普遍，以至于西班牙帝国内的所有亚洲奴隶都被称作中国人（Chinos）。[15]

在靠近中国大陆的地方，同样发生了一些与欧洲人相关的事件。在台湾，当地的中国人在欧洲人到来之前就已经在此定居，他们对荷兰人的统治和重税怨声载道，就连中国核心地区的人都知道了此事。[16]这件事也给耶稣会神父艾儒略带来了麻烦，因为他与荷兰水手有着私人联系。一些中国的观察家也注意到了欧洲人之间的激烈竞争，比如1622年荷兰人试图从葡萄牙人手中夺取澳门。[17]欧洲人甚至对中国本土采取了一些小规模的军事行动。1637年，约翰·威德尔（John Weddell）*率领一支远征军，不顾中葡两国的禁令，驶入珠江，直到给沿岸地区造成破坏并与中国战船发生小规模冲突后才撤离。[18]

甚至中国与欧洲商人之间的普通关系也尤为不睦。晚明时期，欧洲商人经常从极为负面的角度来描述他们的中国伙伴，[19]中国一方同样也不乏欧洲商人不择手段和无情牟利的报道。至少在中

---

* 约翰·威德尔（1583—1642），英国商船船长，曾任职于英国的莫斯科公司和东印度公司，后死于印度。——译者

国社会的某些地方,欧洲人获得了走私者和海盗的恶名。他们活跃在中国南方沿海地区,其中就有伊比利亚人,这些人加入到一个有着百年历史的日本海盗网络,主要在福建和浙江沿海活动,中国对此多有记载。明政府甚至打破了自己不支持中国商人的政策,于1624年在澎湖列岛建立了一处军事驻地。[20]

不管怎样,在中国社会的某些地方,耶稣会传教士与欧洲商人和征服者并无二致,许多人对之并不信任。[21]一些批评的声音指出了耶稣会的经济活动:神父们确实是在通过放贷等商业行为来补充他们每年从罗马得到的捐资。[22]当然,在中国皈依者的圈子之外,人们普遍对天学、外国的神职人员和异域的象征主义忧心忡忡。这种担忧在政治危机和社会焦虑的气氛下加剧了,并成为屡屡发生的当地居民攻击传教士或传教站事件的一个原因。[23]

耸人听闻的传言比比皆是。在一些地区,人们秘密传告着欧洲人的吃人行为,说他们吃掉了当地的孩童——这一传闻可能是由葡萄牙人购买童工的勾当所致。[24]此外,也有证据表明,葡萄牙人一再声称要入侵中国。[25]1606年,有未经证实的消息说,葡萄牙人即将侵犯中国,据说耶稣会士也参与其中,这在整个珠江三角洲地区引起了恐慌,其后果之一是澳门的中国居民发动了反抗葡萄牙人的起义。[26]

在受过教育的精英阶层中,人们也怀疑耶稣会士可能在从事间谍活动,后者因而被指控暗中为欧洲人入侵中国作准备,并利用他们的教义使中国人丧失抵抗能力。[27]在南京教案中(1616—1617),人们就持这样的观点,耶稣会士高一志(Alfonso Vagnoni)被迫详细透漏了澳门传教资金的来源和渠道。人们还指控神父们收买信徒，以便在中国组织暴动。[28]据称，耶稣会士计划中的暴动将与境外的入侵同时爆发：

> 嘉靖初年，此番潜入吕宋，与酋长阿牛胜诡借一地，托名贸易，渐诱吕宋土番各从其教，遂吞吕宋，皆以天主之说摇惑而并之也。……旋即夤缘而起，或掌星历，或进钜铳，假此使得复开教于各省郡。今其党据鸡笼、淡水等处，其意何叵测也？奈之何尚有被其所饵、被其所惑者？岂部科诸公之疏参，海内绅士之辨驳，无有耳而目之者乎？孟夫子曰："吾闻用夏变夷，未闻变于夷者也"。谨揭之以防猾夏之渐。

这段文字写于1638年，背景是当时福建正在发生反基督教的活动，[29]类似的观点在之前的南京教案中就已经发挥了作用，即天主教徒被认为是一些为军事行动鸣锣开道的危险分子，这里还特别举出了菲律宾及其主要岛屿吕宋的例子。[30]

对欧洲人有计划的入侵指控虽多为闲谈，但颇有讽刺意味的是，这也并非毫无根据。西班牙人在几十年前曾就入侵中国有过短暂讨论：1580年时，马尼拉的西班牙地方议会实际上批准了一项与日本的统一者丰臣秀吉（1537—1598）联手征服中国的计划。根据这一计划，耶稣会士将担任翻译。马尼拉请求西班牙为这一冒险计划提供军事支持，但未获马德里的批准。[31]鉴于中国的军事实力，即使在几十年后晚明危机的高峰期，这样的图谋也是完全行不通的。

理想的形象

对企图破坏政治稳定的指控并非只针对外来教义。在晚明这个愈发没有安全感的时代，人们经常谴责某种宗教直接或间接地引发了叛乱。比如，与佛教界关系密切的儒生王艮（1483—1541）和林兆恩，就被认为与白莲教有关系，原因在于白莲教的平民主义倾向及使用的宗教符号莲花。*[32]实际上，考虑到许多方面的灾难性局势，晚明时期萦绕在人们内心中的忧虑和恐惧，除了事关欧洲人外，还有其他因素。虽然如此，官方和民间对"天学"所带来的潜在危险的担忧，足以使他们至少有理由对之作出某种批驳。但欧洲传教士和中国基督徒面对这些针对他们的指控时，并不会保持沉默。朱宗元就对针对耶稣会士及其秘谋的指控作出了回应。

大多数基督教传教士和中国的皈依者并没有直接回应这些指控。从理论上讲，基督教有可能被当作一种神启宗教（God-inspired religion），其价值观旨在强烈反抗这个世界上的一切恶，包括欧洲人在亚洲和其他地方犯下的暴行。这并不让人感到牵强，因为这种教义建立在奥古斯丁对上帝之城和世俗之城的区分之上，它在17世纪的天主教以及耶稣会思想中占有很大比重。同样，所有重要的儒家派别，都是在批判性地评价当代状况的基础上，制定出它们自己的理想，而不是假设他们的学说已经带来了所有可

---

* 此处当指林兆恩为"三一教"设计的服饰，即帽子上缀有金钱，正前方三块图形表"三纲"，帽顶制成五瓣莲花状，代表"五常"，称"三纲五常帽"，代表儒教；衣裤是道士服的蓝里黑边，代表道教；鞋则是僧鞋样式，代表佛教。——译者

能的世界中最好的事物。

不过,耶稣会士在中国传播的宣扬基督教的著作和地理知识,并没有以任何别有用意的方式涉及欧洲殖民主义等话题。此外,欧洲所面临的天主教危机在中国或多或少地被掩盖了。朱宗元几乎不可能听说过欧洲反教权主义和反教皇主义的狂潮,他也不会对战斗的教会(militant church)*以及欧洲部分地区强烈的反教会情绪有任何概念。我们甚至不清楚朱宗元是否了解宗教改革,这场改革在他动笔著述之前的一个多世纪里,已经造成了拉丁基督教世界的分裂,并发展成一场更广泛的思想、政治和精神权威的危机。一场大战正在欧洲蔓延,这场冲突至少在表面上也是为了天主教的政治立场而战,但在中国仍然是一个模糊的事实。换句话说,朱宗元可能从来没有听说过三十年战争,而这场战争在他撰写自己的著作时,正肆虐着欧洲大地。

人们并不知道将朱宗元的社会与三十年战争[33]联系起来的全球动力是什么,也缺乏对欧洲形势的总体了解。那么,当基督徒听到对大中华地区殖民计划的质疑之声时,他们会产生什么样的想象?一言以蔽之,许多宣扬基督教的出版物都在努力宣传一种理想化的欧洲形象。自从利玛窦在《天主实义》中用大量笔墨记述了他的家乡被编造的现实以来,对那里的政治和社会状况予以过度的正面描述,一直是中文传教著作中一个常见的主题。[34]在《天主实义》这篇为后来大多数宣扬基督教的著作树立了典范的基

---

* "战斗的教会"(church militant)是一个与"凯旋的教会"(church triumphant)相对应的概念。前者指教会要不断与世间的邪恶作战,后者指教会最终会战胜邪恶和基督的敌人。——译者

本文献中，欧洲至少被部分地描述为一个早已实现了儒家理想的地方。艾儒略和高一志等传教士也认为，欧洲有着田园诗般的社会政治条件和完美的道德标准。[35] 为了避免太多的细节破坏他们对欧洲的理想化，许多耶稣会的著作很少提供欧洲历史的信息，只是描述了欧洲思想的个别方面。[36]

在一些中国皈依者，比如被誉为中国天主教"三大柱石"之一的徐光启等著名人士的著作中，欧洲被极度简化的表述依然存在。[37] 朱宗元也不例外。在《答客问》中，朱宗元把这块远西之地的大陆描绘成一个充满和平与美德的地方，那里的人们"道不拾遗、夜不闭户、尊贤贵德、上下相安"，"大小七十余邦，互相婚姻千六百年，不易一姓"。他还写道，那里"土地肥沃，百物繁衍，又遍贾万国，五金山积"。在朱宗元看来，欧洲整体的繁华表现在"宫室皆美石所制，高者百丈，饰以金宝，缘以玻璃，衣裳楚楚，饮食衎衎"。他还认为，欧洲学者在思想和技术上都取得了非凡的成就："天载之义、格物之书、象数之用、律历之解，莫不穷源探委，与此方人士，徒殚心于文章诗赋者，相去不啻倍蓰，则我中土之学问不如也。"[38]

在朱宗元的描述中，重点提到了《礼记》中一段很有名的文字。《礼记》是儒家的五经之一，它同样描述了一个夜不闭户的社会——在这个社会里，"人不独亲其亲，不独子其子，使老有所终，壮有所用，幼有所长，矜寡孤独废疾者，皆有所养"。根据《礼记》的记载，这个社会选贤与能，讲信修睦，皆因"大道之行也"。[39] 人与人之间、人与自然之间都能和谐相处，人们不会受到私利的驱动，给他人带来不可避免的痛苦。

在儒家的传统中，这个完美的社会并非乌托邦式的幻想，而是一个早已逝去的世界的真实写照。儒家的各个派别基本上都认为，这个黄金时代在几千年前既已存在，但由于大道既隐，所以无法再现。[40] 相比之下，朱宗元的理想世界存在于当下，尽管地理位置遥远。他对欧洲的描述实质上是将时间投射到空间上，也就是将中国理想的黄金时代投射到同时代的欧洲身上。朱宗元明确指出，欧洲当前的社会和政治状况与远古时代伟大帝王统治下的中国秩序，在本质上是相同的。但是，他对欧洲社会的描述与18世纪欧洲政治哲学中颇具影响的"高贵的野蛮人"论述并无可比之处。朱宗元多次提到远西发达的学术、科学和技术，这清楚地表明欧洲与伟大帝王统治下的理想化的早期农业社会完全不同。而道德品质和政治稳定才是欧洲与儒家著作援引的伟大的失落时代的相似之处。

朱宗元对欧洲的描述，旨在说明天学能够使儒学完善，让中国的局势稳定。这也暗示着，晚明中国不论是与早期王朝遥远的过去相比，还是与同时代的欧洲相比，都处于劣势。朱宗元在描述完欧洲后，直接将耶稣会神父的家乡与自己祖国的情况进行了对比。他阐述了从政治秩序到普通民众的生活水平等各种重要问题，并认定中国不如远西。[41] 他甚至得出了这样的结论："以如是之人心风俗，而鄙之为夷，吾惟恐其不夷也！"[42]

在某种程度上，朱宗元对欧洲的描述可以解读为儒学与天学的和解。但同时，朱宗元将欧洲与晚明社会的比较也表明，他对欧洲的描述不只是一种哲学上的抽象，他希望他的读者也能够信以为真。正如我们将要看到的，朱宗元在著作中提到了其他人对欧洲暴力的担忧,但他对欧洲的描述丝毫没有受到这些担忧的影响。他勾画了一幅极乐之地的图景,一个被认为在现实中存在的理想世界,因而可以作为读者自己的中国伦理政治想象的范型。

对欧洲的曲解——实际上是虚构——之所以可能,完全是由当时的知识景观所决定的。在明代中国,没有哪个儒生拥有国际网络和专业知识,可以系统地将欧洲的其他思想与基督教著作所宣传的形象进行对比。如前所述,关于欧洲的好战性以及欧洲对东亚和东南亚冲突的参与,只有一些零星的证据,中国的士大夫也只能作出一些有根据的推测。更糟糕的是,有关欧洲本身的信息是由欧洲传教士提供的,而他们自有自己的打算。所有这些因素都助长了一种即使不是完全虚构的,也是极为扭曲的欧洲形象在中国的传播。

在这种情况下,耶稣会发挥了其作为一个全球性组织的优势,得以系统地收集和传播有关其他社会、文化和宗教的信息。[43]在耶稣会成立后的两个世纪里,耶稣会士建立了一个收集、解释和传播知识的纽带,这个网络建立在来自远方的传教团以及澳门等地区中心的传教团的流动上,同时也建立在这些传教团之间的流动上,这些流动的终点是罗马这一中心。[44]耶稣会设在罗马的总部甚至建立了一个内部通讯系统,报道世界各地的传教士的经验,这些通讯在各个教省之间流传。[45]耶稣会学院的导师们也处在这个信息库之中,他们有时会参与涉及神学、哲学和科学问题的跨洲际交流。[46]

这种建立在书信往来基础上的可资利用的全球知识体,无疑是中国、日本、印度或其他任何地方的当地精英无法相比的。因此，耶稣会神父日积月累的全球信息，有可能让世界各地受过教育的人士产生极大的兴趣，这在图书市场繁荣的社会里尤其如此。在欧洲，耶稣会关于传教地的出版物以及根据这些出版物撰写的著作被翻译成多种语言，经常会成为畅销书。[47] 有些著作关乎政治和历史，对明朝灭亡这样的事件进行了一定程度的描述，但采用的是教会的解释，将这些事件的根源与拉丁基督教世界中所宣称的宗教战争的起源作了比较。不过，许多欧洲读者在阅读耶稣会士对世界其他地区的描述时，让其产生浓厚兴趣的主要还是那些新近获得的关于遥远社会和文化的信息。[48] 在欧洲之外，人们对这样的信息同样感到兴奋。比如在晚明中国，信息丰富的带有注解的耶稣会士世界地图仅一年之内就可以买到多个版本。[49]

耶稣会神父的全球知识为他们赢得了社会尊重和文化权威，这有利于实现他们的宗教抱负。不过，系统收集遥远社会和文化信息的主要目的，是为了直接加强传教事业。为此，夸大欧洲完美的形象是有帮助的，意在建立文化信任，提高人们对天学的接受程度。

作为圣人的神父

在宁波这样的港口城市，显然有大量关于欧洲人在该地区暴力活动的传闻，朱宗元也不得不在他的几部作品中提到这个问题。[50] 他在《答客问》中对耶稣会士的描述，其实就是从讨论有关欧洲人计划入侵的传言开始的。朱宗元在这部著作中长篇累牍地讨论了这一主题，并逐渐转到对传教士道德品质更详尽的论述上。

在关于指控耶稣会神父心怀颠覆意图的问题上,他告诉读者应该回顾一下过去:"试思百余年来,先者死,后者老,积谋不发,更待何时?"[51]

朱宗元进而认为,从来没有人听说过耶稣会士举行过秘密集会——而且这种聚会也是不可能的,因为神父们只用中国的交通工具出行。还有传言说,传教士通黄白之术,可点化金银,[52]这也纯属虚构,因为根本不可能找到任何证据支持此说。朱宗元写道:"其实不尔,岂有下士腾说惑民,而国中为之万里越险,馈饷继遗者乎?"[53]

对朱宗元来说,耶稣会士心怀善意的另一个证据是,基督教在唐朝(618—907)时就已经以景教的形式出现于中国,[54]且没有带来危害。这一论断的背景是1623年在西安发现了大秦景教流行中国碑——从那时起,基督教在中国的长期存在就成为耶稣会士和中国皈依者经常谈论的话题。因此,至少在某种程度上,中国的景教传统使欧洲宗教有可能被称作中国过去的一部分。基督徒扎根于中国自身文化之中的证据,对明末社会不是没有影响:景教碑的发现,似乎带来了皈依基督教的风潮。[55]

朱宗元继续写道,由于传教士来自不同的国家,因此可以去问一下,耶稣会到底是在执行谁的计划。再考虑到欧洲大陆与中国相隔九万里,欧洲人的入侵在战略上是不可能的。[56]至于耶稣会士在颠覆阴谋中所扮演的假想角色,朱宗元也提出了其他的证据予以反驳,主要侧重于神父们的个人品格。朱宗元认为,耶稣会士才高学博,在本国可安享禄位,但他们只为上帝的真理和传授真理的意愿所引导。他们淡泊名利,证明了他们的正直;他们甘愿承受长途跋涉、[57]疾病和迫害带来的试炼与苦难，显示了他们纯洁的意图：

> 凡为虚说以诳人者，未有不倚附权势，曲就人情者也。西士坚守己说，虽至亲厚，不肯稍融通宽假。或以威焰逼之，坚贞如金石之不可夺。盖惟爱之有本，信之至笃，故至死而不变也。……凡为虚说以诳人者，非下流即奸佞也。西士终身童贞，克己励行，一昼夜间，对越强半。时时正襟束冠，闲居独处，无暴慢戏谑之度。嫉妒者用心窥伺，而终不得其一间之隙。言貌气象，蔼乎如春，萧乎若秋。接物恭顺，而无卑谄之容。所谓温而厉、恭而安者也。真圣贤之流亚，而岂为诳世举乎？[58]

朱宗元接着解释说，传教士只关心传播教义，饮大苦如甘怡。他们不傲然自是，且忍辱负重，毫无反抗之心，绝无复仇之志。这段文字在结尾处发出了这样的诘问："天下岂有弃其身命，而为诳人之举者乎？"[59]

朱宗元对耶稣会士的描绘，强调了人的温情、智慧和礼节等美德，显示了儒家"仁"的概念的基本方面。在大量的儒家典籍中，都宣传了坚守个人原则，为传播正确的学说而接受苦难这样的品格。[60]它们与个人成长的其他品质一起，倾向于被定义为公共行为的准则和人类共处的基础。[61]在晚明这样的危机时期，包括东林书院在内的一些儒家派别特别强调了坚定不移地忠于自己的价值观，不惜冒着生命危险的美德。[62]

因此，朱宗元遵循了中国基督徒常见的做法，将耶稣会士称为"西儒"。如前所述，像利玛窦、艾儒略等著名的传教士就经常被这样称呼，[63] 耶稣会士也用这个词来自称。比如，在南京耶稣会士住处的大门上，悬挂着一块匾额，上书"大西儒舍"。[64] 所有这些都是把基督教作为"西学"来呈现的一部分。

中国的某些思想趋向有助于将"儒"的概念应用到欧洲神父身上。一些经典著作用"儒"来指称有修养的个人，即与真实的自我、社会、人类、世界以及天和谐相处的人。[65] 在晚明时期的中国，这个词并不一定意味着一种自我完善的状态，它更多地用作对献身于儒家传统的个人的尊称。有明一代，理想的儒生不必担任政治职务，这一事实也推动了将耶稣会士称为儒。这种对儒学作为官方渠道之外的教义的欣赏，有一个长达数百年的发展过程。[66] 它成为一种普遍的思想模式，在明代大部分时间里得以延续。[67] 这一时期，在儒家的影响范围之内，许多有影响的儒生圈子都在赞扬重要的佛教学者的学术地位，而这些佛教学者并不需要为了通过科举考试而完全沉浸于儒家传统。[68] 此外，中国伊斯兰教著作称穆罕默德为伟大的西方圣人，也是在这一背景下使用了儒家的术语。[69]

因此，有许多先例和类似的说法都认为，中国的耶稣会神父体现了儒家最高的价值观。[70] 朱宗元在他的几部著作中，都支持了这一观点。在《破迷论》的一段话中，他用下述方式提到耶稣会士：

> 其人皆明智而忠信，谦厚而廉毅，淡静而勤恪。检身若不及，爱人如顾己。及一晤言，莫不惺然顾化，如坐春风。讵彼性独异人乎？良繇明知天道，尽事天之礼，受授明而教法

备也。[71]

这段文字中包含有很多典故。像"如坐春风"这样的比喻显然让人想起《论语》中的一句话。在那句话中,孔夫子把君子与其他人的关系比作草与风之间的互动。当风吹到草上时,草就会随着风的方向倒。[72]换句话说,耶稣会士被描述为儒家意义上的完人,他们凭借拥有唯一正确的教义,可以像古代圣人一样,以其人格的纯粹力量影响他人。朱宗元还认为,欧洲的神父们拥有一种个人的力量,可以触发他们亲身所遇之人的顿悟。顿悟的概念,以及与之相关的词"悟"或"悟觉",在理学的哲学中频繁使用。这个概念可以追溯到佛教的影响,但在晚明,儒家各派别都在使用这个概念。就连秉承传统主义的东林书院的领袖高攀龙,也谈到过这种顿悟式的和直觉式的学习经历。[73]

朱宗元这段话的含义很明确:作为学识渊博的思想家和富有魅力的个人,耶稣会士与儒家经典中所阐明的道德完备者的理想有着直接关系。这种将欧洲神父作为儒家君子的表述,与朱宗元用儒家思想中失落的黄金时代的色彩去描绘欧洲纠葛在一起。两者都需要放在更广泛的诉求中来看,也就是说作为天学的基督教延续了在中国已经消失的儒家之道。这一要旨在《破迷论》的这段话中表现得非常明确:"惜哉吾侪本来所自有之天学,而错认为西国之学。夫以我心原有之理,贸贸罔查。有迂而谓宜惕然醒,瞿然虑。顾忘己之同,反诧彼为异。"*[74]读了上述文字,我们对

---

* 作者此处引文出处有误。经核查引文及页码,当为《天主圣教豁疑论》而非《破迷论》。当然,《天主圣教豁疑论》与《破迷论》文字相同之处甚多,但措辞略有差异。——译者

于朱宗元在《答客问》中进一步将"圣贤"一词用到耶稣会传教士身上也就不会过于感到惊讶。朱宗元写道:"况西儒之教,莽则风俗悉如三代,人士必多圣贤。"[75]

诸如"圣人"和"圣贤"这样的词,其含义其实已经发生了重大变化。[76]"圣"最初只用于理想的统治者,如孔子和在位的帝王,他们被认为是人类和宇宙之间的轴心。在理学的哲学中,这个词的含义被扩大了,用于指称个人完美的人性。[77]从宋代开始,通过勤学而达成修身,借以成为圣人,被认为是一个可行的目标。但在晚明时期,对于修身之路有了不同的理解。在儒家的许多思想潮流中,入仕不再被认为是成为圣人,达到个人完备最高境界的主要途径。相反,儒家的许多派别都强调了天人合一的首要性。这是通过寻求与宇宙的原则即"理"的和谐来实现的,它赋予圣人个人的魅力和对世界的影响力。[78]所有这些都为耶稣会士将自己与这种社会理想联系起来创造了空间。

然而,书本知识在多大程度上是修身的必要途径,却是一个存在已久的争议性话题。17世纪上半叶,更为保守的儒家派别赞同将官学作为自我完善和圣人服务社会的主要途径。[79]其他的儒家派别则采取了截然不同和打破成规的方式,更注重个人的途径。比如,王阳明强调成圣之道在于人内在的道德知识的改善,泰州学派甚至认为,即使是最普通、最没有文化的人,也能达到人类最高的完美形式。[80]李贽甚至开玩笑说,书本知识是个人成熟道路上的障碍。[81]

在朱宗元看来,真正的修身必须通过个人献身于天主来追求。正是因为如此,朱宗元将耶稣会传教士描述为至高无上的人,他们凭借道德权威和个人品格，从晚明社会的其他人中脱颖而出。在《拯世略说》中，朱宗元明确地将基督教与成圣的理想联系起来，认为天学才是达到人类这一最高发展阶段的途径。他进一步指出，即使是普通人，如果他们接受了基督教信仰的核心要素，也能够达到这种境界："天学似浅实深，虽凡夫俗子，旦夕讲论可通。"[82]

朱宗元在其论述中，推进了这一时期宣扬基督教著作中的一个共同主题，这一主题也经由欧洲传教士得到传播。比如，艾儒略在《三山论学纪》中就非常明确地发展了这一主题。[83]在这部著作中，这位著名的神父甚至认为，中国的圣人在人类可能性的范围内已经没有可以改善的余地，只有基督教才有能力使人们达到圣人的完美境界。与之类似，利玛窦之前也曾说过，真正的儒家君子必然要遵循"天学"，因为它具有神圣的起源。[84]

在朱宗元对耶稣会士的描述中，这些传教士所扮演的角色，能够引导中国回到理想的三代，即社会完全和谐、人民普遍幸福的状态。换句话说，耶稣会士作为真正教义的代表，是新的智者，为危机深重、大道既隐的中国带来秩序、和平与繁荣。正如朱宗元对欧洲的描述一样，这种理想化之所以可能，是因为他掩饰了传教士鲜明的个性。朱宗元在其著作中没有提到任何一个特定的耶稣会士的名字，也没有将某个耶稣会士作为一个随时可用的具体例子。朱宗元没有介绍个别的传教士及其生平背景、他们对中国的亲近程度以及他们的著作，原因并不在于传教士与中国基督徒之间的距离。[85]朱宗元在撰写《答客问》时，毕竟还是与耶稣会士有着密切的接触。而在17世纪中叶，公布个别传教士的个人信息也并不罕见。皈依者韩霖（1601—1644）和张赓（约1560—

1647)在他们1648年出版的《圣教信证》一书中，就提供了96位耶稣会传教士的简介。[86]

朱宗元避免描写个别的耶稣会士，促成了一种有助于将耶稣会士与一种理想化形象联系起来的规范——毕竟社会政治理想通常不包含个人的特征。最终，朱宗元笔下的传教士不是作为来自世界上另外一个地方的教义的代表，而是作为理想的儒生出现的。这与朱宗元将基督教的核心描述为儒家思想的神圣圆满而非一种外来教义的期望是一致的。不过，朱宗元的这一做法还是受到了一定的限制。

融合的限度

基督教与儒家思想的相容性虽然得到了大力强调，但耶稣会士生活和工作的许多方面仍然与中国的准则有着根本的不同。比如，欧洲神父的忠贞誓言就违背了儒家生育子女的责任。最明显的是，不论是一般意义上的全球天主教会，还是特殊意义上的耶稣会，耶稣会士都是组织的一部分，而这些组织的中心都在明清时期中国国家之外。这种机构成员的身份使欧洲神父从中国境内的众多其他宗教信徒中脱颖而出，尽管后者在其他方面与他们相比并不相上下。比如，17世纪时，耶稣会专家逐渐取代了之前受雇于北京宫廷的那批穆斯林科学家，而后者与伊斯兰教之外的世界只保持着松散的联系。[87]同样，那些强调与儒学关联的佛教学者，通常只是扎根于中国的文化背景，他们与东南亚或其他深受佛教影响的地区也没有明显的联系。

朱宗元在对耶稣会士的描述中，并没有涉及神职等天主教制度，虽然他的一些著作表明他一定熟悉这些制度。同样，朱宗元对教会生活中的天主教象征主义、礼仪、音乐和建筑等方面都有所了解，但他在向读者介绍耶稣会士时并没有对之予以讨论。他也没有详细说明天主教会的组织设置，无论这些组织是在中国境外还是境内。朱宗元对教会的制度文化虽多有解释，但这只可能增加对教会的不信任，而他一直以来都在与这些不信任作着斗争。这表明，欧洲神父在以儒家方式，或者希望以儒家方式呈现自我时，还是受到了诸多限制。因此，神学上的令人担心之处，以及天主教作为一个有组织的宗教的诸多特点，都成为天主教在中国完全本土化的障碍，朱宗元一定意识到了这些问题。

实际上，如果仔细观察就会发现，天学的组织结构看起来一点也不像是对儒家道路和模式的适应。基督教组织与晚明的书院有一些基本的相似之处，但与后者不同的是，作为神职人员的基督徒和普通教徒之间还是有着巨大的差异。更为重要的是，这种差异在中国是依据种族来划分的，故而中国人长期以来被禁止祝圣为神父。在朱宗元生活的时代，耶稣会只接纳中国人成为耶稣会神父的助手辅理修士，但即便这样也受到严格的政策限制。直到17世纪初，只有在澳门出生并接受耶稣会士教育的中国男性才有资格成为辅理修士；1627年后，一些中葡混血儿也被允许加入耶稣会，但他们必须都是澳门人。[88]直到17世纪70年代，耶稣会才开始放宽这一政策。

在中国籍的辅理修士严格受限加入耶稣会期间，在1660年朱宗元去世之前，整个天主教会中只有一位中国人受命成为神父，他就是多明我会修士罗文藻。罗文藻于 1654 年在马尼拉被祝圣为司铎，成为神父。之后，罗文藻返回中国，最终被任命为主教，负责中国中部大部分地区的教务，[89]但即使他竭尽全力，也只能任命极少数的中国人成为神父。从这个意义上来说，在任命中国人成为神父这件事情上，17 世纪并没有多大变化。金尼阁（Nicolas Trigault，1577—1628）等重要人物曾到罗马游说教皇准许中国人担任神职，但这一计划从未实现。[90]担任神职仍然是欧洲人的特权，许多耶稣会士坚决捍卫这一制度。

类似的种族政策成为世界各地大多数教会的特征。在 17 世纪的欧洲殖民主义和天主教中，某些形式的种族意识已经超越了简单的傲慢、歧视和偏见的模式。它们以非常复杂的方式——但绝非毫无争议的方式——成为全球制度性体制的一部分，进而成为世界性的权力格局的一部分。如果我们将当时的天主教会视为一个与伊比利亚和其他欧洲殖民势力携手扩张的组织，这一特点就变得尤为明显。不论是全球化的教会还是欧洲帝国，都在为下面这个问题争论不休，即种族和文化多样性在一个范围、规模和复杂性都在扩大的组织中应发挥什么作用。

在这些争论中，占主导地位的声音很少赞成我们当前所使用的"包容性"一词。因此，一个人皈依并献身于天主教事业并不一定能在教会中获得平等的机会。相反，对于大多数非欧洲的皈依者来说，教会中的职业之路充满了障碍。我们在从美洲到东亚的教会中都可以看到这种模式：在菲律宾，西班牙传教士坚决反对当地人担任神父；在墨西哥召开的第一次教会会议实际上禁止所有非欧洲人担任神职，这一政策在 1585 年得到修改，为"混血"人敞开了大门。[91]一般而言,"血统"是一个具有重大社会和政治意义的概念,在许多情况下,陈旧的、地方性的歧视模式现在被转化到了全球层面。比如,"纯正血统"(limpieza de sangre)这一概念在针对拥有犹太血统的"改宗者"(conversos)的一次次的审讯中发挥了重要作用。这类事情最初发生在15世纪的伊比利亚半岛,之后不久就出现在葡萄牙帝国的其他地区。[92]果阿在1560年设立了宗教裁判所,其主要目标是犹太人或其他改宗者。[93]同样,这一有问题的血缘观念也给世界许多其他地区的当地人民带来了影响,当他们成为欧洲主导的结构的主体时,尤其如此。

在现代早期的大部分时间里,教会领导层中的大多数人都致力于全球传教的理念,但却反对美洲、非洲和亚洲的当地人加入到神职人员中。在某种意义上,这种包容主义和排他主义的结合也体现在殖民城市的空间布局上。与欧洲一样,外国或其他种族的群体往往被隔离在不同的住处。[94]在果阿和澳门这样的地方,人们允许非欧洲人获得财富、荣誉和影响力的提升,但总的来说,非欧洲的种族出身阻碍了大量成功的个人充分参与殖民社会的上层。

我们应当谨慎的是,不能从19世纪和20世纪初帝国主义成熟的种族主义制度的角度来理解这些种族等级化的形式。[95]在17世纪,尚无野蛮的等级化科学可以决定各群体之间基于生物学的差异。[96]而且,在16世纪和17世纪,单一的种族群体之间的差异也不是一个一以贯之的原则问题。即便在澳门或马六甲等欧洲人所控制的港口,也没有像两个世纪后才可能出现的那种严格的隔离政策。伊比利亚的殖民社会在许多方面更类似于种姓社会,而不是充分发展的种族社会。[97]

就如何处理种族和文化差异而言，与之相关的政策极具争议性，即使在天主教会或葡萄牙保教权这样的全球化机制的上层也是如此。比如，耶稣会在其章程中宣布，反对在伊比利亚世界影响巨大的"纯正血统"观念。耶稣会的创立者依纳爵·罗耀拉（Ignatius of Loyola）对接纳新的基督徒一直持开放态度，他支持在欧洲以外的世界某些地区任命当地神父的想法。依纳爵所宣告的这一目标受到了哲学人文主义的影响，且源于对同样具有文化开放性的全球传教的承诺。后来，包括驻中国的神父在内的一些耶稣会士，并没有在这方面遵从其修会的创始人：他们仍然反对发展当地神职人员的想法。

事实上，曾经有那么几次，天主教会内部似乎有一股强大的力量去支持不论血缘和文化归属地而任命神父。比如，在16世纪初，教廷和葡萄牙国王都接受了任命非欧洲人为神父的想法。[98]不过，天主教各层级的神职人员，仍然强烈反对建立多种族的神职人员体系，因此在世界大多数地区，没有出现大量的当地耶稣会神父。1549年至1773年期间，只有一位南亚本地人成功进入耶稣会担任神职；在亚洲其他地区以及美洲、非洲、大洋洲，本地人担任耶稣会神父仍然是少有的例外。[99]在经过多次争论后，日本本地的受命神父，在16世纪末和17世纪初达到大约15人的最高数量。[100]但是，政府在之后不久便对日本的传教团进行了打击，因而这种模式无法作为世界其他地区的范例。

此外，任命日本本地神父背后的主要倡导者范礼安并没有兴趣建立一种普遍模式。从1573年起，范礼安便开始监督耶稣会东亚传教事务，同时积极筹建日本的神学院，但他并不是从人类平等的观念来开展工作的。范礼安在他的一些著作中,把"黑肤色的种族"称为"愚蠢和邪恶"的人,但他认为日本人是"白人"——他也有意将这种荣誉授予中国人。[101]范礼安知道这种分类是有争议的——正如他自己所提到的,许多欧洲人,特别是葡萄牙传教士,很难忍受后一种观念,因为他们把日本人和中国人都视为"黑人"。[102]

许多传教士对选取中国人担任神职人员这一设想进行了抵制,其原因倒不一定是出于种族偏见。他们担心进入亚洲神学院的中国人可能无法受到足够的教育,而获得加入耶稣会的资格。许多耶稣会神父——以及天主教会中其他有影响力的人物——都怀疑中国人是否能足够深入地学习神学、哲学和欧洲科学等科目。他们也不确信中文译本能否取代拉丁文本,而且在当时,欧洲著作的中文版也很匮乏。许多耶稣会士尤其担心中国神父能否熟练掌握拉丁文这一天主教会上层的通用语。但是,降低中国神父标准的尝试几乎没有得到支持,而派遣大量有天赋的年轻皈依者前往欧洲神学院学习的想法也很难付诸行动。[103]在许多神父眼中,或许也在他们的心中,拉丁语仍然是神职人员的语言。对这些神父而言,一个真正文化多元的神职人员体系,如果不能共享同一种神学语言,似乎是对其宗教的精神和思想基础的消蚀。

也有其他一些理由,让耶稣会士反对中国皈依者加入他们的行列成为神父。一些欧洲传教士担心,本地神父不能很好地融入集权化的体制中,而这正是耶稣会作为全球性组织的特点。一些神父认为,本地神职人员会受制于中国的社会等级制度,这一制度将挑战他们在基督教群体中的地位。让他们感到不安的是,本地神父可能会采取独立行动或者以罗马或澳门无法管控的方式接触中国社会。关于这一点，一些耶稣会士指出了日本的经验。在他们看来，事实已经证明日本的一些本地神父并不像他们所期望的欧洲神父那样可靠。许多耶稣会士将他们的修会定义为一个全球网络，它高度依赖于明确的指挥路线，他们认为，耶稣会若不是由一个多文化和多种族的团体组成，就会更好地执行指挥路线。换句话说，建立一个全球多样化的神职人员体系，这一观念往往被认为是对耶稣会所建立的充满信任的共同体的潜在侵蚀。

对许多重要的耶稣会士和其他传教士来说，即使他们将其信仰带到世界的各个角落，天主教的中心依然在罗马。因此，尽管胸怀全球传教的雄心壮志，但耶稣会士仍然极不情愿依靠非欧洲的神职人员来支撑传教使命，这一立场也对耶稣会在中国的传教区产生了影响。作为神学家，大多数耶稣会士同意儒家对作为天学的基督教予以重新解释，但在政治、种族和文化归属方面，他们仍然忠于他们在欧洲的祖国。大多数神父特别担心，他们的宗教在组织上会降格为一种中国化的天学。

所有这一切在中国17世纪天主教的历史上，仍然是一个悬而未决的矛盾。那些像朱宗元一样经历了这种紧张关系的人，一定也清楚地知道教会生活中的这些问题。显然，朱宗元无法弥合天主教以欧洲为中心的面貌与其在中国所提倡的本土化主张之间的差距，他只得选择用儒家理想的鲜艳色彩来描绘欧洲和耶稣会。这也许是解决哲学和神学问题的一个办法，但朱宗元一定能感觉到，围绕着耶稣会士在中国宣扬的天主教而出现的组织上的挑战将更为复杂。

结　语

不和谐的和谐

全球史不必因为大尺度的思考而放弃充满细节的地方视角。全球史史学家也不只是撰写流动的历史或开放而联动的历史。不同地区之间显著的相互联系不仅对旅行者产生了影响，也波及绝大多数过着定居生活的人：在17世纪的中国，许多个体都经历了观念、商品和病菌的跨大陆转移。这些人中包括开始种植甘薯的农民、吸食烟草的城市居民。但同时，他们和其他许多人一样，也因为全球银价的波动而更加难以承担赋税。尽管中国社会，尤其是受过教育的群体，已经获悉了来自世界不同地方的最新信息，但他们并不知道跨大陆的联系是引发这些转变的原因。晚明时期，许多读者热衷于消费地理知识，但他们很少冒险前往异国他乡。对那些皈依了基督教等外来宗教的信徒来说亦是如此，他们的数量增长得相对较快，原因就在于17世纪早期中国所经历的社会政治危机。这些外来宗教虽然对信徒的生活产生了影响，但并不一定能赋予他们更多的动能。

从历史上看，外来宗教在中国的传播十分常见。但是自16世纪晚期以降，欧洲传教士频频出现在中国的土地上，不免令人感到非同寻常。这不仅让来自世界两端的饱学之士之间有了大量交流，也意味着有相当数量的中国人，无论他们生活在农村还是居住在大城市，可以直接接触到全球天主教会这样的外国组织。当然，基督教在中国存在已久：景教徒在7世纪左右就来到了中国，天主教会在元代（1279—1368）也建立了一些传教渠道，当时蒙古人强有力的统治为横跨欧亚大陆旅行提供了便利。但是在历史上，中国的基督教社群从未如此紧密地与一个正在成为全球性组织的机构网络联系在一起。在天主教会的保护下，许多中国人在当时得以与欧洲神父保持着经常性的接触，后者不仅是单个的传教士，也是一个庞大机构的代表、管理者和地区负责人。对那些直接与欧洲人打交道的中国人而言，他们依然深深扎根于当地的社会和政治之中，即使在思想上，他们也不会选择悬浮在一个超然于地方责任的世界中。

作为中国基督徒中的一员，朱宗元在耶稣会中国传教团上层和地方社会之间扮演着某种显赫的角色。凭借其在科举考试中的成功，朱宗元在家乡宁波享有盛誉，并得以与宁波的儒生圈子有着密切的联系。同时，他是当地基督教社群中活跃的一员，与欧洲传教士有着定期的书信往来，甚至亲自接待过许多传教士。此外，他与中国的皈依者和耶稣会士合撰著作多本，而后者也为他自己的著作撰写了序言。在朱宗元的一生中，他虽然只有过一次有记载的旅行，那是从宁波前往西边350里（175公里）的省会杭州，但我们仍有必要将之视为他那个时代一位横跨大陆的连接者。

朱宗元既是中国这个国家及其教育体制的臣民，又是对耶稣会中国教区和一般意义上的天主教会负有责任的主体。但在明清变革时期，他不仅仅是17世纪天主教会与中国社会之间的联系人，他也是中国儒生基督徒中的一员，力图与其信仰的域外层面达成一致，而不是对之不以为然。与17世纪中国大多数其他基督徒文人不同的是，朱宗元以一种异乎寻常的开放和细致入微的态度探讨了天主教起源于欧洲所衍生而来的全部问题。他反对人们对耶稣会神父的指控，认为后者并不是欧洲入侵的先遣队，他所描绘的欧洲形象也与其所讨论的议题相一致。更为重要的是，他花费了大量精力从学理上去论证，儒家理想与中国的国家和社会不可分割，因此也可以通过其他教义来实现。与中国的许多皈依者一样，朱宗元相信，作为中国国家道德观念的儒学，其基本价值和最高志向，最终与天学完全一致。

所以，朱宗元对这两个制度化的世界都保持着忠诚，认为它们能够而且应当结合在一起。当然，双方也确实都取得了一些有利于会通的发展。比如，17世纪时，理学和拉丁基督教的某些派别都非常强调个人的道德责任，力求摆脱旧的制度化的权威模式。[1]我们不必像世界史学者威廉·麦克尼尔和约翰·R.麦克尼尔那样，为路德贴上"德国王阳明"这样的标签，[2]但我们会同意，从16世纪开始，中国和欧洲对个人良知的日益重视，与商业化、城市化和识字率的提高有关。此外，大约同一时期，不论是在欧洲和东亚的某些地区，还是在中东和南亚，与国家机器密切相关的各种教义,都发生了旷日持久的危机。

尽管如此,朱宗元分属的双重世界并不和谐,亦非完全一致。天学的思想和组织架构中仍然存在诸多矛盾,其中就包括天儒之间的调和。然而,即便作为一种学术框架,天儒调和也不是从中欧之间在思想上保持独立的跨文化对话中产生,亦不应仅仅视为基督徒对中国现实的适应。相反,它是摩擦与冲突的产物:我们要将之看作是全球化的天主教会与中国国家这两大体系碰撞之后不和谐的妥协,这两大体系的特点是都有着自己的文化强制性(cultural imperative)[3]和对领导权的诉求,也都有着自己的未经许可不得违背的核心原则。

这些文化上的强制性显然也并非铁板一块。不论是中国国家还是天主教会其实都面临着各自的危机:晚明时期,国家的动荡不安,使许多儒家派别与官僚体系之间的联系发生松动,这便为替代性的阐释创造了新的机会,天学即是其中之一。同时,儒家思想的多元化也为论争开辟了舞台。同样,在宗教改革的挑战下,天主教会内部亦非一个和平与和谐的世界:从方济各会到耶稣会,各个教团都参与到体制的对抗和神学的冲突中,即使在同一修会之内,对于如何塑造中国传教团这样的主要竞争场域,也众说纷纭。

然而,晚明中国与耶稣会共同存在的内部多样性,并不意味着双方之间的接触可以向任何可能的方向发展。天主教会和中国都有着违者必罚、不可逾越的边界,以及难以妥协的核心原则。在17世纪的中国,儒生们依然认为,他们对作为政治、社会和文化体系的中国的福祉,负有根本的责任。那些更加纯粹的儒家派别则坚决反对任何其他教义的影响，特别是那些来自中国以外的宗教。而且，国家机器始终是镇压的潜在源头。儒家的正统和正统行为，比如参加国家支持的仪式，对受过良好教育的基督教皈依者尤有约束：若无政治迫害的风险，不得放弃这些仪式。中国皈依者和欧洲传教士的一言一行，都受到中国官方渠道内部和外部的监视，他们也因此多次遭受国家制裁和政治报复。

在天主教方面，欧洲传教士担心基督教的本土化走得太远。天学著作，无论主要由传教士所著抑或由皈依者所著，都无法对众多神学选择展开自由探究；相反，这些著作受到审查，要求其与一般意义上的教会教义，特别是耶稣会的原则保持一致。耶稣会神父还建立了一套行政体制，以确保天主教信仰和礼仪的核心要素能够在中国各地得到实践。这一体制在很大程度上依赖于中国的合作者，但由于种种原因，在朱宗元生活的时代，中国人仍被禁止担任神职。虽然驻扎在中国的耶稣会神父始终只有数十人，但他们在中国非常多样化的皈依者中形成了一个位于顶端的网络，并将确保中国天主教徒不逾越罗马可以接受的边界作为自己的任务。

族群意识不仅在17世纪的中国传教中发挥了作用，而且在教会与欧洲殖民主义之间的纠葛中扮演着重要角色。[4] 不过，构成晚明基督教的思想倾向与两个世纪之后西方帝国主义时代的思想形式却大为不同。同样，这两个时期，在中欧遭遇中起到决定性作用的全球权力格局也不尽相同，而中欧之间的遭遇导致了作为天学的天主教的重塑。晚明时期，天主教依然是一种相对小众的来自西方的教义，皈依者只占中国总人口的一小部分。一部分士人虽然也对天主教产生了兴趣，但主要是借助科学著作和地图类书籍。在17世纪，中欧之间的交往并不是在认同西方进步而中国落后的思想氛围中进行的。

像朱宗元这样的连接者会发现，他们自己正介于两个权力结构之间，一个以龙椅为中心，一个以罗马教廷为中心。不论是晚明国家与社会，还是天主教会，都控制着某些确保教义一致性的机制和方式，这意味着中欧相遇所带来的会通只能循着神学、礼仪、宗教和组织上的可能性这条细线来界定。而这条细线贯穿了两大体系依据彼此接纳的精神展开对话的区域。不论对传教士而言，还是对中国儒生来说，他们在创造儒学和天主教得以相遇的思想架构时，都表现出巨大的热情、奉献和文化开放精神。我们不应轻视这些因素。但是，我们也应当认识到，在这个特定的框架之外并无其他的基本选择，这对像耶稣会这样的力求获得中国上层接受的修会来说尤其如此。

中欧相遇对17世纪中国基督教的历史产生了重要影响，这一相遇异常复杂，若将之定义为宗教间的对话，会让人产生误解。就制度层面而言，我们不应认为参与天学的中国一方和天主教一方可以进行简单的类比。首先，天主教会的组织结构与各儒家派别毫无相似之处；其次，在中国一方，参与者的范围十分广泛，甚至包括国家机构在内。除了上述区别外，将"宗教"的概念应用于晚明社会的语境也有待商榷，因为对一神教，尤其是拉丁基督教世界而言，宗教信仰与非宗教的思想，以及宗教与哲学之间的区别是一种特有的现象。[5]尽管耶稣会传教士透过宗教阐释了当时中国各儒家派别的特点，但现实情况要复杂得多。[6]

除了将朱宗元的生活和著作置于宗教之间接触、遭遇的历史之外，还会有其他的选择吗？一种可能是用"文明"一词作为替代。实际上，耶稣会在华传教史通常被描绘为不同文化或文明之间的接触。不过，我们仍需谨慎，因为"文化"和"文明"这样的概念也是现代的建构。[7]如果我们将这两个概念应用于整个世界，且至少含蓄地将"中国文明"或"欧洲文化"这样的概念视为有着内在一致性甚至统一的主体，情况就尤其如此。文明间接触的观念往往忽视了每一方内在的多样性，忽视了中国和欧洲这样的国家或地区实际上是多元的事实。

或许更为重要的是，上述"文明"或"文化"的概念表明，天主教中国传教团开启了中欧之间彼此开放的接触孔道。然而，这一假设意味着忽略了如下事实，即中欧两地之间的信息流是由数量非常有限的代理人传递的。在中国，关于欧洲的知识几乎完全依赖于耶稣会传教士的作品。当然，他们的著作不仅限于宗教内容，还包括从天文学到地理学、从科学到记忆术在内的其他思想活动领域。[8]即便如此，耶稣会神父也从未打算在中国传播一个面面俱到的欧洲形象，[9]他们所提供的只是在繁荣的欧洲图书市场上可以发现的丰富的思想世界的一小部分。[10]他们也没有兴趣提供他们所了解的欧洲的真实写照。毕竟，他们的目标不是为正在兴起的跨文化对话提供材料，而是为了传播他们的信仰。

中国公众，包括像朱宗元这样的皈依者，只能获得大为简化和高度过滤的欧洲信息。朱宗元生前很可能对发生在欧洲的宗教改革和三十年战争所知甚少。他也可能没有意识到，欧洲正在进行的宗教战争已经开始破坏宗教是道德和政治稳定的重要原因这一观念。或许也没有人提醒他注意这样一个现实,那就是欧洲有些地区可获得的关于其他文化的知识在不断增加,这就愈发动摇了人类统一于一个基督教上帝之下的观念。当然,朱宗元也不会知道勒内·笛卡尔(1596—1650),后者差不多和他在同一时期写作,坚信科学和理性是唯一可行的通向稳定的道路,因为当时的教会机构和政治机构已经陷入了混乱。朱宗元很有可能也不知道耶稣会这样的修会正在全球扩张的事实,而扩张的部分原因是他们在欧洲的教会遇到了危机。朱宗元同样也不知道天主教会内部的恶斗,以及法国冉森派等群体在不断加强对耶稣会士的攻击。

然而,如果将朱宗元视为一个已经做好准备参与跨文化思考,却受阻于可获得的信息过于稀缺的儒生,那也是错误的。在朱宗元生活的时代,欧洲正经历着重大的变革,但他很可能并不热衷于去充分了解那块遥远大陆的历史、社会和思想生活。朱宗元并不打算用其著作为跨文化相遇架起一座桥梁,而在最大限度上提供或获得有关欧洲的事实和数据,亦非他的目的。

事实上,朱完示的著作和文章并不打算翻译成其他语言。它们用汉语写就,同时也只能在某个概念、观念或典故的世界里得到丰富,只有在中国的尤其是儒家的教育阶梯上处于相对较高位置的读者才能进入这个世界。朱宗元在著书立说之时,他所处的晚明世界正经历着严重震荡、气候灾难和政治紊乱,他也在寻找一条安世之道。在朱宗元看来,耶稣会传教士带到中国的信条,才是重振儒学、稳定社会和平息他那个时代政治风暴的关键。

多重的语境世界

由于朱宗元从未有过长途游历,那么我们应把他置于何种历史语境之中?正如我们所看到的,我们可以透过地方历史来审视他,也可以将其定位于明清变革时期中国历史更广阔的语境中。此外,作为一个写作者和基督徒社群之一员,他的活动也属于天主教这一全球化机制的历史,他的经历也可以融入到全球宗教扩张和跨文化相遇这一更大的历史语境中。

早在耶稣会到来之前,许多宗教就已经在亚洲大部分地区传播开来。比如,佛教和伊斯兰教的一些分支向地理位置遥远的地方传播即是如此。14世纪的探险家伊本·白图泰(Ibn Battutah),就曾在从北非到中国之间的穆斯林世界中广泛游历。[11]在莫卧儿帝国统治下的印度,不同的宗教和古老的书写传统发生了接触,其规模、广度和深度在各方面都超过了17世纪中欧之间的相遇。在这些情况下,跨文化接触也激发了大量博学的辩论,滋养了宗教融合的新景观。在那段时间里,许多人发现自己在不同的传统和社会之间扮演着连接者、对话者和谈判者的角色。像朱宗元一样,他们以一种非常直接的方式体验到了一个日益相互联系的世界所带来的影响,所有人不得不以这样或那样的方式来接受这些影响。

不过,这并不是说在16世纪和17世纪的亚洲,欧洲传教士所置身其中的宗教景观,只是在历史上丰富多彩,到现实中却停滞不变。这一时期,各种类型的跨文化接触实际上在加强,这在亚洲重要的贸易干线上尤其如此。17世纪时,中国的佛教传道者开始活跃于东南亚的大部分地区,他们就像欧洲的神父那样,与可以信赖的商人一起旅行。[12]在16世纪和17世纪,伊斯兰教继7世纪到13世纪第一波扩张浪潮后,又经历了一个强劲的发展时期。在第二波浪潮中,穆罕默德、安拉和古兰经的新信徒出现在世界上迥然不同的多个地区,从撒哈拉以南非洲到伊朗,从巴尔干半岛到今天的印度尼西亚。这两次宗教扩张和拓展浪潮促进了世界不同地区伊斯兰教代表之间持续的学术交流。

当然,在16世纪和17世纪,伊斯兰教和天主教的传播路径和方式有着明显不同。但若仔细观察两者的扩散,我们会发现一些共同的模式,甚至相互纠缠之处。比如,在亚洲大部分地区,这两种宗教的传播都借助了传教士和商业活动之间的密切联系。[13]不仅基督教传教士与欧洲商人一起旅行,苏菲派和其他穆斯林传经者也与有着阿拉伯和其他背景的商人结伴而行。与欧洲的同行一样,穆斯林商人的网络有时也会迫使当地贸易中心的统治者转变信仰。而与基督教相似的是,伊斯兰教同样可以将远道而来的有着共同信仰的宗教旅行者和商人,凝聚成值得信任而又讲信用的共同体。[14]许多经济同盟就是因为共同忠于《圣经》或《古兰经》,从而跨越遥远的距离联合起来。

我们甚至可以更进一步,针对商人文化和商人心理在印度洋这一更广阔的世界中日趋重要的背景,去解释伊斯兰教和天主教在这一时期的发展。在这样一个竞争和个人压力日渐加剧的时代,凡强调个人救赎的宗教尤其能够迅速获得人们的追随,这或许并不让人感到奇怪。[15]不仅如此,在一个愈发流动的世界里,许多当地的文化传统正变得相对化,对可信赖的跨区域网络的需求也在不断增加,那些在许多不同地方都拥有据点的宗教因而更具吸引力。[16]因此,当众多个人的生活经历——尤其是在贸易密集的沿海地区——开始覆盖更远的距离时,人们对同样分布广泛的信仰网络就愈发需求。

不论是对伊斯兰教还是对基督教而言,各种宗教群体在丰富多彩的社会和语言景观中都得到了发展,但文化上的差异并没有被消除。事实上,宗教融合与跨文化和解的尝试在这一时期十分常见。既然宗教是一张大网,它就需要面对各种新的挑战,尤其要面对如何在普遍的神圣诉求与当地特殊的政治要求和文化现实之间保持平衡的问题。基督教和伊斯兰教社群中都出现了关于普遍性和特殊性之关系的辩论。在这两种宗教中,对宗教融合持更开放态度的派别与坚持对其信仰进行更狭隘和更严格解释的派别之间都存在着紧张关系。[17]

在伊斯兰教的团体中,苏菲派传教士尤其支持各种形式的宗教融合,以使伊斯兰教与佛教、印度教和其他教义达成和解。另一方面,许多17世纪的宗教旅行者试图让印度洋沿岸的各个穆斯林社群回归到被认为是标准的伊斯兰教模式中来。这些团体反对将他们的宗教分裂成不同的有着特定文化的社群,因为这可能会挑战乌玛(umma)观念的普遍性。

就此而论,耶稣会中国传教团关于适应性政策的争论,尤其是著名的礼仪之争,可以理解为描述那一时期更大范围内的宗教论争的一个案例。与基督徒一样,穆斯林也面对不同的阵营,这些阵营在其信仰适应地方习俗和传统的限度上争论不休。在许多情况下,各个相互斗争的团体到后来都呼吁让更高等级的宗教权威来担任最后的仲裁者。比如,17世纪一位苏门答腊学者为解决一个神学上的争论,曾致信求教于他在麦地那的老师。[18]

不过,无论站在文化适应问题的哪一方,一个不容否认的事实是,宗教认同越来越深地植根于普遍的世界观中,而不是与特定的地方发生联系。[19]反过来,宗教世界观的转变又与对人类生活环境不断变化的理解结合在一起。在日本、葡萄牙、印度和越南,至少在学术圈里,人们愈发感受到一个有限的世界。在许多语言中,关于普遍主义的新词汇反映的是一个同时变大和变小的世界的经验。[20]而新获得的有关其他文化的知识,甚至有可能导致认识论危机和宗教问题。一个著名的例子是,为了让中国历史所记载的事实与基于基督教时间线的欧洲普遍史这一重要类型相一致,欧洲学者展开了激烈争论。但是,当中国史料中记录的事件,在时间上明显早于对《圣经》中的事件(如大洪水)最常见的估算时,那又该如何处理这些事件?[21]重新计算《圣经》的纪年,使之在某种程度上与中国的原始资料相容,花费了人们大量的时间和精力。

平衡普遍与特殊诉求的任务并不局限于知识和信仰领域,在经济和技术领域里亦然,因为各个经济利益世界的扩大,都要面对既定的地方概念、措施和习俗,[22]同时也需要一些能被普遍接受的标准。此外,技术能力和治理实践也在范围更大的社会中得到传播。要明确分清承载着新技术知识和宗教信仰的社会群体是不可能的,部分原因在于,在一个精英流动日益增强的时代,各国宫廷雇用外国专家的情况相当普遍。[23]一个总的趋势是,亚洲大部分地区对外国顾问的需求都在增加。这是因为人们在一定程度上认识到，更具功能性的官僚体制将有助于提高一个国家在复杂的国际商业和竞争游戏中的地位。特别是16世纪50年代后，许多地区的统治者开始招募专家从事商业、科学、技术和军事活动。有些是建立在早期游牧帝国及其继承者所创建的传统之上的。比如，在印度莫卧儿帝国最伟大的统治者之一阿克巴（卒于1605年）的宫廷中，不仅雇佣了耶稣会士，而且雇拥了苏菲派和什叶派穆斯林以及其他拥有精湛的专业技术的个人，这些人公开信奉的神与大多数人都不同，并常常伴有传教的野心。[24]

如果从一个更广泛的模式来看，人们会再次发现，那些为中国皇帝服务的耶稣会士似乎不再那么与众不同。事实上，他们在紫禁城的服务应该被视为一个更大的发展的一部分，它超越了宗教，在整个亚洲都很普遍。耶稣会士作为拥有技术的匠人，为一些统治者提供了大量的技术和科学知识。其中就包括火炮的引入，这在17世纪中叶前后促进了中国和莫卧儿帝国等国家的发展，但却是以损害小国的利益为代价的。像他们的许多穆斯林同道一样，耶稣会成员作为外国专家，其主要兴趣并不在于金钱上的补偿。相反，他们希望获得接触当地社会精英的特权，并为他们的信仰创造直接进入中国的通道。

由于不同宗教背景的传教士、专家和商人同时展开活动，他们彼此的相遇也就不可避免。这种情况虽然在中国和印度等国家面积广大的省份里并不多见，但在果阿、马六甲、广州和长崎这样的贸易中心就很常见。在16世纪和17世纪，大多数长途旅行者需要在这样的地方稍事休整，以搭乘其他船只或等待顺风的到来。这类港口城市提供了多元文化共存的生动场景，而这样的场景在当时的欧洲是没有的。[25]在这些港口城市中，背景和信仰体系迥异的人，如福建人、古吉拉特人、阿拉伯人和亚美尼亚人生活在一起，其中的文化氛围有时是开放的。[26]比如，在澳门和葡萄牙的其他据点，欧洲人主要和中国妇女结婚，因此具有混合民族背景的居民人数不断增加。阿拉伯商人也经常与当地家庭通婚，常常把他们的宗教传给下一代。尽管如此，许多人还是归属于由共同的种族、宗教、家乡或祖先凝聚在一起的散居网络，他们在这个多姿多彩却冷酷无情的贸易世界中组成了可以获得信任的跨地区共同体。[27]

欧洲的商人和传教士深知亚洲沿海地区文化和宗教多样性的活力。当耶稣会神父前往中国时，他们不仅可以看到这些贸易中心存在着明显的宗教共存现象，还可以看到伊斯兰教的迅速发展。[28]有证据表明，在印度洋沿岸的跨文化中心，耶稣会士有时会参与到与穆斯林学者的辩论中。[29]他们也与中国的穆斯林学者进行辩论。不过，由于基督教和伊斯兰教在这些地方都处于更边缘的地位，这两个一神教传统之间的接触因而要少得多。[30]此外，在中国和东南亚的部分地区，也有耶稣会神父和佛教学者之间争论的记载，而佛教的禅宗在这些地区同样经历了传教的热潮。[31]

耶稣会士清楚地知道，宗教活力在给亚洲各个地区带来变化的过程中，并不是同等的和明确的。他们看到，与印度洋沿岸地区或日本部分地区相比，中国社会为一神教的传播提供的沃土要少得多。在明清漫长的变革时期虽然发生了各种各样的危机，但这个中央王国最终仍然是一个中央集权的国家和地球上最大的经济体。它的文明模式并没有动摇到足以触发中国大众去寻找新的神祇或新的精神居所的地步。在商人中间，中国人的散居网络通常依然强大，足以为居住在遥远地区的人提供信任、庇护和机会，从而减少了个别商人皈依伊斯兰教或基督教的压力和动机。

现代早期的欧洲传教士未能实现其抱负，将中国转变为一个以基督徒为主的社会，但这并不表明中国就是一个独特而内向的社会。恰恰相反，基督徒、穆斯林、锡克教徒和其他信徒群体四处可见，这说明明清时期中国宗教信仰的模式比同一时期的欧洲要更加丰富多彩，其全球纠缠的程度也更加深刻。在从里斯本到华沙之间的天主教土地上，类似于在中国的这种海外宣教者的存在是不可想象的。罗马在天主教全球化时期，虽纠结于在文化上要作出多大的让步，但它不会允许穆斯林，更不用说佛教徒或其他外来宗教的信徒，在欧洲建立传教网络。16世纪和17世纪的新教统治者和教会也是如此。因此，在宗教宽容方面，中国与莫卧儿帝国或奥斯曼帝国这样的组织结构更加相似，至于拉丁基督世界，即使在其家园之内，也远未接受全球宗教多元主义。[32]

而在亚洲一些地区，耶稣会和其他修会的传教士根据他们的个人经历，一定已经意识到了具有那个时代特征的更大的宗教上的驱动力，这种力量伴随着一个个传教士的足迹，跨越了所有的海洋和大陆。实际上，驻守在远东的耶稣会神父，或许比今天研究这些传教士的现代学者还要了解跨越大陆的各种潮流和纠葛，因为后者主要被训练成了区域专家，而现代早期的传教士则需要在跨文化和跨大陆的网络中行动和互动。此外，无论是在华耶稣会士，还是他们的中国对话者，都不认为对方来自一个超然的、充满异国情调的国度；他们也不认为他们之间发生的接触，有任何例外之处。

基督教、伊斯兰教和其他宗教在现代早期欧亚大陆的传播有着惊人的相似之处，但我们不应就此认为不同的信仰体系和宗教组织正变得越来越相似。在伊斯兰教和基督教网络的跨文化扩张中，它们固然面临着大致相当的挑战，我们在一定程度上也可以观察到各种信仰对之作出的类似反应，但对小乘佛教、逊尼派伊斯兰教或天主教（包括其分支）这样的特定宗教来说，其组织方式并没有发生明显的趋同。

由于这个时代每一种宗教网络都具有鲜明的特点，因此去讨论某种宗教的独特性是没有意义的。天主教传教工作的特殊之处是其组织范围的全球性，这是以强大的管理能力和专业人员为基础的。这一点也是天主教与新教以及基督教其他支派的不同之处，而后者由于各种原因，在全球范围内的传教活动进展缓慢。[33]在朱宗元生活的时代，没有哪种宗教像天主教那样，派遣传教士前往从巴塔哥尼亚到北海道，从下加利福尼亚到巴厘岛这样广大的地区宣教。[34]虽然这些传教事业没有得到集中的协调，但它们显然是天主教会这一权力集中的机构的一部分。不过，正如17世纪中国传教团的例子所示，在赢得新的皈依者方面，这个权力集中的组织并不一定是凝聚力和事业心的来源。

对于朱宗元来说，他的生活经验就是在中国与全球化的天主教会之间进行协商。虽然他丝毫不能理解其中的全球性维度，但是他一定能感觉到这两大体系彼此直接接触所引发的震荡。他知道当地儒生和官府一再攻击天学，他可能也目睹了欧洲传教士之间的一些内部争端，因为这些传教士对于如何在中国继续传教总是不能达成一致。当然，他也注意到了教会的政策，其中就包括禁止中国的皈依者担任神职人员这一事实。

尽管如此，我们却不能确切感知朱宗元对这些事件的反应，因为他只留下了一些著作、短论和序文。我们没有他的个人资料、信件、日记或者自述，所以我们无从知晓他的情感和私密的想法。我们也无法说出，作为地方政治和基督教社群之间，或者中国社会和欧洲传教士之间的连接者，他如何看待自己所扮演的多重角色。他究竟是感受到了其中的压力和重负，还是充满热忱地尽其所能，深信这是他个人的使命，是他对这个世界特殊的贡献？

词汇表

ancha qianshi 按察佥事
Baiheilun 《白黑论》
bailian jiao 白莲教
beitian 悖天
bo (count) 伯
cangcang 苍苍
Cao Binren 曹秉仁
Cheng (ancient prince) 成公
Cheng Yi 程颐
Chongzhen 崇祯
Chu (state) 楚国
Chufen xiyi yi 《处分西夷议》
Chunqiu 《春秋》
Chunqiu fanlu 《春秋繁露》
Da kewen 《答客问》
dadao 大道
daifu 大夫
Damo (Bodhidharma) 达摩
Dao (the Way) 道

daotong 道统
daoxue 道学
daoyi 岛夷
daxi (Great West) 大西
daxi rushe 大西儒舍
Daxue (Great Learning) 《大学》
difangzhi 地方志
Dong Zhongshu 董仲舒
Donglin shuyuan 东林书院
dongyi 东夷
Fan Ye 范晔
Fang Hao 方豪
Feng Shihu 冯石沪
fushe (Restoration Society) 复社
fuzi (master) 夫子
Gao Panlong 高攀龙
Gongyangzhuan 《公羊传》
Gu Xiancheng 顾宪成
Guliangzhuan 《谷梁传》

guyue (ancient state of Yue) 古越
Han Lin 韩霖
Han shu 《汉书》
Houhan shu 《后汉书》
hu (prefix) 胡
Hu Anguo 胡安国
hua (flourish; Chinese) 华
Huang Zhen 黄贞
Huang Zongxi 黄宗羲
hui (association) 会
huizhang 会长
Jian (Count of Zheng) 坚
Jiangnan 江南
Jiao (ancient emissary) 椒
Jiao Hong 焦竑
"*Jiaoshe zhi li suoyi shi shangdiye*" 《郊社之礼所以事上帝也》
Jin (state) 晋国
jingjiao (Nestorianism) 景教
jinshi 进士
jue (aristocratic title) 爵
jue (awakening) 觉
junzi (person of great integrity) 君子
juren 举人
Kang Youwei 康有为
Kong (family name of Confucius) 孔
Kouduo richao 《口铎日抄》
li (cosmic principle) 理
li (unit of distance) 里
Li Zhi 李贽
Li Zhizao 李之藻
Li Zicheng 李自成
Liang Qichao 梁启超
Liji 《礼记》
Lin Qilao 林七老
Lin Zhaoen 林兆恩
Liu Xiang 刘香
Louxin (temple) 楼心寺
Lu (state) 鲁国
Luo Wenzao 罗文藻
ming (to mandate) 命
Mingzhou 明州
Mouzi lihuolun 《牟子理惑论》
Mu (king of Chu) 楚穆王
Mu (prince of Qin) 秦穆公
Ningbo 宁波
Ningbo fuzhi 《宁波府志》
Niujie Libaisi 牛街礼拜寺
ouluoba 欧罗巴
Pomilun 《破迷论》
pu (unrefined) 朴
Qi (state) 齐国
Qian Fagong 钱发公
qiang (cultural outsider) 羌
Qin (state) 秦国
Qingshi jinshu 《轻世金书》
Qita (temple) 七塔寺
rong (cultural outsider) 戎
ru (scholar) 儒
rudeya 如德亚
rujia 儒家
sanjiao 三教
Sanshan lunxueji 《三山论学纪》
Shangdi 上帝
Shen Que 沈榷
Shen Yue 沈约

sheng (sage)　圣
Shengchao poxieji　《圣朝破邪集》
Shengjiao xinzheng　《圣教信证》
shengren　圣人
shengxian　圣贤
shengyuan　生员
shi (beginning)　始
shibosi　市舶司
Shiji　《史记》
Shujing　《书经》
Shun (emperor)　舜
Shunzhi　顺治
shuyuan　书院
Sima Qian　司马迁
Siming (mountain range)　四明
Songshu　《宋书》
suolu　索虏
suotou　索头
Suzhou　苏州
taixi zhi xue　泰西之学
Taizhou (school)　泰州学派
tian (heaven)　天
tiandao　天道
Tianqi (emperor)　天启
tianxue　天学
Tianxue bianjing lu　《天学辨敬录》
Tianxue lüeyi　《天学略义》
tianzhu　天主
Tianzhu shengjiao huoyilun　《天主圣教豁疑论》
Tianzhu shengjiao shijiezhiquan　《天主圣教十诫直诠》
tianzhujiao　天主教

Tizheng bian　《提正编》
Tong Guoqi　佟国器
wai (outside)　外
wang (king)　王
Wang Gen　王艮
Wang Ji　王畿
Wang Yangming　王阳明
Wanli (emperor)　万历
Wei (period)　魏
Wei Jun　魏濬
Wei Zhongxian　魏忠贤
Wen (Prince of Lu)　鲁文公
Wen Xiangfeng　文翔凤
Wu (emperor of Liang dynasty)　梁武帝
wu (emptiness)　无
Wu (state)　吴国
wu (sudden enlightenment)　悟
Wu Sangui　吴三桂
wujue (sudden enlightenment)　悟觉
Wuxi　无锡
xiaodi litian　孝弟力田
xie (heterodox)　邪
xinglixue　性理学
xinxue　心学
xiru (scholar from the West)　西儒
xiudao　修道
xixue　西学
Xixue fan　《西学凡》
Xiyouji (novel)　《西游记》
xu (emptiness)　虚
Xu (state)　许国
Xu Guangqi　徐光启
Xuan (ancient prince)　宣公

Yan (state)　燕国
yang (prefix)　洋
Yang Tingyun　杨廷筠
Yao (emperor)　尧
yi (cultural outsider)　夷
Yijing　《易经》
Yong (river)　甬
Yongle　永乐
You Yu　由余
Yu (emperor)　禹
Yuan Zongdao　袁宗道
Yue (state)　越国
Zhang Geng　张赓
Zhang Nengxin　张能信
Zhang Xie　张燮
Zhao (state)　赵国
Zheng (state)　郑国
zheng (upright)　正
Zheng Chenggong (Koxinga)　郑成功
Zheng Xuan　郑玄

Zhengshi lüeshuo　《拯世略说》
Zhengyi (commentary)　正义
zhi (unformed)　质
Zhifang waiji　《职方外纪》
zhong (middle)　中
Zhongguo　中国
Zhonghua　中华
Zhongyong　中庸
Zhougong (Duke of Zhou)　周公
Zhoushan (islands)　舟山
Zhu Biyuan　朱弼元
Zhu Xi　朱熹
Zhu Ying　朱莹
Zhu Zongwen　朱宗文
Zhu Zongyuan　朱宗元
Zhuang (king of Chu)　楚庄王
Zhuangzi　庄子
zi (baron)　子
zi (son)　子
Zuozhuan　《左传》

注 释

导言 朱宗元的生平与环境

[1] 对于海外华人的历史概述，参见 Wang Gungwu, *The Chinese Overseas: From Earthbound China to the Quest for Autonomy* (Cambridge, Mass.: Harvard University Press, 2000)。

[2] 对于 19 世纪及 20 世纪"文化"观念的批评性研究，参见 Andrew Sartori, "The Resonance of 'Culture': Framing a Problem in Global Concept-History," *Comparative Studies in Society and History* 47, no. 4 (2005): 676–699。

[3] 对商业中心宗教和文化多元主义等问题的论述，可见 Charles Parker, *Global Interactions in the Early Modern World, 1400–1800* (Cambridge: Cambridge University Press, 2010), 182–221; Sanjay Subrahmanyam, *The Portuguese Empire in Asia: A Political and Economic History*, 2nd ed. (Chichester, U.K.: Wiley-Blackwell, 2012), 274–278。

[4] 比如，可参见 Paul S. Ropp, *China in World History* (Oxford: Oxford University Press, 2010)。

[5] Dominic Sachsenmaier, *Global Perspectives on Global History: Theories and Approaches in a Connected World* (Cambridge: Cambridge University Press, 2011), 尤见第一章。

[6] 对当时欧洲和中国经济的一项重要比较以及对两者关系的评价，参见 Kenneth Pomeranz, *The Great Divergence: China, Europe, and the Making*

of the Modern World Economy (Princeton, N. J.: Princeton University Press, 2001),以及 Andre Gunder Frank, *ReORIENT: Global Economy in the Asian Age* (Berkeley: University of California Press, 1998)。

[7] 对上述明清变革时期中国与世界纠葛的极富洞见的描述,参见 Timothy Brook, *Vermeer's Hat: The Seventeenth Century and the Dawn of a Global World* (New York: Bloomsbury, 2008); John Richards, *The Unending Frontier: An Environmental History of the Early Modern World* (Berkeley: University of California Press, 2003)。

[8] 对这一问题的简要概述,参见 Theodore N. Foss, "Cartography," in *Handbook of Christianity in China, Volume 1: 635–1800*, ed. Nicolas Standaert, 752–770 (Leiden: Brill, 2000)。

[9] 牛街清真寺或牛街礼拜寺在康熙三十五年(1696)再次大修,直到今天仍在使用。参见 Wolfgang Franke, "Notes on Some Ancient Chinese Mosques," in *Documenta Barbarorum: Festschrift für Walther Heissig zum 70. Geburtstag*, ed. Walther Heissig, Klaus Sagaster, and Michael Weiers, 111–126 (Wiesbaden: Harrassowitz, 1983)。

[10] Thomas David DuBois, *Religion and the Making of Modern East Asia* (Cambridge: Cambridge University Press, 2011), 15–34, 94–105. 对佛教在中国早期发展史的经典论述,参见 Erik Zürcher, *The Buddhist Conquest of China: The Spread and Adaptation of Buddhism in Early Medieval China*, 2 vols. (Leiden: Brill, 1959)。

[11] 对晚明时期这一问题更详细的论述,可见 Timothy Brook, *The Confusions of Pleasure: Commerce and Culture in Ming China* (Berkeley: University of California Press, 1999), 153–262。

[12] Nicolas Standaert, "Chinese Christians: General Characteristics," in Standaert, *Handbook of Christianity*, 1:380–403.

[13] 长期以来,对中国基督徒的研究受到某种代际偏见的限制。孟德卫在 1994 年依然谈到了这一问题:"包括三大柱石在内的第一代基督徒受到极大的关注,但包括韩霖和朱宗元在内的第二代和第三代基督徒仍然是鲜为人知和模糊不清的群体。"参见 David Mungello, *The Forgotten Christians of Hangzhou* (Honolulu: University of Hawai'i Press, 1994), 70–71。同时,对这几代中国基督徒的研究虽然越来越多,但与杨廷筠、李之藻、徐光启等历史人物相比,对他们的研究

仍然较少。

[14] 对这一时期欧洲殖民主义的讨论，参见 Wolfgang Reinhard, *A Short History of Colonialism* (Manchester, U. K.: Manchester University Press, 2011), 20–83。

[15] 当然，全球性纠葛确实可以作为满洲入侵中国这个世界上最大的政治组织和经济体的解释框架。参见 Evelyn Rawski, "Beyond National History: Seeking the Ethnic in China's History," *Crossroads* 5 (2012): 45–62。同时参见 Peter C. Perdue, *China Marches West: The Qing Conquest of Central Eurasia* (Cambridge, Mass.: Belknap Press, 2005)。满洲对中国的征服，亦可参见 Frederic Wakeman Jr., *The Great Enterprise: The Manchu Reconstruction of Imperial Order in Seventeenth-Century China*, 2 vols. (Berkeley: University of California Press, 1985)。

[16] 近来的研究强调了东印度公司等机构中公司代理人在政治和领土上的野心。参见 Philip J. Stern, *The Company-State: Corporate Sovereignty and the Early Modern Foundations of the British Empire in India* (Oxford: Oxford University Press, 2011); H. V. Bowen, Elizabeth Mancke, and John G. Reid, eds., *Britain's Oceanic Empire: Atlantic and Indian Ocean Worlds, c. 1550–1850* (Cambridge: Cambridge University Press, 2012)。

[17] Reinhard, *Short History of Colonialism*, 23–24.

[18] 对葡萄牙帝国这些活动的讨论，参见 Subrahmanyam, *Portuguese Empire in Asia*, 274–278。

[19] R. Bin Wong, "The Search for European Differences and Domination in the Early Modern World: A View from Asia," *American Historical Review* 107, no. 2 (2002): 447–469; Frédéric Mauro, "Merchant Communities, 1350–1750," in *The Rise of Merchant Empires: Long-Distance Trade in the Early Modern World, 1350–1750*, ed. James D. Tracy, 255–286 (Cambridge: Cambridge University Press, 1990).

[20] 西属菲律宾基本上可以看作是西班牙殖民主义在美洲的前哨，一直是葡萄牙帝国的竞争对手。这一竞争在葡萄牙光复战争期间加剧，与葡萄牙保教权在东亚的衰落同时发生。根据早先与罗马的协议，保教权授予葡萄牙国王在其亚洲和世界其他地区的领土上享有广泛

的宗教事务权力。

[21] Masashi Haneda, "Framework and Methods of Comparative Studies on Asian Port Cities in the Seventeenth and Eighteenth Centuries," in *Asian Port Cities, 1600–1800: Local and Foreign Cultural Interactions*, ed. Masashi Haneda, 1–12 (Singapore: NUS Press, 2009).

[22] 这三个帝国与蒙古帝国和帖木儿帝国都有渊源。参见 John Darwin, *After Tamerlane: The Global History of Empire, 1400–2000* (London: Penguin Books, 2007), 1–156; Parker, *Global Interactions*, 39–67。

[23] Subrahmanyam, *Portuguese Empire in Asia*, 141–145.

[24] 关于后者，参见 Subrahmanyam, *Portuguese Empire in Asia*, 269–274。

[25] Samuel Hugh Moffett, *A History of Christianity in Asia, Volume II: 1500 to 1900* (Maryknoll, N.Y.: Orbis Books, 2005), 430–432.

[26] 中国人在礼仪之争中的立场，参见 Nicolas Standaert, *Chinese Voices in the Rites Controversy: Travelling Books, Community Networks, Intercultural Arguments* (Rome: Institutum Historicum Societatis Iesu, 2012)。

[27] Ludwik Grzebień, "The Perception of the Asian Missions in Sixteenth to Seventeenth Century Poland During the Period of Re-Catholicisation," *Monumenta Serica* 59, no.1 (2011): 177–189. 当然，对东欧的这类看法在现代时期依然存在，但建立在先进社会和落后社会之间存在差距的观念之上。比如，可参见 Maria Todorova, *Imagining the Balkans* (New York: Oxford University Press, 1997)。

[28] Dominique Delandres, "*Exemplo aeque ut verbo*: The French Jesuits' Missionary World," in *The Jesuits: Cultures, Sciences, and the Arts*, ed. John W. O'Malley, Gauvin Alexander Bailey, Steven J. Harris, and T. Frank Kennedy (Toronto: University of Toronto Press, 2000), 261.

[29] 学术界在研究像利玛窦这样重要的传教士时所发生的变化，参见 D. E. Mungello, "Reinterpreting the History of Christianity in China," *Historical Journal* 55, no. 2 (2012): 533–552。

[30] 比如，可参见 Matteo Ricci [Li Madou], *The True Meaning of the Lord of Heaven*, trans. Douglas Lancashire, Peter Hu Kuo-chen, and Edward Malatesta (San Francisco: Institute of Jesuit Sources, 1985)。按照这一假定而进行研究的一个早期例子，参见 Johannes Bettray, *Die Akkommodationsmethode des P. Matteo Ricci S. J. in China* (Rome:

Universitas Gregoriana, 1955)。

[31] 参见 George H. Dunne, *Generation of Giants: The Story of the Jesuits in China in the Last Decades of the Ming Dynasty* (Notre Dame, Ind.: University of Notre Dame Press, 1962)。

[32] 比如, Qiong Zhang, "Demystifying Qi: The Politics of Cultural Translation and Interpretation in the Early Jesuit Mission to China," in *Tokens of Exchange: The Problem of Translation in Global Circulations*, ed. Lydia H. Liu, 74–106 (Durham, N.C.: Duke University Press, 1999); Urs App, *The Birth of Orientalism* (Philadelphia: University of Pennsylvania Press, 2010), 279。

[33] 相关的例子, 可见 Nicolas Standaert, "Jesuit Corporate Culture as Shaped by the Chinese," in O'Malley, Bailey, Harris, and Kennedy, *The Jesuits*, 352–363; D. E. Mungello, *The Great Encounter of China and the West, 1500–1800* (Lanham, Md.: Rowman and Littlefield, 2005), 15–30。

[34] 比如, 耶稣会第一部用中文出版的西方天文学著作就在中国市场上失败了, 因为它完全是直接译自一本欧洲著作。后来的版本在创作、结构和形式上都更接近中国传统, 因而取得了成功。参见 Rui Magone, "Portugal and the Jesuit Mission to China: Trends in Historiography," in *Europe and China: Science and Arts in the 17th and 18th Centuries*, ed. Luís Saraiva (Singapore: World Scientific, 2012), 第 29 页注释 46。

[35] Mungello, "Reinterpreting History," 533–552.

[36] 这并不是说这些欧洲主义者倾向于采用欧洲中心的视角。事实上, 许多受过欧洲主义训练的学者对以欧洲为中心的视角提出了强烈的批评。比如, 可参见 Luis J. Luzbetak, *The Church and Cultures: New Perspectives in Missiological Anthropology* (Maryknoll, N.Y.: Orbis Books, 1988)。

[37] 相关的例子, 可参见 Paul Rule, "China-Centered Mission History," in *Historiography of the Chinese Catholic Church: Nineteenth and Twentieth Centuries*, ed. J. Heyndrickx, 52–59 (Leuven: Ferdinand Verbiest Foundation, 1994); Nicolas Standaert, "New Trends in the Historiography of Christianity in China," *Catholic Historical Review* 83, no. 4 (1997): 573–613; Erik Zürcher, "From Jesuit Studies to Western

Learning," in *Europe Studies China: Papers from an International Conference on the History of European Sinology*, ed. Ming Wilson and John Cayley, 264–279 (London: Han-Shan Tang Books, 1995)。

[38] 更多相关研究，参见 Kaiyuan Zhang, "Chinese Perspective: A Brief Review of the Historical Research on Christianity in China," in *China and Christianity: Burdened Past, Hopeful Future*, ed. Stephen Uhalley Jr. and Xiaoxin Wu, 29–39 (Armonk, N.Y.: M.E. Sharpe, 2001)。

[39] 对个别中国基督徒的研究，参见毛瑞方：《王徵与晚明西学东渐》，上海：华东师范大学出版社，2011年。对更广泛的主题的研究，参见黄一农：《两头蛇：明末清初的第一代天主教徒》，上海：上海古籍出版社，2006年；李奭学：《中国晚明与欧洲文学：明末耶稣会古典型证道故事考诠》，北京：生活·读书·新知三联书店，2010年。

[40] 借助学术基础的不断扩大，研究中国基督教时可供查阅的中国历史文献的范围明显更大了。相关的概述，参见 Adrian Dudink, "Chinese Primary Sources," in Standaert, *Handbook of Christianity*, 1:113–160。

[41] 这些学者的早期著作，可参见 Mungello, *Forgotten Christians*; Nicolas Standaert, *Yang Tingyun, Confucian and Christian in Late Ming China: His Life and Thought* (Leiden: Brill, 1988); Erik Zürcher, *Bouddhisme, Christianisme et société chinoise* (Paris: Julliard, 1990)。同时参见 Yu Liu, *Harmonious Disagreement: Matteo Ricci and His Closest Chinese Friends* (New York: Lang, 2015)。

[42] 早期的学术出版物确实涉及中国某些特定地区，但倾向于关注传教士。参见 Auguste M. Colombel, *Histoire de la Mission du Kiang-nan: En trois parties*, 3 vols. (Shanghai: Imprimerie de la Mission catholique à l'Orphelinat de T'ou-sè-weè, 1895–1905); Fortunato Margiotti, *Il cattolicesimo nello Shansi dalle origini al 1738* (Rome: Edizioni Sinica franciscana, 1958)。汉学家近来的相关著作，可参见 Henrietta Harrison, *The Missionary's Curse and Other Tales from a Chinese Catholic Village* (Berkeley: University of California Press, 2013); Erik Zürcher, "The Jesuit Mission in Fujian in Late Ming Times: Levels of Response," in *Development and Decline of Fukien Province in the 17th and 18th Centuries*, ed. E. B. Vermeer, 417–457 (Leiden: Brill, 1990)。

[43] 对杨廷筠的一项重要研究，可参见 Nicolas Standaert, *Confucian*

and Christian in Late Ming China: His Life and Thought (Leiden: Brill, 1988)。在新方法的影响下，对徐光启全面而综合的研究可参见 Catherine Jami, Peter M. Engelfriet, and Gregory Blue, eds., *Statecraft and Intellectual Renewal in Late Ming China: The Cross-Cultural Synthesis of Xu Guangqi (1562–1633)* (Leiden: Brill, 2001)。早期从汉学视角对徐光启的研究，可参见 Monika Übelhör, "Hsü Kuangch'I (1562–1633) und seine Einstellung zum Christentum: Ein Beitrag zur Geistesgeschichte der späten Ming-Zeit (Teil 1)," *Oriens Extremus*, 15, no. 2 (1968): 191–257; Monika Übelhör, "Hsü Kuang-ch'i (1562–1633) und seine Einstellung zum Christentum: Ein Beitrag zur Geistesgeschichte der späten Ming-Zeit (Teil 2)," *Oriens Extremus* 16, no. 1 (1969): 41–74。

[44] 比如，Gail King, "Candida Xu and the Growth of Christianity in China in the Seventeenth Century," *Monumenta Serica* 46 (1998): 49–66; Fengchuan Pan, "Moral Ideas and Practices," in Standaert, *Handbook of Christianity*, 1:653–667。对社会下层的基督徒而言，相关的原始资料很少，很难找到与地方性或社会特定信仰体系相关的证据，因此许多研究有赖于为有学问的皈依者和传教士所写的讲道书以及耶稣会的报告。一项基于讲道书的研究是对明末基督教徒李九标《口铎日抄》的翻译，参见 Li Jiubiao, *Kouduo richao: Li Jiubiao's "Diary of Oral Admonitions"; A Late Ming Christian Journal*, trans. Erik Zürcher (Nettetal, Ger.: Steyler, 2007)。这一领域其他重要的著作有 Eugenio Menegon, *Ancestors, Virgins, and Friars: Christianity as a Local Religion in Late Imperial China* (Cambridge, Mass.: Harvard University Press, 2010)；张先清：《官府、宗族与天主教：17—19世纪福安乡村教会的历史叙事》，北京：中华书局，2009年。

[45] Anthony Grafton, "The History of Ideas: Precepts and Practice, 1950–2000 and Beyond," *Journal of the History of Ideas* 67, no. 1 (2006): 1–32, 尤见第10—11页。思想史领域对跨文化和全球遭遇的研究也变得更加开放，相关的例子可参见 Samuel Moyn and Andrew Sartori, eds., *Global Intellectual History* (New York: Columbia University Press, 2013)。

[46]（明）李九标：《口铎日抄》。

[47] 比如，参见 Liam Matthew Brockey, *Journey to the East: The Jesuit Mission to China, 1579–1724* (Cambridge, Mass.: Belknap Press, 2007); Liam Matthew Brockey, *The Visitor: André Palmeiro and the Jesuits in Asia* (Cambridge, Mass.: Harvard University Press, 2014)。

[48] 一个很好的例子是夏伯嘉所著的利玛窦的传记，该书对中国和欧洲原始资料的使用大致平衡。参见 R. Po-chia Hsia, *A Jesuit in the Forbidden City: Matteo Ricci, 1552–1610* (Oxford: Oxford University Press, 2010)。

[49] 详见 Magone, "Portugal and the Jesuit Mission," 3–30。

[50] Brockey, *Journey to the East*，第八章。

[51] 一项基于近期学术研究的导论性著作，参见 Timothy Blanning, *The Pursuit of Glory: Europe, 1648–1815* (New York: Viking, 2007), chapters 7, 10。

[52] 关于迷信的分类，参见 Vincent Goossaert, "1898: The Beginning of the End for Chinese Religion?" *Journal of Asian Studies* 65, no. 2 (2006): 307–335, 尤见第 320—322 页。

[53] 我所提到的近来的研究趋势进一步削弱了下述观念，即儒家中国和拉丁基督教世界这两种独立的、表面上看似单一的文化，通过中国传教开始发生接触。法国汉学家谢和耐在 1982 年的一部著作中，将欧洲文化和中国文化视为单一的和无法综合的实体。他认为，传教注定要失败，因为欧洲和中国的概念世界相距太远，无法真正交流和实现跨文化会通。参见 Jacques Gernet, *China and the Christian Impact: A Conflict of Cultures*, trans. Janet Lloyd (Cambridge: Cambridge University Press, 1990)，法文原版见 *Chine et christianisme: La première confrontation* (Paris: Gallimard, 1982)。

[54] 一般意义上的全球史和跨国史，可参见 Akira Iriye, *Global and Transnational History: The Past, Present, and Future* (New York: Palgrave Macmillan, 2013); Sebastian Conrad, *What Is Global History?* (Princeton, N.J.: Princeton University Press, 2016); Patrick Manning, *Navigating World History: Historians Create a Global Past* (New York: Palgrave Macmillan, 2003)。同时参见 Dominic Sachsenmaier, "Cultural and Religious Exchanges," in *Architects of World History: Researching the Global Past*, ed. Kenneth R. Curtis and Jerry H. Bentley, 108–133

(Hoboken: Wiley-Blackwell, 2014);以及 Lynn Hunt, *Writing History in the Global Era* (New York: Norton, 2015)。

[55] 比如，可参见 Hans Medick, "Turning Global? Microhistory in Extension," *Historische Anthropologie* 24, no. 2 (2016): 241–252; Tonio Andrade, "A Chinese Farmer, Two African Boys, and a Warlord: Toward a Global Microhistory," *Journal of World History* 21, no. 4 (2010): 573–591; Anne Gerritsen, "Scales of a Local: The Place of Locality in a Globalizing World," in *A Companion to World* History, ed. Douglas Northrup, 213–226 (Hoboken, N.J.: Wiley-Blackwell, 2012); Natalie Zemon Davis, "Decentering History: Local Stories and Cultural Crossings in a Global World," *History and Theory* 50, no. 2 (2011): 188–202。关于微观视角与宏观视角更一般的关系，参见 Linda Colley, *The Ordeal of Elizabeth Marsh: A Woman in World History* (New York: Pantheon, 2007);以及 Matti Peltonen, "Clues, Margins, and Monads: The Micro-Macro Link in Historical Research," *History and Theory*, 40, no. 3 (2001): 347–359。

[56] 迄今为止，西方语言中可见到的研究朱宗元的重要著作是我用德语所写的那一本：Dominic Sachsenmaier, *Die Aufnahme europäischer Inhalte in die chinesische Kultur durch Zhu Zongyuan (ca. 1616–1660)*, Monumenta Serica Monograph Series 47 (Nettetal, Ger.: Steyler, 2001)。

[57] 方豪:《中国天主教史论丛甲集》，上海：商务印书馆，1947年；方豪:《中国天主教史人物传》中册，北京：中华书局，1970年，第91—98页。

[58] 在法语学界，一篇未出版的博士论文主要研究了朱宗元思想的各个方面，参见 Sai Okamoto, "La crise politique et morale des mandarins du sud à l'époque de transition" (PhD diss., Université des lettres, Paris, 1969)。魏斐德在其关于满洲征服中国的巨著中，简要论及朱宗元，主要依据的就是上述这篇博士论文，参见 Wakeman, *The Great Enterprise*, 735–736。

[59] 李业业:《明末清初基督教生死观在中国的传播与接受》，上海师范大学博士论文，2008年；王泽颖:《论朱宗元之天儒观》，宁波大学硕士论文，2011年；胡金平:《论朱宗元对原罪的解释》，首都师范大学硕士论文，2007年；闻黎琴:《朱宗元思想研究》，浙江大学硕士论文，2007年；赵殿红:《清初耶稣会士在江南的传教活动》，暨

南大学博士论文，2006年。

[60] 莫铮宜：《明末清初浙东儒士朱宗元西学观研究：兼与黄宗羲思想比较》，《国学与西学：国际学刊》第12期，2016年，第95—105页；王泽颖：《明末天主教儒士朱宗元生平考》，《宁波教育学院学报》2010年第5期，第96—98页；龚缨晏：《明清之际的浙东学人与西学》，《浙江大学学报》（人文社会科学版），2006年第3期，第60—68页；祝平一：《辟妄醒迷：明清之际的天主教与"迷信"之建构》，《"中央研究院"历史语言研究所集刊》第八十四本第二分，2013年，第695—752页。

[61] 对于更为著名的基督徒来说，让历史学家能够重建其传记大部分内容的史料是可以获得的。中国早期基督教所谓"三大柱石"的情况最明显不过。比如，可以参见 Willard J. Peterson, "Why Did They Become Christians? Yang T'ing-yun, Li Chih-tsao, and Hsü Kuang-ch'i," in *East Meets West: The Jesuits in China, 1582–1773*, ed. Charles E. Ronan and Bonnie B. C. Oh, 129–151 (Chicago: Loyola University Press, 1982); Standaert, *Yang Tingyun*。通过在学术研究中增加一些虚构性内容，以弥补个人史料之不足的创造性方法，可参见 Mungello, *Forgotten Christians*。

[62] 近年来，越来越多的研究开始从全球层面来探讨现代早期的天主教历史。比如，可参见 R. Po-chia Hsia, *The World of Catholic Renewal, 1540–1770* (Cambridge: Cambridge University Press, 2005); Luke Clossey, *Salvation and Globalization in the Early Jesuit Missions* (Cambridge: Cambridge University Press, 2008); R. Po-chia Hsia, ed., *A Companion to the Reformation World* (Malden, Mass.: Blackwell, 2006), chapters 20–23。

第一章　地方生活及其全球背景

[1] 普通人通常居住在单层住宅中，而富人家庭的住宅往往有两层楼高。参见傅璇琮主编：《宁波通史》第3册《元明卷》，宁波：宁波出版社，2009年，第291、428页。

[2] 宁波的海外贸易史，可参见李庆新：《明代海外贸易制度》，北京：社会科学文献出版社，2007年。瓷器贸易，参见 Stacey Pierson,

"The Movement of Chinese Ceramics: Appropriation in Global History," *Journal of World History* 23, no. 1 (2012): 9–40。

[3] 比如，可参见 Yoshinobu Shiba, "Ningpo and Its Hinterland," in *The City in Late Imperial China*, ed. G. William Skinner, 391–440 (Stanford, Calif.: Stanford University Press, 1977)。

[4] 宁波在明代是管理海上对外贸易的官府市舶司所在地，后来则作为清军在浙江的驻军总部。参见 Timothy Brook, *Praying for Power: Buddhism and the Formation of Gentry Society in Late-Ming China* (Cambridge, Mass.: Harvard University Press, 1993), 250–251。

[5] 详见傅璇琮主编:《宁波通史》第3册《元明卷》，第185—235页，《宁波通史》第4册《清代卷》，第3—25页。

[6] 更多的细节可参见 John E. Wills Jr., *Pepper, Guns, and Parleys: The Dutch East India Company and China, 1622–1681* (Cambridge, Mass.: Harvard University Press, 1974), 6–10; Brook, *Praying for Power*, 252–253。这些著作假设宁波的危机时期仅从1628年持续到1655年。

[7] Zheng Yangwen, *China on the Sea: How the Maritime World Shaped Modern China* (Leiden: Brill, 2012)，第六章。其中一些货物来自欧洲。在一个帝国主义尚未构成中欧互动框架的时代，我们需要将欧洲人在中国生活的诸方面视为中国文化开放的标志，而不是西方优势的象征。对这一主题的相关研究，参见 Jerry H. Bentley, "Early Modern Europe and the Early Modern World," in *Between the Middle Ages and Modernity: Individual and Community in the Early Modern World*, ed. Charles H. Parker and Jerry H. Bentley, 14–31 (Lanham, Md.: Rowman and Littlefield, 2007)，尤见第20—23页。

[8] Timothy Brook, *Vermeer's Hat: The Seventeenth Century and the Dawn of a Global World* (New York: Bloomsbury, 2008), 121–123.

[9] John E. Wills Jr., "Maritime Europe and the Ming," in *China and Maritime Europe, 1500–1800: Trade, Settlement, Diplomacy, and Missions*, ed. John E. Wills Jr. (Cambridge: Cambridge University Press, 2011), 54.

[10] Dennis O. Flynn and Arturo Giráldez, "Born with a 'Silver Spoon': The Origin of World Trade in 1571," *Journal of World History* 6, no. 2 (1995): 201–221; Brook, *Vermeer's Hat*, 152–184. 同时参见 Richard von Glahn, *Fountain of Fortune: Money and Monetary Policy in China, 1000–1700*

(Berkeley: University of California Press, 1996), 166–208。
[11] Brook, *Vermeer's Hat*, 264.
[12] 葡萄牙历史学家若昂·德·巴罗什在16世纪中期就指出,"Liampo"这个名字是一个错误的音译。参见 João de Barros, *Ásia: Dos feitos que os portugueses fizeram no descobrimento e conquista dos mares e terras do Oriente; Primeira década*, ed. António Baião (Lisbon: Imprensa Nacional-Casa da Moeda, 1988), 336–337。
[13] 宁波更具地方特色的称呼是"明州",在一些著作中,宁波也经常因为流经此处的甬江而被称为"甬",或被称为"四明",意指周边的四明山。关于宁波的各种称呼,参见 George M. H. Playfair, *The Cities and Towns of China: A Geographical Dictionary* (Taipei: Ch'eng Wen, 1971), 353–354。
[14] Kenneth Pomeranz and Steven Topik, *The World That Trade Created: Society, Culture, and the World Economy, 1400 to the Present* (Armonk, N.Y.: M.E. Sharpe, 2006).
[15] 不少历史学家都著有某一种商品的全球史。比如,可参见 Andrew Dalby, *Dangerous Tastes: The Story of Spices* (Berkeley: University of California Press, 2000); Giorgio Riello, *Cotton: The Fabric That Made the Modern World* (Cambridge: Cambridge University Press, 2013); Sven Beckert, *Empire of Cotton: A Global History* (New York: Knopf, 2014); Sidney W. Mintz, *Sweetness and Power: The Place of Sugar in Modern History* (New York: Viking, 1985)。
[16] John R. McNeill and William McNeill, *The Human Web: A Bird's-Eye View of World History* (New York: Norton, 2003), 155–212.
[17] Victor Lieberman, *Strange Parallels: Southeast Asia in Global Context, c. 800–1830; Volume 1: Integration on the Mainland* (Cambridge: Cambridge University Press, 2003); Victor Lieberman, *Strange Parallels: Southeast Asia in Global Context, c. 800–1830; Volume 2: Mainland Mirrors: Europe, Japan, China, South Asia, and the Islands* (Cambridge: Cambridge University Press, 2009),尤见第494—576页。利伯曼还指出了中国经验的显著特点,如较早就开始的文化融合。
[18] Kenneth Pomeranz, *The Great Divergence: China, Europe, and the Making of the Modern World Economy* (Princeton, N.J.: Princeton

University Press, 2001).

[19] Geoffrey Parker, "Crisis and Catastrophe: The Global Crisis of the Seventeenth Century Reconsidered," *American Historical Review* 113, no. 4 (2008): 1053-1079, 尤见第 1059 页。

[20] 樊树志:《明清江南市镇探微》, 上海: 复旦大学出版社, 1990 年。

[21] Joseph F. Fletcher, *Studies on Chinese and Islamic Inner Asia* (Brookfield, Vt.: Variorum, 1995), 3.

[22] Victor Lieberman, "Transcending East-West Dichotomies: State and Culture Formation in Six Ostensibly Disparate Areas," *Modern Asian Studies* 31, no. 3 (1997): 463-546, 尤见第 464—470 页。

[23] Sanjay Subrahmanyam, *The Portuguese Empire in Asia: A Political and Economic History*, 2nd ed. (Chichester, U.K.: Wiley-Blackwell, 2012), 292-293. 葡萄牙语作为通用语的地位一直延续到荷兰人统治时期, 参见 Wolfgang Reinhard, *A Short History of Colonialism* (Manchester, U.K.: Manchester University Press, 2011), 35。

[24] 自 20 世纪 90 年代以来, 全球或欧亚早期现代性的概念一直是一个引起热烈争论的主题。对其中主要争论的概述, 可参见 Bentley, "Early Modern Europe," 14-31。部分基于不同欧亚地区的进一步重要讨论, 比如对使用"早期"和"现代"这两个概念的批评, 可参见 Kenneth Pomeranz, "Areas, Networks, and the Search for 'Early Modern' East Asia," in *Comparative Early Modernities, 1100–1800*, ed. David Porter, 245-270 (New York: Palgrave Macmillan, 2012)。这场争论的一些早期文献可参见 R. Bin Wong, "The Search for European Differences and Domination in the Early Modern World: A View from Asia," *American Historical Review* 107, no. 2 (2002): 447-469; Sanjay Subrahmanyam, "Connected Histories: Notes towards a Reconfiguration of Early Modern Eurasia," *Modern Asian Studies* 31, no. 3 (1997): 735-762。

[25] 对这一问题简要而饶有兴味的讨论, 参见 Rainer Hoffmann and Hu Qiuhua, *China: Seine Geschichte von den Anfängen bis zum Ende der Kaiserzeit* (Freiburg: Rombach, 2007), 312-316。

[26] 对这一问题的简要概述, 参见 Dominic Sachsenmaier, "The Cultural Transmission from China to Europe," in *Handbook of Christianity in*

China, Volume 1: 635–1800, ed. Nicolas Standaert, 879–905 (Leiden: Brill, 2000)。

[27] 对这一问题的总体概述，可参见 William Atwell, "The T'ai-ch'ang, T'ien-ch'i, and Ch'ung-chen Reigns, 1620–1644," in *The Cambridge History of China, Volume 7, Part 1: The Ming Dynasty, 1368–1644*, ed. Frederick W. Mote and Denis Twitchett, 585–640 (Cambridge: Cambridge University Press, 1988)。

[28] 傅璇琮主编：《宁波通史》第 3 册《元明卷》，第 185—186 页。

[29] 傅璇琮主编：《宁波通史》第 3 册《元明卷》，第 190 页。

[30] （清）汪楫编辑：《崇祯长编》，台北："中央研究院"历史语言研究所校印，1967 年，第 3370—3371 页。

[31] 详见 Frederic Wakeman Jr., *The Great Enterprise: The Manchu Reconstruction of Imperial Order in Seventeenth-Century China* (Berkeley: University of California Press, 1985), 2:624–633。

[32] 近来对这一问题的研究，参见 Timothy Brook, *The Troubled Empire: China in the Yuan and Ming Dynasties* (Cambridge, Mass.: Harvard University Press, 2010), 242–259。

[33] Kent Guy, "Who Were the Manchus? A Review Essay," *Journal of Asian Studies* 61, no. 1 (2002): 151–164.

[34] 最详尽记述明清变革的英文著作依然是魏斐德的《洪业》，参见 Wakeman, *The Great Enterprise*。

[35] Lynn A. Struve, "Introduction," in *The Qing Formation in World-Historical Time*, ed. Lynn A. Struve (Cambridge, Mass.: Harvard University Press, 2004), 1–2.

[36] 对这一政策的简要讨论，参见 Jonathan D. Spence, *The Search for Modern China* (New York: Norton, 1991), 38–39。

[37] Wakeman, *The Great Enterprise*, 600–604.

[38] Evelyn S. Rawski, "The Qing Formation and the Early Modern Period," in Struve, *Qing Formation*, 207–235; Evelyn S. Rawski, *Early Modern China and Northeast Asia: Cross-Border Perspectives* (Cambridge: Cambridge University Press, 2015).

[39] Jack A. Goldstone, *Revolution and Rebellion in the Early Modern World* (Berkeley: University of California Press, 1993). 其他学者更加强调中

央政府与农民之间更直接的关系，导致了政治秩序的危机，参见 Lieberman, "Transcending East-West Dichotomies," 525–529。

[40] McNeill and McNeill, *Human Web*, 199.

[41] Geoffrey Parker, *Global Crisis: War, Climate Change and Catastrophe in the Seventeenth Century* (New Haven, Conn.: Yale University Press, 2013).

[42] 对这一问题的学术性争论，参见 Timothy Brook, *The Confusions of Pleasure: Commerce and Culture in Ming China* (Berkeley: University of California Press, 1999)，第 208 页、第 289 页注释 140。

[43] John E. Wills Jr., "Contingent Connections: Fujian, the Empire, and the Early Modern World," in Struve, *Qing Formation*, 167–203, 尤见 186—189.

[44] 傅璇琮主编：《宁波通史》第 3 册《元明卷》，第 4 页。对清朝征服中原期间所施暴行的一手资料的选译，参见 Lynn A. Struve, ed., *Voices from the Ming-Qing Cataclysm: China in Tigers' Jaws* (New Haven, Conn.: Yale University Press, 1993)。

[45] Wakeman, *The Great Enterprise*, 734–736.

[46] 详见金伟：《鲒亭集的学术价值》，《史学史研究》1997 第 1 期，第 2—15 页；Lynn A. Struve, "The Southern Ming, 1644–1662," in Mote and Twitchett, *Cambridge History of China*, 641–725, 尤见第 693—694 页。

[47] 中国人民大学清史所编：《清史编年》第一卷，北京：北京人民大学出版社，1985 年，第 123 页。

[48] 程小丽：《清代浙江举人研究》，华东师范大学硕士论文，2009 年，第 11 页。

[49] Wakeman, *The Great Enterprise*, 第 573 页注释 187。

[50] 关于"被征服的一代"的概念，参见 Lynn A. Struve, "Chimerical Early Modernity: The Case of 'Conquest Generation' Memoirs," in Struve, *Qing Formation*, 335–380。

[51] 方豪：《中国天主教史人物传》中册，北京：中华书局，1970 年，第 91—92 页。

[52] （明）朱宗元：《答客问》，一甲。（此后朱宗元前不再加明代。——译者）

[53] 关于这篇序言，参见 Adrian Dudink, "The Rediscovery of a Seventeenth-Century Collection of Christian Texts: The Manuscript *Tianxue jijie*," *Sino-Western Cultural Relations Journal* 15 (1993): 1–26, 尤见第 11 页。

[54] 朱宗元:《答客问》，四十七乙。初版序言乃张能信所作，1697 年广州重印。

[55] 一些耶稣会士的传记可以在下述著述中找到：Louis Pfister, S. J., *Notices biographiques et bibliographiques sur les Jésuites de l'ancienne mission de Chine, 1572–1773, Tome 1: XVIe et XVIIe siècles* (Shanghai: Imprimerie de la Mission catholique, 1932); Joseph Dehergne, "Les chrétientés de Chine de la période de Ming (1581–1650)," *Monumenta Serica* 16, no. 1-2 (1957): 1–136。

[56] Antonio de Gouvea, *Asia Extrema: Segunda parte, livro 1* (Lisbon: Fundação Oriente, 2005), 第 19 章。关于这部著作，参见 Noël Golvers, "Bibliographies of Western Primary Sources," in Standaert, *Handbook of Christianity*, 1:200–204。

[57] 在为朱宗元的《答客问》所作的序言中，另一位基督教皈依者张能信提到了朱宗元最早的著作《天主圣教豁疑论》。参见朱宗元:《答客问》，三甲。

[58] 方豪也引用了何大化《远方亚洲》(*Asia Extrema*)一书中所提到的那段文字的中文翻译，但没有将时间问题考虑在内。何大化一书第 19 章的开头并没有给出朱宗元去世的确切年份，但可以从伏若望的死亡日期推断出来。参见方豪:《中国天主教史人物传》中册，第 92 页。

[59] Dominic Sachsenmaier, "How and Why I Became a World Historian," in *A Companion to World History*, ed. Douglas Northrup, 32–42 (Hoboken, N.J.: Wiley-Blackwell, 2013). 朱宗元的其他著作也保留了下来。

[60] 张能信在《答客问》的序言中写道:"庚辰（1640 年）夏，余从冯石沪氏初见此书。"之后的文字也明确指出，《答客问》在那时并未刊印。参见朱宗元:《答客问》，一甲。

[61] 关于朱宗元的祖父朱莹 1573 年中举一事，参见 Adrian Dudink, "Chinese Primary Sources," in Standaert, *Handbook of Christianity*, 1:18。此处也简单提到了朱宗元及其主要著作。

[62] 窦德士认为数据要更高一些，参见 John W. Dardess, *Ming China, 1368–1644: A Concise History of a Resilient Empire* (Lanham, Md.: Rowman and Littlefield, 2012), 87；毕德生则认为，数据还要更低一些，参见 Willard J. Peterson, "Confucian Learning in Late Ming

Thought," in *The Cambridge History of China, Volume 8: The Ming Dynasty, 1368–1644, Part 2*, ed. Denis Twitchett and Frederick W. Mote, 708–788 (Cambridge: Cambridge University Press, 1998)，尤见第 713 页。

[63] Benjamin Elman, *A Cultural History of Examinations in Late Ming China* (Berkeley: University of California Press, 2000), 140–143.

[64] Peterson, "Confucian Learning," 715. 关于清初的科举考试，亦可参见 Ping-ti Ho, *The Ladder of Success in Imperial China: Aspects of Social Mobility, 1368–1911* (New York: Columbia University Press, 1967), 184。

[65] 关于参加清初科举考试的儒生，参见段丽惠：《明遗民的身份认同与科第选择》，《河南师范大学学报》（哲学社会科学版）2009 年第 2 期，第 191—194 页。关于宁波拥护清朝的力量，参见 Brook, *Praying for Power*, 264。

[66] 20 世纪 60 年代，索邦大学的一篇博士论文指出，朱宗元在其著作中对"中""夷"两个概念的思考，表明他对满洲接管的认可，而不是为了最终获得新统治者的接受。参见 Sai Okamoto, "La crise politique et morale des mandarins du sud à l'époque de transition," (PhD diss., Université des lettres, Paris, 1969)。魏斐德在《洪业》中延续了这一解释，参见 Wakeman, *The Great Enterprise*, 734–736。不过，朱宗元的著作中并没有支持这一观点的证据，他对这一问题的主要思考出现在 1642 年刊行的《答客问》中，发生在满洲征服之前。

[67] 关于张能信的命运以及朱宗元参加清初科举考试一事，参见龚缨晏：《明清之际的浙东学人与西学》，《浙江大学学报》（人文社会科学版），2006 年第 3 期，第 60—68 页。同时参见何宗美：《明末清初文人结社研究》，天津：南开大学出版社，2003 年，第 300 页。

[68] Paul Rule, "The Jesuits and the Ming-Qing Transition: How did Boym and Martini Find Themselves on Opposite Sides?" *Monumenta Serica* 59, no. 1 (2011): 243–258.

[69] Elman, *Cultural History*, 140–143.

[70] 周岩：《明末清初天主教史文献新编》上册，北京：国家图书馆出版社，2013 年，第 429—433 页。关于佟国器，恒慕义给出了其受洗的不同时间，参见 Arthur W. Hummel, *Eminent Chinese of the Ch'ing Period (1644–1912)* (Washington, D.C.: U.S. Government Printing Office, 1943), 2:794。

[71] 即阳玛诺的《天主圣教十诫直诠》以及贾宜睦的《提正编》(杭州，1659年)。前一本书中也有朱宗元所作的序。本书所提到的阳玛诺指的是小曼努埃尔·迪亚士（Manuel Dias the Younger），不要将之与同时代的，中文名为李玛诺的大曼努埃尔·迪亚士（Manuel Dias the Elder，约1561—1639）相混淆。关于这两位曼努埃尔·迪亚士，参见 Henrique Leitão, "The Contents and Context of Manuel Dias' *Tianwenlüe*," in *The Jesuits, the Padroado and East Asian Science, 1552–1773*, ed. Luís Saraiva and Catherine Jami, 99-122 (Singapore: World Scientific, 2008), 99-100n1。关于大曼努埃尔·迪亚士，参见 Isabel Pina, "Manuel Dias Sénior / Li Manuo," *Bulletin of Portuguese / Japanese Studies* 15 (2007): 79-94。

[72] 冯贤亮：《明清江南的富民阶层及其社会影响》，《中国社会经济史研究》2003年第1期，第44—56页。

[73] 巫仁恕：《品味奢华：晚明的消费社会与士大夫》，台北：联经出版社，2007年；Brook, *Praying for Power*, 252-253, 266-268。卜正民特别提到了宁波的士绅。

[74] 徐林：《明代中晚期江南地区贫士的社会交往生活》，《史学集刊》2004年第3期，第34—37页。

[75] 明代的社会变动，参见 Brook, *Praying for Power*, 311。同时参见 Elman, *Cultural History*, 153。

[76] 关于明代后半叶的文化多样性，参见 Peter K. Bol, *Neo-Confucianism in History* (Cambridge, Mass.: Harvard University Press, 2008), 261-265。许理和提到了明末佛教"壮丽的复兴"，参见 Erik Zürcher, "The Jesuit Mission in Fujian in Late Ming Times: Levels of Response," in *Development and Decline of Fukien Province in the 17th and 18th Centuries*, ed. E. B. Vermeer (Leiden: Brill, 1990), 419。

[77] Kristin Yü Greenblatt, "Chu-hung and Lay Buddhism in the Late Ming," in *The Unfolding of Neo-Confucianism*, ed. Wm. Theodore de Bary, 93-140 (New York: Columbia University Press, 1975), 尤见第122页。

[78] Shiba, *Ningpo*, 423-424; Brook, *Praying for Power*, 253-264.

[79] 傅璇琮主编：《宁波通史》第3册《元明卷》，第435—436页。寺庙的名字从楼心寺变为七塔寺。

[80] 朱宗元：《拯世略说》，一甲至一乙。

[81] 更多备考的信息，参见 Peterson, "Confucian Learning," 709–712。

[82] 宁波儒家组织的概述，参见傅璇琮主编:《宁波通史》第 3 册《元明卷》，第 418—419 页。

[83] 朱宗元:《拯世略说》，一甲至一乙。

[84] 朱宗元:《拯世略说》，二甲至二乙。

[85] 朱宗元:《天主圣教豁疑论》，一甲至一乙。

[86] Wm. Theodore de Bary, "Neo-Confucian Cultivation and the Seventeenth-Century 'Enlightenment,' " in de Bary, *The Unfolding of Neo-Confucianism*, 183. 王阳明开悟的经历，可参见 Tu Wei-ming, *Neo-Confucian Thought in Action: Wang Yang-ming's Youth (1472–1509)* (Berkeley: University of California Press, 1976), 95。

[87] "皈依"一词在支持基督教的儒生世界观背景中的含义，参见 D. E. Mungello, *The Forgotten Christians of Hangzhou* (Honolulu: University of Hawai'i Press, 1994), 144。一般意义上的各种宗教皈依方式，参见 Lewis R. Rambo, *Understanding Religious Conversion* (New Haven, Conn.: Yale University Press, 1993)。

[88] Gouvea, *Asia Extrema*, 第 19 章。何大化明确提到，利类思在受到邀请后即刻前往宁波。利类思前往宁波一事，亦可参见 *Le Petit Messager de Ning-po* (Ningbo: Vicariat Apostolique du Tche-kiang Oriental, 1911–1939), 173–174。

[89] 杜宁-兹博特的《中国史》共两卷，两卷的时间跨度分别为 1580 至 1640 年、1640 至 1657 年。杜宁-兹博特的《中国史》，参见 Golvers, "Bibliographies," 196–197。

[90] Thomas I. Dunin-Szpot, "Sinarum Historia" (1690), 2:10. 同时参见方豪:《中国天主教史人物传》中册，第 93 页。孟儒望在宁波的长期停留，参见 Pfister, *Notices biographiques*, 245–246。

[91] Erik Zürcher, "Giulio Aleni et ses relations avec le milieu des lettrés chinois au XVIIe siècle," in *Venezia e l'Oriente*, ed. Lionello Lanciotti (Florence: Olschki, 1987), 124。

[92] Dunin-Szpot, "Sinarum Historia," 2:10.

[93] 由于兄弟们的名字中往往有一个字相同，宁波的朱弼元有可能是朱宗元的兄弟。朱弼元的名字和朱宗元的名字一起出现在一份儒生名单上，这些儒生参与了孟儒望《天学四镜》一书的校正工作。参见

孟儒望:《天学四镜》，台北："中央研究院"傅斯年图书馆，2000年。该书的出版及出版日期，参见徐宗泽:《明清间耶稣会士译著提要》，北京：中华书局，1949年，第337—339页。

另一个叫朱宗文的宁波人，与朱宗元一样，也通过了1648年的举人考试，但他不可能是朱宗元的其他兄弟，因为有证据表明，他在1651年时仍极参与佛教。应试者名单可见《浙江通志》，《四库全书》本，约1736年，第522、699页。朱宗文于1651年印行《流香一览》一书。参见 Timothy Brook, *Geographical Sources of Ming-Qing-History* (Ann Arbor: Center for Chinese Studies, University of Michigan, 1988), 171。

[94] Nicolas Standaert, "Creation of Christian Communities," in Standaert, *Handbook of Christianity*, 1:543–575; 同时参见 Pfister, *Notices biographiques*, 258。

[95] Dehergne, "Les chrétientés de Chine," 19.

[96] 何大化报道说，朱宗元在阅读了基督教书籍后决定前往杭州，归来后便告知其父母自己已接受洗礼。参见 Gouvea, *Asia Extrema*，第19章。

[97] 朱宗元发出的邀请以及阳玛诺到访宁波，参见 Mungello, *Forgotten Christians*, 19。亦可参见 Gouvea, *Asia Extrema*，第19章。

[98] *Le Petit Messager de Ning-po*, 236–238. 关于卫匡国，参见 Mungello, *Forgotten Christians*, 19–28。有证据表明，艾儒略1648年造访过宁波，但细节不详，参见 Dunin-Szpot, "Sinarum Historia," 2:85。

[99] 关于潘国光，参见 Dehergne, "Les chrétientés de Chine," 35。

[100] Eugenio Menegon, *Ancestors, Virgins, and Friars: Christianity as a Local Religion in Late Imperial China* (Cambridge, Mass.: Harvard University Press, 2010), 102–106; Benno M. Biermann, *Die Anfänge der neueren Dominikanermission in China* (Vechta, Ger.: Albertus, 1927), 92–93.

[101] Joseph S. Sebes, "Philippine Jesuits in the Middle Kingdom in the 17th Century," *Philippine Studies* 26 (1978): 192–208，尤见第196页。

[102] 多明我会的中国传教，参见 Menegon, *Ancestors*。

[103] Erik Zürcher, "Jesuit Accommodation and the Chinese Cultural Imperative," in *The Chinese Rites Controversy: Its History and Meaning*, ed. D. E. Mungello (Nettetal, Ger.: Steyler, 1994), 31–32.

[104] Biermann, *Dominikanermission*, 98.

[105] Fortunato Margiotti, *Relationes et epistolas fratrum minorum hispanorum in Sinis qui a. 1684–92 missionem ingressi sunt*, vol. 8 of *Sinica Franciscana* (Rome: Collegii S. Antonii, 1975), 第 180 页注释 15。黎玉范便是在那一年, 即 1659 年离开浙江, 前往米兰。同时参见 Biermann, *Dominikanermission*, 94。

[106] Juan Bautista de Morales, *Relatio et Libellus Supplex*, in *Apologie des Dominicains missionaires de la Chine*, ed. Alexandre Noël, 29–106 (Cologne, 1699), 尤见第 74 页。关于黎玉范, 参见 José María González, *Historia de las misiones dominicanos de China* (Madrid: Imprenta Juan Bravo, 1955), 1:21–25。

第二章　全球化的教会与中国基督徒的生活

[1] 李伯重:《明清江南的出版印刷业》,《经济史研究》2001 年第 3 期, 第 94—107 页。同时参见 Kai-wing Chow, *The Rise of Confucian Ritualism in Late Imperial China: Ethics, Classics, and Lineage Discourse* (Stanford, Calif.: Stanford University Press, 1994), 22; Yuming He, *Home and the World: Editing the "Glorious Ming" in Woodblock-Printed Books of the Sixteenth and Seventeenth Centuries* (Cambridge, Mass.: Harvard University Asia Center, 2013), 245–248。

[2] Timothy Brook, *The Troubled Empire: China in the Yuan and Ming Dynasties* (Cambridge, Mass.: Harvard University Press, 2010), 197.

[3] 李伯重:《明清江南的出版印刷业》, 第 94—107 页。

[4] R. Po-chia Hsia, *The World of Catholic Renewal, 1540–1770* (Cambridge: Cambridge University Press, 2005), 182–186.

[5] Nicolas Standaert, "Jesuits in China," in *The Cambridge Companion to the Jesuits*, ed. Thomas Worcester, 169–185 (Cambridge: Cambridge University Press, 2008), 尤见第 177—178 页。

[6] 关于中国识字率的推广给一些耶稣会士留下深刻印象这一事实, 参见 Brook, *Troubled Empire*, 200。

[7] Willard J. Peterson, "Why Did They Become Christians? Yang T'ing-yun, Li Chih-tsao, and Hsü Kuang-ch'i," in *East Meets West: The Jesuits in*

China, 1582–1773, ed. Charles E. Ronan and Bonnie B. C. Oh, 129–151 (Chicago: Loyola University Press, 1982)，尤见第 140 页。

［8］对这一问题的概述，参见 Adrian Dudink and Nicolas Standaert, "Apostolate Through Books," in *Handbook of Christianity in China, Volume 1: 635–1800*, ed. Nicolas Standaert, 600–631 (Leiden: Brill, 2000)。

［9］Hsia, *World of Catholic Renewal*, 185，以及 Nicolas Standaert, "Note on the Spread of Jesuit Writings in Late Ming and Early Qing China," *China Mission Studies (1550–1800) Bulletin* 7 (1985): 22–32。

［10］参见 Yuming He, *Home and the World: Editing the "Glorious Ming" in Woodblock-Printed Books of the Sixteenth and Seventeenth Centuries* (Cambridge, Mass.: Harvard University Asia Center, 2013), 140–142。

［11］《轻世金书》序言的结尾处提到了朱宗元的名字。关于《轻世金书》，参见徐宗泽：《明清间耶稣会士译著提要》，北京：中华书局，1949年，第50—52页。

［12］阳玛诺：《天主圣教十诫真诠》，两卷本，杭州，1659年，五甲至五乙。朱宗元提到，阳玛诺送给他该书的一个副本，这证明朱宗元并未直接参与该书的编纂。朱宗元对该书的参与，参见方豪：《中国天主教史人物传》中册，第93页。朱宗元参与该书及下文提到的书籍刊印一事，参见 Louis Pfister, S. J., *Notices biographiques et bibliographiques sur les Jésuites de l'ancienne mission de Chine, 1572–1773, Tome 1: XVIe et XVIIe siècles* (Shanghai: Imprimerie de la Mission catholique, 1932)。同时参见徐宗泽：《明清间耶稣会士译著提要》。

［13］孟儒望：《天学辨敬录》，1642年，十甲至十二乙。这个版本包括张能信、水荣褒等人的序。（作者这里有误，《天学辨敬录》前有序言三篇，作者分别是张能信、朱宗元和钱廷焕，水荣褒只是参与该书的校正。——译者）

［14］杜宁-兹博特提到，卫匡国于1648年开始翻译苏亚雷斯的著作，他也强调了朱宗元帮助卫匡国翻译该书一事，参见 Thomas I. Dunin-Szpot, "Sinarum Historia" (1690), 2:89。

［15］朱宗元的著作名录，可参见方豪：《中国天主教史人物传》中册，第91—97页；或见黄一农：《忠孝牌坊与十字架——明末天主教徒魏学濂其人其事探微》，《新史学》第21卷，第3期，1997年，第43—94页，尤见第76—77页。同时参见王泽颖：《明末天主教儒士朱宗元著

作考综述》,《三峡论坛》(三峡文学·理论版) 2010 年第 5 期, 第 55—59 页。

[16]《天主圣教豁疑论》的重刻本由瞿笃德(Stanislao Torrente)订正。关于瞿笃德,参见 Joseph Dehergne, "Les chrétientés de Chine de la période de Ming (1581-1650)," *Monumenta Serica* 16, no. 1-2 (1957): 1-136。《天主圣教豁疑论》的刊印,参见徐宗泽:《明清间耶稣会士译著提要》, 第 175—176 页。

[17] 朱宗元:《答客问》, 三甲至三乙。

[18] 传教士孟儒望也在场。

[19] 朱宗元:《答客问》, 张能信序, 一甲至三甲。这则轶事指出了一个事实, 即张能信作序的 1643 年的版本是《答客问》的初版, 而不是方豪所说的 1631 年初版的复刻本。参见方豪:《中国天主教史人物传》中册, 第 94 页。《答客问》的各种版本, 参见 Adrian Dudink, "The Rediscovery of a Seventeenth-Century Collection of Christian Texts: The Manuscript *Tianxue jijie*," *Sino-Western Cultural Relations Journal* 15 (1993): 1-26, 尤见第 11 页。

[20] Helwig Schmidt-Glintzer, *Das Hung-Ming Chi und die Aufnahme des Buddhismus in China*, Münchener Ostasiatische Studien 12 (Wiesbaden: Steiner, 1976), 132. 侯思孟指出, 在经过一段时期的衰落后, 佛教的影响推动了对话体在晚唐的复兴。参见 Donald Holzman, "The Conversational Tradition in Chinese Philosophy," *Philosophy East and West* 6, no. 3 (October 1956): 224。

[21] Francis X. Clooney, "Roberto de Nobili's *Dialogue on Eternal Life* and an Early Jesuit Evaluation of Religion in South India," in *The Jesuits: Cultures, Sciences, and the Arts, 1540–1773*, ed. John W. O'Malley, Gauvin Alexander Bailey, Steven J. Harris, and T. Frank Kennedy, 402–417 (Toronto: University of Toronto Press, 2000). 对这一问题较早的记述, 参见 Bernard Hung-Kay Luk, "A Serious Matter of Life and Death: Learned Conversations at Foochow in 1627," in Ronan and Oh, *East Meets West*, 175-176。

[22] 利玛窦的著作与生平, 参见 R. Po-chia Hsia, *A Jesuit in the Forbidden City: Matteo Ricci, 1552–1610* (Oxford: Oxford University Press, 2010)。

[23] 朱宗元:《拯世略说》, 三乙。

[24] 朱宗元:《拯世略说》，十六乙。中国传统纪年的特点是以皇帝的年号（与皇帝的名字不同，在时间上也不等同于这个皇帝全部的在位时期）或者以六十年为一周期的特定年份的名称来计算。清朝第一位皇帝的年号是顺治（1644—1661），甲申年是其在位的第一年。

[25] 这篇文章的标题来自《中庸》，参见《礼记·中庸第三十一》。

[26] 关于17世纪上半叶应试文章的频繁刊印，参见 Schmidt-Glintzer, *Hung-Ming Chi*, 132。同时参见方豪:《中国天主教史人物传》中册，第97页。

[27]《拯世略说》是另一个例外，它在1660年以前几乎可以确定只刊印过一次。方济各会传教士恩若瑟（José Navarro）在一封写于1698年2月8日的信中，提到了《拯世略说》和《天主圣教豁疑论》。这封信的原文，参见 Fortunato Margiotti, *Relationes et epistolas fratrum minorum hispanorum in Sinis qui a. 1684–92 missionem ingressi sunt*, vol. 8 of *Sinica Franciscana* (Rome: Collegii S. Antonii, 1975), 292–293。

[28] Liam Matthew Brockey, *Journey to the East: The Jesuit Mission to China, 1579–1724* (Cambridge, Mass.: Belknap Press, 2007), 276.

[29] 对这一问题的概述，参见 Nicolas Standaert, "Rites Controversy," in Standaert, *Handbook of Christianity*, 1:680–687。

[30] 朱宗元:《答客问》，三十甲至三十乙。

[31] Erik Zürcher, "Jesuit Accommodation and the Chinese Cultural Imperative," in *The Chinese Rites Controversy: Its History and Meaning*, ed. D. E. Mungello, 31–64 (Nettetal, Ger.: Steyler, 1994)，尤见第41页注释16。

[32] Domingo Navarrete, *Tratados historicos, políticos, étnicos y religiosos de la Monarquía de China* (Madrid, 1676), 19. 同时参见 John S. Cummins, ed., *The Travels and Controversies of Friar Domingo Navarrete, 1618–1686* (Cambridge: Cambridge University Press, 1962), 1:73。

[33] Juan Bautista de Morales, "Relatio et Libellus Supplex," in *Apologie des Dominicains missionaires de la Chine*, ed. Alexandre Noël, 29–106 (Cologne, 1699)，尤见第74—75页。黎玉范在第28页引用了朱宗元的文字，这段文字见朱宗元:《答客问》，三十甲至三十乙。

[34] 南怀仁1685年2月致方济各的信，见 Ajuda Library, Lisbon, JA 49-IV-63, no. 419, fol. 185v–188r。

[35] 收录于 Margiotti, *Sinica Relationes et epistolas*, 702–703。这封信写于

1701 年 12 月 22 日，收信人为颜珰（Charles Maigrot）。相关内容亦可参见 Zürcher, "Jesuit Accommodation," 41。

［36］Nicolas Standaert, "Chinese Christians: General Characteristics," in Standaert, *Handbook of Christianity*, 1:387.

［37］Erik Zürcher, "A Complement to Confucianism: Christianity and Orthodoxy in Late Imperial China," in *Norms and the State in China*, ed. Chun-Chieh Huang and Erik Zürcher, 71–92 (Leiden: Brill, 1993)，尤见第 83 页。

［38］Dunin-Szpot, "Sinarum Historia," 2:8, 10. 杜宁－兹博特这段文字所涉及的年代为 1640 年。

［39］朱宗元在描述耶稣会士的性格时，显然有些夸张，他写道："以余日接诸君子，其人皆明智而忠信，温厚而廉介。慈蔼而谦下，澹薄而勤奋。"参见《天主圣教豁疑论》，五乙。

［40］辅理修士和耶稣会神父一样，都受到宣誓的约束，但由于种种原因，他们没有被任命为神父。关于辅理修士在中国基督教社群中所扮演的各种不同的重要角色，参见 Brockey, *Journey to the East*, 350–356。

［41］Vitorino Magalhães Godinho, "L'émigration portugaise (XVe–XXe siècles): Une constant structurelle et les réponses au changements du monde," *Revista de História Económica e Social* 1 (1978): 5–32. 混血儿经常扮演着欧洲人的协调者和对话者的角色，参见 G. William Skinner, "Creolized Chinese Societies in Southeast Asia," in *Sojourners and Settlers: Histories of Southeast Asia and the Chinese*, ed. Anthony Reid and Kristine Alilunas Rodgers, 51–92 (St. Leonards, Austral.: Allen and Unwin, 1996)。

［42］Charles Parker, *Global Interactions in the Early Modern World, 1400–1800* (Cambridge: Cambridge University Press, 2010), 192.同时参见 Tara Alberts, *Conflict and Conversion: Catholicism in Southeast Asia, 1500–1700* (Oxford: Oxford University Press, 2013)。

［43］Dehergne, "Les chrétientés de Chine," 13. 关于天主教结社的数量，参见 Standaert, "Jesuits in China," 176–177。

［44］关于各种形式的基督教组织，参见 Brockey, *Journey to the East*, 114–117。

［45］Brockey, *Journey to the East*, 328–331.

［46］Nicolas Standaert, "Social Organization of the Church," in Standaert,

Handbook of Christianity, 1:456–473.

[47] 与之相关的话题，参见 Thomas Cohen, "Racial and Ethnic Minorities in the Society of Jesus," in Worcester, *Cambridge Companion to the Jesuits*, 199–214，尤见第 203—206 页；Hsia, *World of Catholic Renewal*, 207–208.

[48] 详见 Brockey, *Journey to the East*, 331–338。相关的论述，亦可参见 Thomas Cohen, "Racial and Ethnic Minorities in the Society of Jesus," in Worcester, *Cambridge Companion to the Jesuits*, 199–214，尤见第 203—206 页；Hsia, *World of Catholic Renewal*, 207–208。

[49] 详见本书第四章和第五章。

[50] 肖清和：《"天会"与"吾党"：明末清初天主教徒群体研究》，北京：中华书局，2015 年。

[51] 相关问题，参见 Standaert, "Jesuits in China," 176–177。同时参见 Eugenio Menegon, "Jesuit Emblematica in China: The Use of European Allegorical Images in Flemish Engravings Described in the *Kouduo richao* (ca. 1640)," *Monumenta Serica* 55 (2007): 389–437.

[52] Brockey, *Journey to the East*, 372–373.

[53] 赵园：《明清之际士大夫研究》，北京：北京大学出版社，1999 年，第四章。

[54] 关于明末书院的概述，参见 Peter K. Bol, *Neo-Confucianism in History* (Cambridge, Mass.: Harvard University Press, 2008), 256–266。

[55] 关于这些组织的类别，参见 Standaert, "Social Organization," 456–473。佛教的慈善组织，参见 Timothy Brook, *Praying for Power: Buddhism and the Formation of Gentry Society in Late-Ming China* (Cambridge, Mass.: Harvard University Press, 1993), 105。同时参见何宗美：《明末清初文人结社研究》，天津：南开大学出版社，2003 年。

[56] Rainer Hoffmann and Hu Qiuhua, *China: Seine Geschichte von den Anfängen bis zum Ende der Kaiserzeit* (Freiburg: Rombach, 2007), 354.

[57] 儒家认为道德修养，而不是强迫和控制，才应是国家繁荣和稳定的基础。参见 Lee Dian Rainey, *Confucius and Confucianism: The Essentials* (Chichester, U.K.: Wiley-Blackwell, 2010), 45–61。

[58] 比如，朱宗元在《拯世略说》中就对一些圣礼和弥撒进行了描述。参见朱宗元：《拯世略说》，四十八甲至五十三甲。

[59] Brockey, *Journey to the East*, 411–415.

第三章 被限制的教义

[1]《天主实义》一书带注释的英文译本，可参见 Matteo Ricci, *The True Meaning of the Lord of Heaven*, trans. Douglas Lancashire, Peter Hu Kuo-chen, and Edward Malatesta (San Francisco: Institute of Jesuit Sources, 1985)。

[2] 中国社会底层的各种基督教信仰形式，可参见罗群：《传播学视角中的艾儒略与〈口铎日抄〉研究》，上海：上海古籍出版社，2012年。同时参见 Erik Zürcher, "Aleni in Fujian, 1630–1640: The Medium and the Message," in *"Scholar from the West": Giulio Aleni S. J. (1582–1649) and the Dialogue Between Christianity and China*, ed. Tiziana Lippiello and Roman Malek, 595–616 (Brescia, It.: Fondazione Civiltà Bresciana; Sankt Augustin, Ger.: Monumenta Serica Institute, 1997)。

[3] Nicola Di Cosmo, "Did Guns Matter? Firearms and the Qing Formation," in *The Qing Formation in World-Historical Time*, ed. Lynn A. Struve, 121–166 (Cambridge, Mass.: Harvard University Asia Center, 2004)，尤见第141—155页。

[4] 近年来，对全球概念史的研究已成为一个不断扩展的学术领域。参见 Margrit Pernau and Dominic Sachsenmaier, eds., *Global Conceptual History: A Reader* (London: Bloomsbury, 2016)。

[5] Roderich Ptak, *Portugal in China: Kurzer Abriss der portugiesisch-chinesischen Beziehungen und der Geschichte Macaus im 16. und beginnenden 17. Jahrhundert* (Bad Boll, Ger.: Klemmerberg Verlag, 1980), 46.

[6] 当然，澳门这座城市也呈现出这样的特点：其多样化的人口和多元化的天主教社群，显然代表了一种跨越不同文化和种族差异的教会观。比如，在17世纪中叶澳门的4万总人口中，2千名葡萄牙居民只是其中的少数族群。这些人口中除了中国人以外，还有大量来自东非、印度和东南亚的社群，他们在政治上具有一定的影响力。参见 Ptak, *Portugal in China*, 80–84。同时参见 George Bryan Souza, *The Survival of Empire: Portuguese Trade and Society in the South China Sea, 1630–1754* (Cambridge: Cambridge University Press, 1986)。

[7] John E. Wills Jr., "Maritime Europe and the Ming," in *China and Maritime Europe, 1500–1800: Trade, Settlement, Diplomacy, and Missions*, ed. John

E. Wills Jr., 24-77 (Cambridge: Cambridge University Press, 2011)，尤见第47-48页。

[8] Wolfgang Reinhard, *Die Unterwerfung der Welt: Globalgeschichte der europäischen Expansion, 1415–2015* (Munich: Beck, 2016), 135.

[9] Johannes Meier, "Religiöse Begegnungen und christliche Mission," in *WBG Weltgeschichte: Eine globale Geschichte von den Anfängen bis ins 21. Jahrhundert*, ed. Walter Demel et al., 4:325-383 (Darmstadt: Wissenschaftliche Buchgesellschaft, 2010)，尤见第377页。

[10] Nicolas Standaert, "Ecclesiastical Administration," in *Handbook of Christianity in China, Volume 1: 635–1800*, ed. Nicolas Standaert, 576-579 (Leiden: Brill, 2000).

[11] Claudia von Collani, "Missionaries," in *Handbook of Christianity*, 1:295-297.

[12] Luke Clossey, *Salvation and Globalization in the Early Jesuit Missions* (Cambridge: Cambridge University Press, 2008), 154–157.

[13] John E. Wills Jr. and John Cranmer-Byng, "Trade and Diplomacy with Maritime Europe, 1644-c. 1800," in Wills, *China and Maritime Europe*, 183-254.

[14] 当时有限的通信技术及其在消解全球天主教结构中心上所产生的影响，参见 Clossey, *Salvation and Globalization*, 45-67。

[15] 对耶稣会早期历史加以语境化的出色概括，可参见 R. Po-chia Hsia, *The World of Catholic Renewal, 1540–1770* (Cambridge: Cambridge University Press, 2005), 27-33。

[16] Dauril Alden, *The Making of an Enterprise: The Society of Jesus in Portugal, Its Empire, and Beyond, 1540–1750* (Stanford, Calif.: Stanford University Press, 1996).

[17] 长期以来，历史研究只关注耶稣会在某一地区的经验；直到最近，人们才对明显作为全球性组织的耶稣会产生出浓厚的兴趣。参见 John W. O'Malley, "The Historiography of the Society of Jesus: Where Does It Stand Today?," in *Saints or Devils Incarnate? Studies in Jesuit History*, ed. John W. O'Malley, 1-36 (Leiden: Brill, 2013)。远东的传教活动在耶稣会士中颇受欢迎：许多传教士在被派往东方之前，都要提出申请和经过仔细的遴选。参见 Ludwik Grzebien, "The Perception

of the Asian Missions in Sixteenth to Seventeenth Century Poland During the Period of Re-Catholicisation," *Monumenta Serica* 59, no. 1 (2011): 177–189,尤见第 183—184 页。

[18] 对耶稣会在不同地区传教的比较研究,参见 Andrés I. Prieto, "The Perils of Accommodation: Jesuit Missionary Strategies in the Early Modern World," *Journal of Jesuit Studies* 4, no. 3 (2017): 395–414,以及 Carolina Hosne, *The Jesuit Missions to China and Peru, 1570–1610: Expectations and Appraisals of Expansionism* (London: Routledge, 2013)。

[19] 更多讨论,参见 Steven J. Harris, "Mapping Jesuit Science: The Role of Travel in the Geography of Knowledge," in *The Jesuits: Cultures, Sciences, and the Arts, 1540–1773*, ed. John W. O'Malley, Gauvin Alexander Bailey, Steven J. Harris, and T. Frank Kennedy, 212–240 (Toronto: University of Toronto Press, 2000),尤见第 217—223 页。

[20] 对其中一位亚洲视察员班安德(André Palmeiro, 1569–1635)的研究,参见 Liam Matthew Brockey, *The Visitor: André Palmeiro and the Jesuits in Asia* (Cambridge, Mass.: Harvard University Press, 2014)。

[21] 对这一问题的研究,参见 Alden, *Making of an Enterprise*。同时参见戚印平:《耶稣会士与晚明海上贸易》,北京:社会科学文献出版社,2017 年。

[22] Isabel Pina, "Chinese and Mestizo Jesuits from the China Mission (1589–1689)," in *Europe–China: Intercultural Encounters (16th–18th Centuries)*, ed. Luís Filipe Barreto, 117–137 (Lisbon: Centro Científico e Cultural de Macau, 2012),尤见第 123—129 页。

[23] Wolfgang Reinhard, *A Short History of Colonialism* (Manchester, U.K.: Manchester University Press, 2011), 23–24.

[24] Clossey, *Salvation and Globalization*.

[25] John Darwin, *After Tamerlane: The Global History of Empire, 1400–2000* (London: Penguin Books, 2007), 116–118.

[26] Walter Demel, "Weltpolitik," in Demel et al., *WBG Weltgeschichte*, 158–159.

[27] 引自 Hsia, *World of Catholic Renewal*, 210。

[28] Ines G. Zupanov, "Language and Culture of the Jesuit 'Early Modernity' in India during the Sixteenth Century," *Itinerario* 32, no. 2 (2007):

87−110.

[29] Rajesh K. Kochhar, "Secondary Tools of Empire: Jesuit Men of Science in India," in *Discoveries: Missionary Expansion and Asian Cultures*, ed. Teotonio R. de Souza and Gregory Naik, 175−183 (New Delhi: Concept Publishing, 1994); Charles Parker, *Global Interactions in the Early Modern World, 1400–1800* (Cambridge: Cambridge University Press, 2010), 182−183.

[30] Hsia, *World of Catholic Renewal*, 199−209.

[31] C. Joe Arun, ed., *Inculturation of Religion: Critical Perspectives on Robert de Nobili's Mission in India* (Bangalore: Asian Trading Corporation, 2007).

[32] Eugenio Menegon, *Ancestors, Virgins, and Friars: Christianity as a Local Religion in Late Imperial China* (Cambridge, Mass.: Harvard University Press, 2010).

[33] Brockey, *The Visitor*, 308−309. 班安德关注的重点之一是价值观的兼容性问题，以及适应性政策在使中国精英阶层改变信仰方面的总体成功率并不高这一事实。

[34] Paul Rule, *K'ung-tzu or Confucius? The Jesuit Interpretation of Confucianism* (Crows Nest, Austal.: Allen and Unwin, 1986); D. E. Mungello, *Curious Land: Jesuit Accommodation and the Origins of Sinology* (Honolulu: University of Hawai'i Press, 1989).

[35] 关于经院神学的起源及其与伊斯兰世界的关系，可参见 William Chester Jordan, *Europe in the High Middle Ages* (London: Penguin Books, 2002), 213−225。

[36] Lionel M. Jensen, *Manufacturing Confucianism: Chinese Traditions and Universal Civilization* (Durham, N.C.: Duke University Press, 1997).

[37] 比如，可参见 Yong Chen, *Confucianism as Religion: Controversies and Consequences* (Leiden: Brill, 2012)。20 世纪初对这一问题的争论，可参见 Peter Zarrow, *After Empire: The Conceptual Transformation of the Chinese State, 1885–1924* (Stanford, Calif.: Stanford University Press, 2012)。

[38] Willard J. Peterson, "Confucian Learning in Late Ming Thought," in *The Cambridge History of China, Volume 8: The Ming Dynasty, 1368–1644, Part 2*, ed. Denis Twitchett and Frederick W. Mote, 708−788 (Cambridge:

Cambridge University Press, 1998), 尤见第 709 页。

[39] 一些学者使用了"官方宗教"(official religion)的表述,参见 Romeyn Taylor, "Official and Popular Religion and the Political Organization of Chinese Society in the Ming," in *Orthodoxy in Late Imperial China*, ed. Kwang-Ching Liu, 126–157 (Berkeley: University of California Press, 1990); C. K. Yang, *Religion in Chinese Society: A Study of Contemporary Social Functions of Religion and Some of Their Historical Factors* (Berkeley: University of California Press, 1961), 1–24。

[40] 儒家政治、道德和礼仪的统一,可参见 Jacques Gernet, "La société chinoise à la fin des Ming," *Recherches de Science Religieuse* 72, no. 1 (1984): 27–36, 尤见第 42—43 页。

[41] 晚明时期这种术语上的二元论,参见 Richard Hon-Chun Shek, *Religion and Society in Late Ming: Sectarianism and Popular Thought in Sixteenth and Seventeenth Century China* (Berkeley: University of California Press, 1980), 380。

[42] Nicolas Standaert, "Confucian-Christian Dual Citizenship: A Political Conflict?," *Ching Feng* 34, no. 2 (1991): 109–114.

[43] Peter K. Bol, *Neo-Confucianism in History* (Cambridge, Mass.: Harvard University Press, 2008), 115–193. 包弼德的这部著作对理学传统进行了深刻而全面的评述。

[44] 理学对时间和道的解释,参见 Bol, *Neo-Confucianism in History*, 100。关于朱熹的正道已经被遮蔽了 1500 多年的观念,参见 Wolfgang Bauer, *China and the Search for Happiness: Recurring Themes in Four Thousand Years of Chinese Cultural History* (New York: Seabury Press, 1976), 289–290。

[45] 麦穆伦(Ian McMorran)注意到,一些理学家相互指责对方受到了佛教的影响。参见 Ian McMorran, "Wang Fu-Chih and the Neo-Confucian Tradition," in *The Unfolding of Neo-Confucianism*, ed. Wm. Theodore de Bary, 413–467 (New York: Columbia University Press, 1975)。

[46] Helwig Schmidt-Glintzer, *Die Identität der buddhistischen Schulen und die Kompilation buddhistischer Universalgeschichten in China* (Wiesbaden: Steiner, 1982), 34.

[47] 胡安国（1074—1138）在对儒家经典的评注中尤为明确地提出了这一观念，这一观念在科举考试中发挥了重要作用。参见 Bol, *Neo-Confucianism in History*, 129-130。

[48] 在古代汉语中，"心"可以同时指心灵和情感，以及个人的道德本性和意愿。在某些情况下，这个词也被翻译成意识。近年来中文学界对王阳明的研究，可参见田薇：《论王阳明以"良知"为本的道德哲学》，《清华大学学报》（哲学社会科学版）2003 年第 1 期，第 5—9 页。

[49] 引自 Bol, *Neo-Confucianism in History*, 98。

[50] 小岛毅：《明末清初宁绍地区朱子学状况和意义》，《儒家文化研究》第 7 辑，2007 年，第 89—104 页；戴光中：《明清浙东学术与宁波商帮发展》，《宁波大学学报》（人文科学版）2003 年第 4 期，第 45—49 页。

[51] 引自 Peterson, "Confucian Learning," 749。

[52] 关于李贽的研究，可参见 Kenji Shimada, *Die neo-konfuzianische Philosophie: Die Schulrichtungen Chu Hsis und Wang Yangmings* (Berlin: Reimer, 1987), 173-194。

[53] 对这一问题的概述，参见 Timothy Brook, *The Troubled Empire: China in the Yuan and Ming Dynasties* (Cambridge, Mass.: Harvard University Press, 2010), 161-185。

[54] 关于袾宏，参见 Edward T. Ch'ien, "Chiao Hung and the Revolt against Ch'eng-Chu Orthodoxy: The Left Wing Wang Yang-ming School as a Source of the Han Learning in the Early Ch'ing," in de Bary, *The Unfolding of Neo-Confucianism*, 271-301，尤见第 279 页；Araki Kengo, "Confucianism and Buddhism in the Late Ming," in de Bary, *The Unfolding of Neo-Confucianism*, 39-66，尤见第 47 页。关于袁宗道，参见 Jennifer Eichman, *A Late Sixteenth-Century Chinese Buddhist Fellowship: Spiritual Ambitions, Intellectual Debates, and Epistolary Connections* (Leiden: Brill, 2016), 329-335。

[55] Araki, "Confucianism," 57; Kristin Yü Greenblatt, "Chu-hung and Lay Buddhism in the Late Ming," in de Bary, *The Unfolding of Neo-Confucianism*, 93-140，尤见第 127—129 页。事实上，信奉佛教的儒生不断努力将他们的信仰与中国的官方学说和文化精神联系起来，自佛教东传以来，他们就一直在这样做。

[56] Kai-wing Chow, *The Rise of Confucian Ritualism in Late Imperial China:*

Ethics, Classics, and Lineage Discourse (Stanford, Calif.: Stanford University Press, 1994), 27–29.

[57] Tu Wei-ming, *Neo-Confucian Thought in Action: Wang Yang-ming's Youth (1472–1509)* (Berkeley: University of California Press, 1976), 84–85.

[58] Araki, "Confucianism," 46. 同时参见 Tang Chun-i, "The Development of the Concept of Moral Mind from Wang Yang-ming to Wang Chi," in *Self and Society in Ming Thought*, ed. Wm. Theodore de Bary, 93–117 (New York: Columbia University Press, 1970), 尤见第 116 页。

[59] 赵园:《制度·言论·心态——〈明清之际士大夫研究〉续编》，北京：北京大学出版社，2006 年。

[60] 赵园:《明清之际士大夫研究》，北京：北京大学出版社，1999 年，第四章。

[61] 关于书院的历史，以及书院与当时欧洲各种学会的比较，参见 Cho-yun Hsu, *China: A New Cultural History* (New York: Columbia University Press, 2012), 393–401。

[62] Judith A. Berling, *The Syncretic Religion of Lin Chao-en* (New York: Columbia University Press, 1980).

[63] 在这一背景下，"小心"和"自然"就是诸多重要的概念上的二元论中的一对。详见 Peterson, "Confucian Learning," 754。（当指"吾儒养心，未尝离却事物。只顺其天则自然，就是功夫"一句，见王阳明：《传习录》卷下，第 271 条。——译者）

[64] John W. Dardess, *Blood and History in China: The Donglin Faction and Its Suppression* (Honolulu: University of Hawai'i Press, 2002).

[65] Willard J. Peterson, *Bitter Gourd: Fang I-Chih and the Impetus for Intellectual Change* (New Haven, Conn.: Yale University Press, 1979), 94–95.

[66] 关于东林书院通过清除后来的附加之说而重回儒家初始教义的原则，参见 Charles O. Hucker, "The Tung-lin Movement of the Late Ming Period," in *Chinese Thought and Institutions*, ed. John K. Fairbank, 132–162 (Chicago: University of Chicago Press, 1957)。同时参见 Erik Zürcher, "A Complement to Confucianism: Christianity and Orthodoxy in Late Imperial China," in *Norms and the State in China*, ed. Chun-Chieh

Huang and Erik Zürcher, 71–92 (Leiden: Brill, 1993), 尤见第 73 页; Nicolas Standaert, "Xu Guangqi's Conversion as a Multifaceted Process," in *Statecraft and Intellectual Renewal in Late Ming China: The Cross-Cultural Synthesis of Xu Guangqi (1562–1633)*, ed. Catherine Jami, Peter M. Engelfriet, and Gregory Blue, 170–185 (Leiden: Brill, 2001)。

[67] Zvi Ben-Dor Benite, " 'Western Gods Meet in the East': Shapes and Contexts of the Muslim-Jesuit Dialogue in Early Modern China," *Journal of the Economic and Social History of the Orient* 55, no. 2-3 (2012): 517–546.

[68] 明清变革之际的基督教皈依者普遍强调了回归失落的智慧的理想。龚道运在文章中罗列了四位皈依者涉及天儒会通这一普遍倾向的原话，其中包括朱宗元的《答客问》。参见龚道运：《儒学和天主教在明清的接触和会通》，《世界宗教研究》1996 年第 1 期，第 49—61 页，尤见第 55 页。

[69] 事实上，中国这些全然不同的儒家派别都强调了"文"这一概念的重要性，参见 Helwig Schmidt-Glintzer, "Vielfalt und Einheit: Zur integrationistischen Tendenz in der Kultur Chinas," in *"Kultur": Begriff und Wort in China und Japan*, ed. Wolfgang Bauer, 123–157 (Berlin: Reimer, 1984), 尤见 125 页。

[70] Wolfgang Bauer, *China und die Hoffnung auf Glück: Paradiese, Utopien, Idealvorstellungen in der Geistesgeschichte Chinas*, 2nd ed. (Munich: Deutscher Taschenbuch Verlag, 1989), 17.

[71] Willard J. Peterson, "Learning from Heaven: The Introduction of Christianity and Other Western Ideas into Late Ming China," in Mote and Twitchett, *Cambridge History of China*, 789–839, see particularly 789. 晚明时期，几乎没有人知道在中国的土地上曾经生活着早期的景教徒。

[72] 尽管如此，中国佛教的批判者还是指出了其异域起源。

[73] Zvi Ben-Dor Benite, *The Dao of Muhammad: A Cultural History of Muslims in Late Imperial China* (Cambridge, Mass.: Harvard University Press, 2005).

[74] Nicolas Standaert, *Yang Tingyun, Confucian and Christian in Late Ming China: His Life and Thought* (Leiden: Brill, 1988), 213.

[75] 这一问题及其答案可参见《答客问》，一甲至一乙。

[76] 朱宗元所用的"虚""无"两字，通常被翻译成"虚空"和"虚无"，

但这两个概念实际上描述的是不以具体形式来呈现的存在。但不管怎样，朱宗元的观点是明确的：在中国的三教中，只有儒学有着更高的目的。

[77] 朱宗元：《答客问》，一甲至一乙。
[78] "修道"引自《中庸》，见《中庸》第一章。
[79] 朱宗元：《答客问》，六甲至六乙。
[80] 详见 Daniel K. Gardner, *The Four Books: The Basic Teachings of the Later Confucian Tradition* (Indianapolis: Hackett, 2007)。
[81] 朱宗元：《答客问》，十乙。
[82] Jami, Engelfriet, and Blue, *Statecraft and Intellectual Renewal.*
[83] 朱宗元：《答客问》，七乙。
[84] 朱宗元：《答客问》，六乙。
[85] Stephan Schumacher and Gert Woehner, eds., *The Encyclopedia of Eastern Philosophy and Religion: Buddhism, Hinduism, Taoism, Zen* (Boston: Shambhala, 1994), 39.
[86] 朱宗元：《拯世略说》，一甲至一乙。
[87] 最初有六经，《乐经》在汉以后失传。
[88] 在《诗经》中，"苍苍"一词用以描述绿色的蒹葭，而"苍天"则用来暗示"上天的权力"。
[89] 朱宗元：《拯世略说》，二甲至三甲。
[90] 朱宗元：《拯世略说》，三乙至四乙。
[91] 朱宗元：《拯世略说》，三甲至三乙。
[92] 朱宗元：《拯世略说》，二十一甲至二十一乙。.
[93] Dominic Sachsenmaier, "Searching For Alternatives to Western Modernity: Cross-Cultural Approaches in the Aftermath of World War I," *Journal of Modern European History* 4, no. 2 (2006): 241–259.
[94] 朱宗元：《拯世略说》，二十一乙。
[95] 详见 Daniel K. Gardner, "Confucian Commentary and Chinese Intellectual History," *Journal of Asian Studies* 57, no. 2 (1998): 397–422，尤见第 402 页。
[96] 关于王艮及其"道"的概念，参见 Wm. Theodore de Bary, *Learning for One's Self: Essays on the Individual in Neo-Confucian Thought* (New York: Columbia University Press, 1991): 155–202。同时参见 Monika Übelhör, *Wang Gen (1483–1541) und seine Lehre: Eine kritische Position*

im späten Konfuzianismus (Berlin: Reimer, 1986), 48。

[97]　参见 Bol, *Neo-Confucianism in History*, 183.

[98]　引自 Brook, *The Troubled Empire*, 179.

[99]　具体的例子可见 Araki, "Confucianism," 7−50。

[100]　Araki, "Confucianism," 53; Heinrich Busch, "The Tung-lin Shu-yüan and Its Political and Philosophical Significance," *Monumenta Serica* 14 (1949−1950): 1−163，尤见第 35 页。同时参见 Edward T. Ch'ien, *Chiao Hong and the Restructuring of Neo-Confucianism in the Late Ming* (Berkeley: University of California Press, 1986), 183−187。

[101]　比如，顾宪成、高攀龙（1562—1626）、刘宗周（1578—1645）等人。详见 Peterson, "Confucian Learning," 754。

[102]　林庆彰：《明代经学研究论集》，上海：华东师范大出版社，2015年，第 2—24，97—134，175—176 页。

[103]　林庆彰：《明代经学研究论集》，第 352 页。

[104]　Busch, "Tung-lin Shu-yüan," 35; 麦穆伦提到了王夫之（1619—1693）曾提出过类似的批评，参见 McMorran, "Wang Fu-Chih," 432。

[105]　像严谟（卒于 1718 年之后）这样的皈依者就汇编罗列了儒家经典中与基督教有关的文字，参见 Nicolas Standaert, *The Fascinating God: A Challenge to Modern Theology Presented by a Text on the Name of God Written by a 17th Century Chinese Student of Theology* (Rome: Pontificia Università Gregoriana, 1995), 65。另一位皈依者张星曜（1633—1715）试着作了类似的工作，参见 D. E. Mungello, *The Forgotten Christians of Hangzhou* (Honolulu: University of Hawai'i Press, 1994), 97。

[106]　朱宗元在这里与利玛窦有所不同，后者引用的主要是《四书》。但在朱宗元的《拯世略说》和《答客问》中，对《五经》中各部经典的引用要比《四书》中各部经典的引用在比列上更加均衡。

[107]　关于利玛窦假想的如德亚国不曾间断的书写传统，参见 Thomas H. C. Lee, "Christianity and Chinese Intellectuals: From the Chinese Point of View," in *China and Europe: Images and Influences in Sixteenth to Eighteenth Centuries*, ed. Thomas H. C. Lee, 1−27 (Hong Kong: Chinese University Press, 1991)，尤见第 9 页；John D. Young, *East-West Synthesis: Matteo Ricci and Confucianism* (Hong Kong: Centre of Asian Studies, University of Hong Kong, 1980), 31.

[108] 在清代产生了重要影响的今文经学派和古文经学派主要就是基于这种文本上的划分。关于秦始皇焚书作为一个重要的历史事件以及中国经学中的一个重要主题，参见 John B. Henderson, *Scripture, Canon, and Commentary: A Comparison of Confucian and Western Exegesis* (Princeton, N.J.: Princeton University Press, 2014), 40–41。

[109] 朱宗元：《天主圣教豁疑论》，五乙至六甲。

[110] 朱宗元：《答客问》，六乙至七甲。

[111] 朱宗元：《答客问》，七甲。

[112] 清除后来增加的经典，这在儒家思想中有着悠久的传统。即使在古代，也有一些运动极力强调对经典的净化，比如孔子就亲自编订了一些经典。

[113] 关于复社，参见 Chow, *Rise of Confucian Ritualism*, 42。

[114] 关于后一种区别，参见 Erik Zürcher, "Confucian and Christian Religiosity in Late Ming China," *Catholic Historical Review* 83, no. 4 (1997): 614–653，尤见第 622 页。

[115] 这一例子可见 Adrian Dudink, "Christianity in Late Ming China: Five Studies" (PhD diss., Leiden University, 1995), 55。

第四章　西学与儒道

[1] Isabel Pina, "Chinese and Mestizo Jesuits from the China Mission (1589–1689)," in *Europe–China: Intercultural Encounters (16th–18th Centuries)*, ed. Luís Filipe Barreto, 117–137 (Lisbon: Centro Científico e Cultural de Macau, 2012)，尤见第 125—126 页。

[2] Liam Matthew Brockey, *Journey to the East: The Jesuit Mission to China, 1579–1724* (Cambridge, Mass.: Belknap Press, 2007), 293.

[3] Brockey, *Journey to the East*, 306–311.

[4] Nicolas Standaert, "Jesuits in China," in *The Cambridge Companion to the Jesuits*, ed. Thomas Worcester, 169–185 (Cambridge: Cambridge University Press, 2008), see particularly 169–172. 同时参见 Brockey, *Journey to the East*, 328–335。

[5] 只有接受耶稣会士教育的澳门儿童，以及后来的一些混血儿，才有资格成为辅理修士。详见本书第五章"融合的限度"一节。

[6] Pina, "Chinese and Mestizo Jesuits."

[7] Adrian Dudink and Nicolas Standaert, "Apostolate Through Books," in *Handbook of Christianity in China, Volume 1: 635–1800*, ed. Nicolas Standaert, 600-631 (Leiden: Brill, 2000). 相关问题，参见 R. Po-chia Hsia, *The World of Catholic Renewal, 1540–1770* (Cambridge: Cambridge University Press, 2005), 185。耶稣会士不仅与中国儒生合作，为中国图书市场增添了新的图书作品，而且还开始翻译从哲学到科学等不同领域的许多宗教之外的欧洲著作。

[8] Timothy Brook, "Europaeology? On the Difficulty of Assembling a Knowledge of Europe in China," in *Christianity and Cultures: Japan and China in Comparison, 1543–1644*, ed. M. Antoni J. Üçerler, 261-285 (Rome: Institutum Historicum Societatis Iesu, 2010), 尤见第 262—263 页。

[9] 比如，利玛窦著名的《坤舆万国全图》就没有提到伊斯兰教的故乡，因此其目的不是要提供一个宗教传播的全球视角。参见 Charles Parker, *Global Interactions in the Early Modern World, 1400–1800* (Cambridge: Cambridge University Press, 2010), 212。同时参见 Ronnie Po-chia Hsia, "Jesuit Representations of Europe to China in the Early Modern Period," in *Departure for Modern Europe: A Handbook of Early Modern Philosophy (1400–1700)*, ed. Hubertus Busche, 792-803 (Hamburg: Felix Meiner, 2011)。

[10] 这里提到的著作是艾儒略的《西学凡》，1622 年刊印。参见 Willard J. Peterson, "Learning from Heaven: The Introduction of Christianity and Other Western Ideas into Late Ming China," in *The Cambridge History of China, Volume 8: The Ming Dynasty, 1368–1644, Part 2*, ed. Denis Twitchett and Frederick W. Mote, 789-839 (Cambridge: Cambridge University Press, 1998)。

[11] John W. Witek, "Epilogue: Christianity and Cultures; Japan and China in Comparison, 1543-1644; Reflections on a Significant Theme," in Üçerler, *Christianity and Cultures*, 337-341, 尤见第 341 页。同时参见张先清：《小历史：明清之际的中西文化相遇》，北京：商务印书馆，2015 年，中卷。

[12] 关于伊斯兰教被称为西学，参见 Zvi Ben-Dor Benite, " 'Western Gods Meet in the East': Shapes and Contexts of the Muslim-Jesuit Dialogue

in Early Modern China," *Journal of the Economic and Social History of the Orient* 55, no. 2-3 (2012): 517–546, 尤见第 528—535 页。同时参见（清）徐松：《西域水道记：外二种》，北京：中华书局，2005 年。

[13]《西游记》的历史背景，以及高僧玄奘前往佛教的故乡印度的旅行，参见 Sally Hovey Wriggins, *Xuanzang: A Buddhist Pilgrim on the Silk Road* (Boulder, Colo.: Westview Press, 1996)。

[14] 但事实上，中国的儒生始终参与了这些著作的创作。

[15] 关于"欧洲"概念不断变化的内涵，参见 Robert Richmond Ellis, *They Need Nothing: Hispanic-Asian Encounters of the Colonial Period* (Toronto: University of Toronto Press, 2012), 12–13。19 世纪晚期，中文语境中的"欧洲"或"西方"有了更明显的概念和语义上的变化，这也暗含了西方的兴起是一个参照空间，参见 Lydia H. Liu, *Translingual Practice: Literature, National Culture, and Translated Modernity—China, 1900–1937* (Stanford, Calif.: Stanford University Press, 1995)。同时参见 Dominic Sachsenmaier, "Notions of Society in Early Twentieth-Century China, ca. 1900–25," in *A Global Conceptual History of Asia, 1860–1940*, ed. Hagen Schulz-Forberg, 61–74 (London: Pickering and Chatto, 2014)。

[16] Kenneth Ch'en, "Matteo Ricci's Contributions to, and Influence on, Geographical Knowledge in China," *Journal of the American Oriental Society* 59, no. 3 (1939): 325–359, 尤见第 343 页；Willard J. Peterson, "Why Did They Become Christians? Yang T'ing-yun, Li Chih-tsao, and Hsü Kuang-ch'i," in *East Meets West: The Jesuits in China, 1582–1773*, ed. Charles E. Ronan and Bonnie B. C. Oh, 129–151 (Chicago: Loyola University Press, 1982), 尤见第 137 页。特别是在 16 世纪，有关异域的图书就已经在中国图书市场上大获成功。参见 Yuming He, *Home and the World: Editing the "Glorious Ming" in Woodblock-Printed Books of the Sixteenth and Seventeenth Centuries* (Cambridge, Mass: Harvard University Asia Center, 2013), 195–244。

[17] Timothy Brook, *Vermeer's Hat: The Seventeenth Century and the Dawn of a Global World* (New York: Bloomsbury, 2008), 113–116. 关于利玛窦的世界地图及中国当时的思想语境，包括中国早期与外部世界交往的著作，参见 Ge Zhaoguang, *Here in "China" I Dwell: Reconstructing*

Historical Discourses of China for Our Time (Leiden: Brill, 2017), 66-76。

[18](明)魏濬:《利说荒唐惑世》,载(明)徐昌治编:《圣朝破邪集》,夏瑰琦校注,香港:建道神学院,1996年,第183—186页。

[19] Zhang Qiong, *Making the New World Their Own: Chinese Encounters with Jesuit Science in the Age of Discovery* (Leiden: Brill, 2015), 172-173.《利说荒唐惑世》部分文字较早的英译本,参见张维华:《明史佛郎机吕宋和兰意大里亚四传注释》,北京:哈佛燕京学社,1934年,第161—162页。

[20] Jacques Gernet, *China and the Christian Impact: A Conflict of Cultures*, trans. Janet Lloyd (Cambridge: Cambridge University Press, 1985), 135.

[21] Charles Patrick Fitzgerald, *The Chinese View of Their Place in the World* (Oxford: Oxford University Press, 1967), 7. 关于利玛窦的记述,参见 Donald F. Lach, *Asia in the Making of Europe, Volume 2: A Century of Wonder* (Chicago: University of Chicago Press, 1970), 802。

[22] Douglas C. Lancashire, "Buddhist Reactions to Christianity in Late Ming China," *Journal of the Oriental Society of Australia* 6 (1968-1969): 82-103, 尤见第91—92页。

[23] 赞成19世纪的外交对这一趋势产生重要影响的观点,参见 Lydia H. Liu, *The Clash of Empires: The Invention of China in the Modern World Making* (Cambridge, Mass.: Harvard University Press, 2004),第二、三章。

[24] 由于英语中缺乏适当的词汇,下文对朱宗元著作中某些段落的翻译使用了"barbarian"一词。

[25] Benjamin I. Schwartz, "The Chinese Perception of World Order, Past and Present," in *The Chinese World Order: Traditional China's Foreign Relations*, ed. John King Fairbank, 276-288 (Cambridge, Mass.: Harvard University Press, 1968), 尤见第277—278页。

[26] 关于明代社会的种族(ethnicity)问题,参见 Leo K. Shin, *The Making of the Chinese State: Ethnicity and Expansion on the Ming Borderlands* (New York: Cambridge University Press, 2006)。

[27] Arif Dirlik, "Born in Translation: 'China' in the Making of 'Zhongguo,'" *boundary 2*, July 29, 2015, https: //www.boundary2.org/2015/07/born-in-translation-china-in-the-making-of-zhongguo/;葛兆光:《何为"中国":

疆域、民族、文化与历史》，香港：牛津大学出版社，2014 年。

[28] Peter K. Bol, "Geography and Culture: The Middle-Period Discourse on the *Zhong guo*, the Central Country," in *Space and Cultural Fields: Spatial Images, Practices and Social Production*, ed. Ying-kuei Huang, 61–106 (Taipei: Center for Chinese Studies, 2009).

[29] Prasenjit Duara, *Rescuing History from the Nation: Questioning Narratives of Modern China* (Chicago: University of Chicago Press, 1997); Joseph W. Esherick, "How the Qing Became China," in *Empire to Nation: Historical Perspectives on the Making of the Modern World*, ed. Joseph W. Esherick, Hasan Kayali, and Eric Van Young, 229–259 (Lanham, Md.: Rowman and Littlefield, 2006).

[30] 朱宗元：《拯世略说》，六十二甲。

[31] 朱宗元：《拯世略说》，六十二甲至六十四甲；朱宗元：《答客问》，五十甲至五十四乙。

[32] 朱宗元：《答客问》，五十二甲。

[33] Joseph Needham, *Science and Civilisation in China, Volume 5: Chemistry and Chemical Technology, Part 7: Military Technology; The Gunpowder Epic* (Cambridge: Cambridge University Press, 1987), 310. 对明代中越关系的概述，参见 Kathlene Baldanza, *Ming China and Vietnam: Negotiating Borders in Early Modern Asia* (Cambridge: Cambridge University Press, 2016)。

[34] 朱宗元：《拯世略说》，六十二甲。

[35] 朱宗元：《答客问》，五十一乙。

[36] "越"指长江三角洲地区，包括朱宗元的家乡浙江省。

[37] "燕""赵"是先秦时期的两个国家。朱宗元和他同时代的许多人一样，在这一背景下用这两个名称来描述当时中国的北方。

[38] 直到秦代，汉字才逐渐具备了今天仍在使用的形式。史料记载，"蝌蚪文"是秦代焚书之前就已经存在的一种书体。参见 Li Xueqin, *Eastern Zhou and Qin Civilizations*, trans. K. C. Chang (New Haven, Conn.: Yale University Press, 1985), 447。

[39] "祉"字出现在《诗经·小雅·巧言》中（见"君子如祉，乱庶遄已"一句。——译者），英译参见 James Legge, *The Chinese Classics: With a Translation, Critical and Exegetical Notes, Prolegomena, and*

Copious Indexes (Hong Kong: Lane, Crawford; London: Trübner, 1871), 4:289。"祉"字也出现在《诗经·大雅·皇矣》中（见"既受帝祉，施于孙子"一句。——译者），英译参见 Legge, *The Chinese Classics*, 4:452。在东汉郑玄（127—200）的《毛诗传笺》中，"祉"被解释为"福"。"厥"字也在《诗经》中出现多次，郑玄将之解释为"其"。

[40] 朱宗元:《答客问》，五十一乙。

[41] 朱使用了"索奋"一词，该词显然是南方人对北方人的传统蔑称，因为北方人留发辫很常见。在朱宗元的时代，中国北方人明显仍被这样描述。"索虏"和"索头"这两个词在南北朝（420—589）时期就已经在这个意义上使用了。这两个词也出现在沈约（441—513）所撰《宋书》中（见《宋书·索虏传》。——译者）。《中文大辞典》也收录了这几个词，参见《中文大辞典》（40 册），台北：中国文化研究所，1962—1968 年。"奋"字是对另一个对北方人的贬称，见《中文大辞典》"索头"条。

[42] "岛夷"一词在《尚书》中被用来描述南方人（见《尚书·禹贡》"大陆既作，岛夷皮服"一句。——译者）。早在南北朝时期，有可能更早，该词就已用来贬称南方人，见《中文大辞典》"岛夷"条。

[43] 赵园:《明清之际士大夫研究》，北京：北京大学出版社，1999 年，第二章。

[44] 朱宗元:《答客问》，五十乙。

[45] 《左传》最近的英译本，参见 Stephen Durrant, Wai-yee Li, and David Schaberg, trans., *Zuo Tradition, "Zuozhuan": Commentary on the "Spring and Autumn Annals"* (Seattle: University of Washington Press, 2016)。亦可参见 Anne Cheng, "Ch'un ch'iu, Kung yang, Ku Liang and Tso Chuan," in *Early Chinese Texts: A Bibliographical Guide*, ed. Michael Loewe, 67–76 (Berkeley: Institute of East Asian Studies, University of California, 1993)，尤见第 68 页。

[46] Steven Davidson and Michael Loewe, "*Ch'un ch'iu fan lu*," in Loewe, *Early Chinese Texts*, 77–87.

[47] 对胡安国《春秋传》的简要概述，参见 Hans van Ess, "Hu Hong's Philosophy," in *Dao Companion to Neo-Confucian Philosophy*, ed. John Makeham, 105–124 (New York: Springer, 2010)，尤见第 105—106 页。

[48] 这种方法与遵循公羊传统的公羊学派是一致的。

［49］许多诸侯国的国君都可以将其宗谱追溯至周代，参见 Richard Louis Walker, *The Multi-State System of Ancient China*, 2nd ed. (Westport, Conn.: Greenwood Press, 1971), 20。更为一般的论述，参见 Li Feng, *Landscape and Power in Early China: The Crisis and Fall of the Western Zhou, 1045–771* b.c. (Cambridge: Cambridge University Press, 2006)。

［50］Jacques Gernet, *La Chine ancienne: Des origines à l'empire* (Paris: Presses Universitaires de France, 1964), 69–70. 对这一时期所作的令人信服的介绍，参见 Choyun Hsu, "The Spring and Autumn Period," in *The Cambridge History of Ancient China: From the Origins of Civilization to 221 b.c.*, ed. Michael Loewe and Edward L. Shaughnessy, 545–586 (Cambridge: Cambridge University Press, 1999)。

［51］关于这一时期的思想生活，参见 Yuri Pines, *Foundations of Confucian Thought: Intellectual Life in the Chunqiu Period (722–453* b.c.e.*)* (Honolulu: University of Hawai'i Press, 2002)。

［52］《春秋·文公九年》。原文为："冬，楚子使椒来聘。"此句中的动词"来"表明，《左传》是以椒出使的国家鲁国的视角撰写的。关于动词"来"的用法，参见 Legge, *The Chinese Classics*, 5:891。

［53］对楚这个国家及其文化的概述，可参见 Constance Cook and John Major, *Defining Chu: Image and Reality in Ancient China* (Honolulu: University of Hawai'i Press, 1999)。

［54］Walker, *Multi-State System*, 26–28, 114n16.

［55］马伯乐基于中国丰富的文本批评传统提出了这一观点，参见 Henri Maspéro, *La Chine Antique*, 2nd ed. (Paris: Imprimerie nationale, 1955), 82–83。

［56］对这一问题的早期研究，参见 Otto Franke, *Studien zur Geschichte des konfuzianischen Dogmas und der konfuzianischen Staatsreligion: Das Problem des Tsch'un-ts'iu und Tung Tschung-schu's Tsch'un-ts'iu fan lu* (Hamburg: Friedrichsen, 1920)，第 210 页注释 1。

［57］《春秋·庄公二十三年》。

［58］参见理雅各对《春秋·文公九年》"楚子使椒来聘"一句所作的注解，Legge, *The Chinese Classics*, 5:254。

［59］Legge, *The Chinese Classics*, 5:254.

［60］（宋）胡安国：《春秋胡氏传》，钱伟疆点校，杭州：浙江古籍出版

[61] Adrian Dudink, "Christianity in Late Ming China: Five Studies" (PhD diss., Leiden University, 1995), 37–39. 同时参见 Adrian Dudink, "*Nangong shudu* (1620), *Poxie ji* (1640), and Western Reports on the Nanjing Persecution (1616 / 1617)," *Monumenta Serica* 48 (2000): 133–265。

[62] "大夫"这一头衔在周代是位居第二级别的官职，参见 Charles O. Hucker, *A Dictionary of Official Titles in Imperial China* (Stanford, Calif.: Stanford University Press, 1985), 465。

[63] 《公羊传》此处的评论自相矛盾，因为它已经提到禧公十五年（公元前645年），楚始有高官（疑作者这里有误。查《公羊传·禧公十五年》，涉及楚国的只有"楚人伐徐"、"楚人败徐于娄林"这样的记载，并未提到楚国已经有了大夫这一高官。——译者）。尽管《左传》没有提到这一问题，但《谷梁传》的评论指出，楚国并无大夫，使用使者的名字只是出于礼节的原因（见《谷梁传·文公九年》"楚无大夫，其曰荻（椒）何也？以其来我，褒之也"一句。——译者）。傅乐成对这一问题有着详细的讨论，参见傅乐成：《中国通史》上册，贵阳：贵州教育出版社，2010年，第70—71页。

[64] 《春秋·成公三年》。

[65] （汉）董仲舒：《春秋繁露·竹林第三》，上海：商务印书馆，1926年。

[66] 《春秋·成公四年》。

[67] 关于儒家服丧的制度，参见 Franke, *Studien zur Geschichte*, 第305页注释1、306页注释2。

[68] 作为国君头衔的"子"与儿子的"子"是在汉语中是一个字，但可以根据上下文来区分其含义。

[69] 《春秋繁露》，七甲至七乙。

[70] 在这段文字中，朱宗元试图展示孔子如何根据对历史人物行为的道德判断来提升或降低他们的头衔。不过，这种交错配列（chiasmus）的修辞方法并不完美——即使依据最严厉的评论，郑伯这一例子中的"子"一词，并不意味着郑国要退化到外围国家的水平，更不用说成为蛮族部落了。朱宗元从第二处引文中得出的结论是，孔子使中国成为夷狄，这一结论似乎不像第一处引文中的结论那样不言自明。

[71] 朱宗元：《答客问》，五十乙。

[72] Pierre Ryckmans, *The Chinese Attitude Towards the Past*, George Ernest Morrison Lecture in Ethnology, vol. 47 (Canberra: Australian National University, 1986), 8–9.

[73] 司马迁似乎又增加了三位帝王，主要是使之具有数字上的象征意义。近期对司马迁的介绍，参见 David R. Knechtges, "Sima Qian," in *Ancient and Early Medieval Chinese Literature: A Reference Guide*, ed. David R. Knechtges and Taiping Chang, 2:959–965 (Leiden: Brill, 2014)。

[74] 史学与神话中对这些帝王的描述，参见傅乐成：《中国通史》上册，第10—13页；Tu Wei-ming, *Centrality and Commonality: An Essay on Confucian Religiousness* (Albany: SUNY Press, 1989), 77。如前所述，大多数儒家认为，这些"圣"王通过自我修养获得了对世界原则的理解，他们的内在智慧转化为一个完美、和谐的社会。

[75] 朱宗元：《拯世略说》，六十二乙至六十三甲。

[76]《孟子·离娄下》。

[77] 在《史记》卷一《五帝本纪》"虞舜者"一段中，《正义》评注道："舜东夷之人。"《正义》援引的材料是已经散佚的晋周处所作《风土记》，见（汉）司马迁：《史记》第一册，北京：中华书局，1959年，第31页（作者在此处将《风土记》误作先秦时代的作品，同时将"土"字看作"士"字，故将《风土记》误拼为 Feng shiji。——译者）。

[78] Stephen W. Durrant, *The Cloudy Mirror: Tension and Conflict in the Writings of Sima Qian* (Albany: SUNY Press, 1995), 11.

[79] "羌"指中国西南地区的人。《正义》对《史记》卷二《夏本纪》的首句"夏禹，名曰文命"的注解是："名文命……本西夷人也。"见（汉）司马迁：《史记》第一册，第49页。

[80] 由余的生平记录在《史记·秦本纪》和《韩非子·十过》中。《史记正义》在对"戎王使由余于秦"一句的注解中，称由余乃"戎人姓名"。见（汉）司马迁：《史记》第一册，第193页。由余可以被理解为一个有着外国人姓名的中国人，或者就是戎人。

[81] Evelyn S. Rawski, *Early Modern China and Northeast Asia: Cross-Border Perspectives* (Cambridge: Cambridge University Press, 2015), 188-194.

[82] "被发文身"一句最早出自《礼记·王制》："东方曰夷，被发文身。"见（清）孙希旦：《礼记集解》，北京：中华书局，1989年，第359

页。同时参见 Taishan Yu, "A History of the Relationships between the Western and Eastern Han, Wei, Jin, Northern and Southern Dynasties and the Western Regions," *Sino-Platonic Papers* 131 (March 2004), http://www.sino-platonic.org/complete/spp131_chinese_dynasties_western_region.pdf。不过，在《汉书》中却有这样的说法："越，方外之地，劗发文身之民也。"参见（汉）班固：《汉书》卷六十四上，北京：中华书局，1962年，第2777页。

[83] 朱宗元：《拯世略说》，六十二乙至六十三甲。
[84] 关于越国，参见 Li, *Eastern Zhou*, 189。
[85] 对晚明奢侈生活的生动描述，可见 Jonathan D. Spence, *Return to Dragon Mountain: Memories of a Late Ming Man* (New York: Viking, 2007)。利玛窦对中国卖淫和狂饮作乐的记述，参见 Johannes Bettray, *Die Akkommodationsmethode des P. Matteo Ricci S. I. in China* (Rome: Universitatis Gregorianae, 1955), 152–153。
[86] 见《中文大辞典》第九册，第295页。
[87] 与儒家不同，道教传统认为五帝时代是一次与快乐的、未遭破坏的原始状态的决裂。参见 Wolfgang Bauer, *China und die Hoffnung auf Glück: Paradiese, Utopien, Idealvorstellungen in der Geistesgeschichte Chinas*, 2nd ed. (Munich: Deutscher Taschenbuch Verlag, 1989), 61–63, 108。儒家则将这些简单的社会视为现代文明应该寻求恢复的道德理想。
[88] 朱宗元：《拯世略说》，六十二乙至六十三甲。
[89] 关于周代和汉代世界观之下不同族群的地位，参见 Claudius C. Müller, "Die Herausbildung der Gegensätze: Chinesen und Barbaren in der frühen Zeit," in *China und die Fremden: 3000 Jahre Auseinandersetzung in Krieg u. Frieden*, ed. Wolfgang Bauer, 43–76 (Munich: Beck, 1980)。
[90] 朱宗元：《答客问》，五十二甲至五十二乙。
[91] 《庄子·秋水》。
[92] 关于后者，参见 Eugenio Menegon, *Ancestors, Virgins, and Friars: Christianity as a Local Religion in Late Imperial China* (Cambridge, Mass.: Harvard University Press, 2010), 310。
[93] 关于佛教因其异域起源而遭受抨击的经典论述，参见 Erik Zürcher, *The Buddhist Conquest of China: The Spread and Adaptation of*

Buddhism in Early Medieval China, 2 vols. (Leiden: Brill, 1959), 1:264。

[94] 早期的佛教团体与 17 世纪的中国基督教徒之间，也有着其他的相似之处。比如，双方都组织了由不同种族的人组成的团队，将一些重要的著作译成汉语。对早期佛教这方面的论述，参见 Kai Vogelsang, *Geschichte Chinas* (Stuttgart: Reclam, 2012), 217。

[95]《理惑论》的英译以及对《理惑论》背景的分析，参见 John P. Keenan, *How Master Mou Removes Our Doubts: A Reader-Response Study and Translation of the "Mou-tzu Li-huo lun"* (Albany: SUNY Press, 1994)。

[96]《白黑论》，载《弘明集》卷三。参见 Zürcher, *Buddhist Conquest*, 1:266–268。

[97]《理惑论》，载《弘明集》卷一。关于佛教初入中国时对印度的理想化描述，参见 Helwig Schmidt-Glintzer, "Ausdehnung der Welt und innerer Zerfall (3. bis 8.Jahrhundert)," in Bauer, *China und die Fremden*, 77–113，尤见第 105—110 页。

[98] Bol, "Geography and Culture."

[99] Rawski, *Early Modern China*, 188–194; Q. Edward Wang, "History, Space, and Ethnicity: The Chinese Worldview," *Journal of World History* 10, no. 2 (1999): 285–305.

[100] Achim Mittag, "Scribe in the Wilderness: The Manchu Conquest and the Loyal-Hearted Historiographer's (*xinshi*) Mission," *Oriens Extremus* 44 (2003 / 2004): 27–42.

[101] 东亚其他地区在类似主题上的辩论，参见 Rawski, *Early Modern China*, 188–224。

[102] Henry Em, *The Great Enterprise: Sovereignty and Historiography in Modern Korea* (Durham, N.C.: Duke University Press, 2013), 28–29.

[103] 朱宗元对满洲人的态度，参见本书第一章 "寻道于多事之秋" 一节。

第五章　欧洲起源的再审视

[1] Gabriele Foccardi, *The Chinese Travelers of the Ming Period* (Wiesbaden: Harrassowitz, 1986), 150.

[2] R. Po-chia Hsia, *The World of Catholic Renewal, 1540–1770* (Cambridge:

Cambridge University Press, 2005), 187–216. 对欧洲单个国家的理想化描述，可参见 Shenwen Li, "Les jésuites et l'image de la France en Chine aux 17e et 18e siècles," in *Entre Mer de Chine et Europe: Migrations des savoirs, transfert des connaissances, transmission des sagesses du 17e au 21e siècle*, ed. Paul Servais, 41–57 (Louvain-la-Neuve, Bel.: Bruyant-Academia, 2011)。关于"欧洲"概念不断变化的内涵，参见 Robert Richmond Ellis, *They Need Nothing: Hispanic-Asian Encounters of the Colonial Period* (Toronto: University of Toronto Press, 2012), 12–13。

[3] Timothy Brook, "Europaeology? On the Difficulty of Assembling a Knowledge of Europe in China," in *Christianity and Cultures: Japan and China in Comparison, 1543–1644*, ed. M. Antoni J. Üçerler, 261–285 (Rome: Institutum Historicum Societatis Iesu, 2010)，尤见第 269—272 页。

[4] Erik Zürcher, "The Jesuit Mission in Fujian in Late Ming Times: Levels of Response," in *Development and Decline of Fukien Province in the 17th and 18th Centuries*, ed. E. B. Vermeer, 417–457 (Leiden: Brill, 1990)，尤见第 426 页。

[5] R. Bin Wong, "The Search for European Differences and Domination in the Early Modern World: A View from Asia," *American Historical Review* 107, no. 2 (2002): 447–469，尤见第 449—458 页。

[6] 冯贤亮：《明清江南的富民阶层及其社会影响》，《中国社会经济史研究》2003 年第 1 期，第 44—56 页。

[7] Zheng Yangwen, *China on the Sea: How the Maritime World Shaped Modern China* (Leiden: Brill, 2012).

[8] Wang Gungwu, "Sojourning: The Chinese Experience in Southeast Asia," in *Sojourners and Settlers: Histories of Southeast Asia and the Chinese*, ed. Anthony Reid and Kristine Alilunas Rodgers, 1–14 (St. Leonards, Austal.: Allen and Unwin, 1996).

[9] Charles Parker, *Global Interactions in the Early Modern World, 1400–1800* (Cambridge: Cambridge University Press, 2010), 137–143.

[10] John E. Wills Jr., "Maritime Europe and the Ming," in *China and Maritime Europe, 1500–1800: Trade, Settlement, Diplomacy, and Missions*, ed. John E. Wills Jr. (Cambridge: Cambridge University Press, 2011), 24. 关于中国海上交涉史，参见 Angela Schottenhammer, "The

Sea as Barrier and Contact Zone: Maritime Space and Sea Routes in Traditional Chinese Books and Maps," in *The Perception of Maritime Space in Traditional Chinese Sources*, ed. Angela Schottenhammer and Roderich Ptak, 3–13 (Wiesbaden: Harrassowitz, 2006)。关于海外华人通史，参见 Wang Gungwu, *The Chinese Overseas: From Earthbound China to the Quest for Autonomy* (Cambridge, Mass.: Harvard University Press, 2000)。

［11］Wills, *China and Maritime Europe*; Roderich Ptak, *China and the Asian Seas: Trade, Travel and Visions of the Other (1400–1750)* (Aldershot, U.K.: Ashgate, 1998).

［12］Nigel Cameron, *Barbarians and Mandarins: Thirteen Centuries of Western Travelers in China* (Oxford: Oxford University Press, 1989), 138, 142, 144. 同时参见 John E. Wills Jr., *Pepper, Guns, and Parleys: The Dutch East India Company and China, 1622–1681* (Cambridge, Mass.: Harvard University Press, 1974), 7–8。

［13］(明) 张燮：《东西洋考》，北京：中华书局，1981年。相关段落的英译，参见 Foccardi, *Chinese Travelers*, 136–140。对华人的屠杀，参见 John Leddy Phelan, *The Hispanization of the Philippines: Spanish Aims and Filipino Responses, 1565–1700* (Madison: University of Wisconsin Press, 1959), 144–146; Timothy Brook, *Vermeer's Hat: The Seventeenth Century and the Dawn of a Global World* (New York: Bloomsbury, 2008), 96, 177。

［14］Pasquale M. d'Elia, ed., *Fonti Ricciane: Documenti originali concernenti Matteo Ricci e la storia delle prime relazione tra l'Europe e la Cina* (Rome: Libreria dello Stato, 1949): 2:372–373.

［15］Tatiana Seijas, *Asian Slaves in Colonial Mexico: From Chinos to Indians* (Cambridge: Cambridge University Press, 2014). 关于果阿的中国奴隶，参见 Sanjay Subrahmanyam, *The Portuguese Empire in Asia: A Political and Economic History*, 2nd ed. (Chichester, U.K.: Wiley-Blackwell, 2012), 240。

［16］荷兰人的重税以及1652年对中国人的屠杀，参见 Johannes Huber, "Chinese Settlers against the Dutch East India Company: The Rebellion Led by Kuo Huai-i on Taiwan in 1652," in Vermeer, *Development and Decline*, 265–296，尤见第265—273页。这种殖民暴力导致荷

兰的民族志学者开始强调荷兰人自己的个性和他者的不文明行为。参见 Sanjay Subrahmanyam, "Forcing the Doors of Heathendom: Ethnography, Violence, and the Dutch East India Company," in *Between the Middle Ages and Modernity: Individual and Community in the Early Modern World*, ed. Charles H. Parker and Jerry H. Bentley, 131–154 (Lanham, Md.: Rowman and Littlefield, 2007)。

[17] George H. Dunne, *Generation of Giants: The Story of the Jesuits in China in the Last Decades of the Ming Dynasty* (Notre Dame, Ind.: University of Notre Dame Press, 1962), 184–185.

[18] Cameron, *Barbarians and Mandarins*, 219; Kingsley Bolton, *Chinese Englishes: A Sociolinguistic History* (Cambridge: C ambridge U niversity P ress, 2 006), 126–129.

[19] Walter Demel, *Als Fremde in China: Das Reich der Mitte im Spiegel frühneuzeitlicher europäischer Reiseberichte* (Berlin: de Gruyter, 1992), 86.

[20] Wong, "Search for European Differences," 458–459.

[21] Brook, *Vermeer's Hat*, 96.

[22] 尽管如此，耶稣会士在东亚还是经营着许多很少盈利甚至根本不盈利商业企业，其主要目标是与当地上层阶级建立良好的关系。关于17世纪耶稣会士的贸易活动，参见 Dauril Alden, *The Making of an Enterprise: The Society of Jesus in Portugal, Its Empire, and Beyond, 1540–1750* (Stanford, Calif.: Stanford University Press, 1996), 552。

[23] Erik Zürcher, "The First Anti-Christian Movement in China (Nanjing, 1616–1621)," in *Acta Orientalia Neerlandica: Proceedings of the Congress of the Dutch Oriental Society Held in Leiden on the Occasion of Its 50th Anniversary, 8th–9th May 1970*, ed. Pieter W. Pestman, 188–195 (Leiden: Brill Archive, 1971)，尤见第190页；Jonathan D. Spence, *The Memory Palace of Matteo Ricci* (London: Penguin Books, 2008), 47. 同时参见 Luke Clossey, *Salvation and Globalization in the Early Jesuit Missions* (Cambridge: Cambridge University Press, 2008), 111。

[24] Cameron, *Barbarians and Mandarins*, 143–146.

[25] Wills, "Maritime Europe," 52, 67–75.

[26] Dunne, *Generation of Giants*, 117–119. 对1606年事件的概述，参见 C. R. Boxer, *The Christian Century in Japan: 1549–1650* (Berkeley: University

of California Press, 1951), 269。同时参见张星烺:《中西交通史料汇编》,北京：中华书局, 2003 年, 第 145 页。

[27] Jacques Gernet, *China and the Christian Impact: A Conflict of Cultures*, trans. Janet Lloyd (Cambridge: Cambridge University Press, 1990), 105–40. 同时参见 Douglas C. Lancashire, "Anti-Christian Polemics in Seventeenth Century China," *Church History* 38 (1969): 218–241, 尤见第 240—241 页。

[28] Edward Thomas Kelly, "The Anti-Christian Persecution of 1616–1617 in Nanking" (PhD diss., Columbia University, 1971), 36. 发放礼物确实是利玛窦传教策略的一部分, 但他可能是在适应中国的传统, 参见 John D. Young, *East-West Synthesis: Matteo Ricci and Confucianism* (Hong Kong: Centre of Asian Studies, University of Hong Kong, 1980), 19–20。

[29] 见（明）黄廷师:《驱夷直言》,载《圣朝破邪集》卷三,三十乙至三十一乙。《圣朝破邪集》初刊于 1639 年。重印本参见（明）徐昌治编:《圣朝破邪集》,夏瑰琦校注,香港：建道神学院, 1996 年。此处所引英译,参见 Gernet, *China and the Christian Impact*, 131。

[30] Zhang Qiong, *Making the New World Their Own: Chinese Encounters with Jesuit Science in the Age of Discovery* (Leiden: Brill, 2015), 314–317. 同时参见 Adrian Dudink, "*Nangong shudu* (1620), *Poxie ji* (1640), and Western Reports on the Nanjing Persecution (1616?/?1617)," *Monumenta Serica* 48 (2000): 133–265。

[31] Wolfgang Reinhard, *Geschichte der europäischen Expansion, Band 1: Die Alte Welt bis 1818* (Stuttgart: Kohlhammer, 1983), 84; Boxer, *Christian Century in Japan*, 257.

[32] Kai-wing Chow, *The Rise of Confucian Ritualism in Late Imperial China: Ethics, Classics, and Lineage Discourse* (Stanford, Calif.: Stanford University Press, 1994), 31; Judith A. Berling, *The Syncretic Religion of Lin Chao-en* (New York: Columbia University Press, 1980), 224.

[33] 本书第一章的"寻道于多事之秋"一节也讨论了这一话题。

[34] Matteo Ricci, *The True Meaning of the Lord of Heaven*, trans. Douglas Lancashire, Peter Hu Kuo-chen, and Edward Malatesta (San Francisco: Institute of Jesuit Sources, 1985), paragraphs 520–560. 同时参见 Brook,

"Europaeology?", 269–272。

[35] Erik Zürcher, "A Complement to Confucianism: Christianity and Orthodoxy in Late Imperial China," in *Norms and the State in China*, ed. Chun-Chieh Huang and Erik Zürcher, 71–92 (Leiden: Brill, 1993), see particularly 77; Erik Zürcher, "Giulio Aleni et ses relations avec le milieu des lettrés chinois au XVIIe siècle," in *Venezia e l'Oriente*, ed. Lionello Lanciotti, 107–135 (Florence: Olschki, 1987)，尤见第 122 页。艾儒略对欧洲的理想化，参见 Bernard Hung-Kay Luk, "A Serious Matter of Life and Death: Learned Conversations at Foochow in 1627," in *East Meets West: The Jesuits in China, 1582–1773*, ed. Charles E. Ronan and Bonnie B. C. Oh, 173–206 (Chicago: Loyola University Press, 1982)，尤见第 193 页；John L. Mish, "Creating an Image of Europe for China: Aleni's *Hsi-Fang Ta Wen*," *Monumenta Serica* 23 (1964): 1–87，尤见第 43、48、54 页。

[36] Erik Zürcher, "Renaissance Rhetoric in Late Ming China: Alfonso Vagnoni's Introduction to His *Science of Comparison*," in *Western Humanistic Culture Presented to China by Jesuit Missionaries (XVII–XVIII Centuries): Proceedings of the Conference Held in Rome, October 25–27, 1993*, ed. Federico Masini, 331–360 (Rome: Institutum Historicum Societatis Iesu, 1996)，尤见第 332—334 页。

[37] Gernet, *China and the Christian Impact*, 109–112. 徐光启对特定意义上的欧洲的描述，参见 Monika Übelhör, "Hsü Kuang-ch'i (1562–1633) und seine Einstellung zum Christentum: Ein Beitrag zur Geistesgeschichte der späten Ming-Zeit (Teil 1)," *Oriens Extremus* 15, no. 2 (1968): 191–257; Monika Übelhör, "Hsü Kuang-ch'i (1562–1633) und seine Einstellung zum Christentum: Ein Beitrag zur Geistesgeschichte der späten Ming-Zeit (Teil 2)," *Oriens Extremus* 16, no. 1 (1969): 41–74，尤见第 66 页；Min-sun Chen, "Hsü Kuang-Ch'i and His Image of the West," in Pullapilly and Van Kley, *Asia and the West*, 26–44，尤见第 38 页。关于杨廷筠，参见 Yu-yin Cheng, "Changing Cosmology, Changing Perspectives on History and Politics: Christianity and Yang Tingyun's (1562–1627) Reflections on China," *Journal of World History* 24, no. 3 (2013): 499–537。

[38] 朱宗元：《答客问》，五十乙至五十一乙。

[39]《礼记·礼运》。

[40]详见本书第三章。

[41]《答客问》五十乙至五十一乙的七段文字，都是已"我中土之……不如也"结尾。

[42]朱宗元:《答客问》，五十一乙。许理和认为，朱宗元对西方优越于中国的描述，在17世纪中国基督教文献中"或许是独一无二的"。参见 Erik Zürcher, "Confucian and Christian Religiosity in Late Ming China," *Catholic Historical Review* 83, no. 4 (1997): 647。

[43] Steven J. Harris, "Mapping Jesuit Science: The Role of Travel in the Geography of Knowledge," in *The Jesuits: Cultures, Sciences, and the Arts, 1540–1773*, ed. John W. O'Malley, Gauvin Alexander Bailey, Steven J. Harris, and T. Frank Kennedy, 212–240 (Toronto: University of Toronto Press, 1999).

[44] Markus Friedrich, "Organisations- und Kommunikationsstrukturen der Gesellschaft Jesu: Ein Überblick," in *Etappen der Globalisierung in christentumsgeschichtlicher Perspektive: Phases of Globalization in the History of Christianity*, ed. Klaus Koschorke, 83–104 (Wiesbaden: Harrassowitz, 2012); Clossey, *Salvation and Globalization*, 193–215.

[45] Harris, "Mapping Jesuit Science," 217–218.

[46] Rivka Feldhay, "The Cultural Field of Jesuit Science," in O'Malley, Bailey, Harris, and Kennedy, *The Jesuits*, 107–130.

[47] Dominic Sachsenmaier, "The Cultural Transmission from China to Europe," in *Handbook of Christianity in China, Volume 1: 635–1800*, ed. Nicolas Standaert, 879–905 (Leiden: Brill, 2000).

[48] Sven Trakulhun, *Asiatische Revolutionen: Europa und der Aufstieg und Fall asiatischer Imperien (1600–1830)* (Frankfurt: Campus, 2017), 9–123.

[49] Benjamin A. Elman, *On Their Own Terms: Science in China, 1550–1990* (Cambridge, Mass.: Harvard University Press, 2005), 127–134.

[50]朱宗元:《答客问》，六十三甲至六十三乙;《天主圣教豁疑论》，五乙至六甲。杨廷筠也为耶稣会士遭受这样的攻击进行了辩护。参见 Nicolas Standaert, *Yang Tingyun, Confucian and Christian in Late Ming China: His Life and Thought* (Leiden: Brill, 1988), 158–161。

[51] 朱宗元:《答客问》,五十三甲。

[52] 关于耶稣会士点化金银贿赂中国人的谣言,参见 Gernet, *China and the Christian Impact*, 122-124; Paul Rule, *K'ung-tzu or Confucius? The Jesuit Interpretation of Confucianism* (Crows Nest, Austral.: Allen and Unwin, 1986), 21。利玛窦也提到,他认为自己是炼金术大师。参见 Pietro Tacchi Venturi, ed., *Opere storiche del P. Matteo Ricci, S. I.* (Macerata, It.: Premiato stab. tip. F. Giorgetti, 1913), 2:209。与欧洲的炼金术相似,道教的黄白之术也试着将丹药练成金银。

[53] 朱宗元:《答客问》,五十四乙。

[54] 朱宗元:《答客问》,五十五甲。许理和提到,耶稣会士从未指出景教和天主教的区别,参见 Zürcher, "Jesuit Mission in Fujian," 447。对西安大秦景教流行中国碑的概述,可见 Ralph R. Covell, *Confucius, the Buddha, and Christ: A History of the Gospel in Chinese* (Maryknoll, N.Y.: Orbis Books, 1986), 20。

[55] Adrian Dudink, "Christianity in Late Ming China: Five Studies" (PhD diss., Leiden University, 1995), 286.

[56] 许多耶稣会士确实在其中文著作的一开始就指出,他们是如何不远万里来到中国的。参见 Clossey, *Salvation and Globalization*, 104。

[57] 包括艾儒略的《三山论学纪》和《职方外纪》在内的许多当时的基督教文本,都强调耶稣会士让自己遭受漫长而危险的旅行之苦,纯粹是为了传播他们的宗教这一事实。参见 Bernard Hung-Kay Luk, "Thus the Twain Did Meet? The Two Worlds of Giulio Aleni" (PhD. diss., Indiana University, 1977), 24-25。

[58] 朱宗元:《答客问》,五十三甲至五十三乙。

[59] 朱宗元:《答客问》,五十四甲。

[60] 比如,《孟子·告子上·鱼我所欲也》:"二者不可得兼,舍生取义者也。"类似的引语见《论语·里仁》:"君子无终食之间违仁,造次必于是,颠沛必于是。"以及《论语·卫灵公》:"志士仁人,无求生以害仁,有杀身以成仁。"

[61] 对这些思想的哲学解释,参见 Tu Wei-ming, *Humanity and Self-Cultivation: Essays in Confucian Thought* (Berkeley: Asian Humanities Press, 1978)。

[62] 对晚明时期儒家派别的概述,参见 Willard J. Peterson, "Confucian Learning in Late Ming Thought," in *The Cambridge History of China*,

Volume 8: The Ming Dynasty, 1368–1644, Part 2, ed. Denis Twitchett and Frederick W. Mote, 708–788 (Cambridge: Cambridge University Press, 1998)。同时参见 Harry Miller, *State versus Gentry in Late Ming Dynasty China, 1572–1644* (New York: Palgrave Macmillan, 2009)。

[63] Willard J. Peterson, "Learning from Heaven: The Introduction of Christianity and Other Western Ideas into Late Ming China," in Twitchett and Mote, *Cambridge History of China*, 789–839, see particularly 789; D. E. Mungello, *The Great Encounter of China and the West, 1500–1800* (Lanham, Md.: Rowman and Littlefield, 2005), 8–9.

[64] 一份与1616—1617年教案有关的南京耶稣会士住处的完整清单指出了这一点，并进一步提供了传教士模仿中国儒生生活方式的证据。参见 Adrian Dudink, "The Inventory of the Jesuit House at Nanjing Made Up during the Persecution of 1616–1617," in Masini, *Western Humanistic Culture*, 119–157。

[65] 关于"儒"字的一般用法，参看冯友兰年代虽久但依然有价值的论述：Fung Yu-lan, *A History of Chinese Philosophy, Volume 1: The Period of the Philosophers (From the Beginnings to circa 100 b.c.)*, trans. Dirk Bodde (Princeton, N.J.: Princeton University Press, 1983), 48。

[66] 更多关于儒家或理学家传道的观念，参见本书第三章"晚明的儒家学说"一节。

[67] Peter K. Bol, *Neo-Confucianism in History* (Cambridge, Mass.: Harvard University Press, 2008).

[68] 对这一问题并涉及中文"士"字的讨论，参见 Peterson, "Learning from Heaven," 789–839。

[69] Zvi Ben-Dor Benite, "'Western Gods Meet in the East': Shapes and Contexts of the Muslim-Jesuit Dialogue in Early Modern China," *Journal of the Economic and Social History of the Orient* 55, no. 2-3 (2012): 517–546, 尤见第532页。

[70] 有证据表明，传教士通过将自己表现为受人尊敬的儒者，确实给一些著名的且独立特行的中国思想家留下了深刻的印象。这方面的一个例子是哲学家李贽（卒于1602年）对利玛窦的赞赏，但前者并不是一个皈依者。李贽认为利玛窦在道德和思想上都是一位杰出的儒者。参见（明）李贽：《续焚书》，北京：中华书局，1975年，第35页。

不过，李贽也说过，他并不确切知道传教士为何来到中国。参见 Gernet, *China and the Christian Impact*, 18-19。

[71] 朱宗元:《破迷论》，五乙。

[72] 见《论语·颜渊第十二》:"君子之德风，小人之德草，草上之风必偃。"对这句话带有注解的翻译，参见 Simon Leys, *The Analects of Confucius* (New York: Norton, 1997), 59。

[73] Wm. Theodore de Bary, "Neo-Confucian Cultivation and the Seventeenth-Century 'Enlightenment,'?" in *The Unfolding of Neo-Confucianism*, ed. Wm. Theodore de Bary, 141-216 (New York: Columbia University Press, 1975)，尤见第 182 页。利玛窦是在"理性"的意思上使用的"悟"字，参见 Ricci, *True Meaning of the Lord of Heaven*, 155。

[74] 朱宗元:《破迷论》，三乙至四甲。

[75] 朱宗元:《答客问》，五十二甲。

[76] 在晚明社会，"圣人"一词比"圣贤"使用范围更广。在儒家传统中，"贤"字与道教中的"仙"没有任何关系（尽管"贤"字也在"仙"的意义上使用），而是指按照自己的道德价值观行事的人。参见《中国文化大辞典》，台北：中国文化研究所，1962—1968 年，"贤"条与"圣人"条。

[77] 许理和强调了佛教影响的重要性，参见 Zürcher, "Confucian and Christian Religiosity," 618。

[78] Bol, *Neo-Confucianism in History*, 66-69, 100.

[79] Rodney Leon Taylor, *The Cultivation of Sagehood as a Religious Goal in Neo-Confucianism: A Study of Selected Writings of Kao P'an-lung (1562–1626)* (Missoula, Mont.: Scholars Press, 1978), 21.

[80] 关于王阳明，参见 Tu Wei-ming, *Neo-Confucian Thought in Action: Wang Yang-ming's Youth (1472–1509)* (Berkeley: University of California Press, 1976)。关于泰州学派，参见 Edward T. Ch'ien, "Chiao Hung and the Revolt against Ch'eng-Chu Orthodoxy: The Left Wing Wang Yang-ming School as a Source of the Han Learning in the Early Ch'ing," in de Bary, *The Unfolding of Neo-Confucianism*, 271-301，尤见第 297 页。

[81] Pauline C. Lee, *Li Zhi, Confucianism, and the Virtue of Desire* (Albany: SUNY Press, 2012).

［82］朱宗元:《拯世略说》,五甲至五乙。

［83］艾儒略甚至偶尔被称作西来孔子。参见 Tiziana Lippiello and Roman Malek, eds., "*Scholar from the West*": *Giulio Aleni S. J. (1582–1649) and the Dialogue between Christianity and China* (Brescia, It.: Fondazione Civiltà Bresciana; Sankt Augustin, Ger.: Monumenta Serica Institute, 1997); Markus Friedrich, *Die Jesuiten: Aufstieg, Niedergang, Neubeginn* (Frankfurt: Piper, 2016), 499。

［84］Ricci, *True Meaning of the Lord of Heaven*, 447–449.

［85］孟德卫认为,张星曜没有描述个别的耶稣会传教士,原因在于他与后者很少有个人接触。张星曜是朱宗元死后第二代活跃的天主教徒,当时除北京之外,耶稣会士在中国的数量越来越少。参见 D. E. Mungello, *The Forgotten Christians of Hangzhou* (Honolulu: University of Hawai'i Press, 1994), 112, 165。(张星曜［1633—1715？］,浙江杭州府仁和县人,明末清初第三代天主教代表人物,也是天主教重要的护教者,著有《祀典说》《天教明辨》等。——译者)

［86］(明)韩霖、张赓:《圣教信证》,绛州,1647 年。

［87］清初,穆斯林天文学家被耶稣会士取代一事,可参见 Kiyosi Yabuuti, "Islamic Astronomy in China during the Yuan and Ming Dynasties," trans. Benno van Dalen, *Historia Scientiarum* 7, no. 1 (1997): 11–43。亦参见 Nicola Di Cosmo, "Did Guns Matter? Firearms and the Qing Formation," in *The Qing Formation in World-Historical Time*, ed. Lynn A. Struve, 121–166 (Cambridge, Mass.: Harvard University Asia Center, 2004),尤见第 145 页。从很多方面来看,对外联系在中国伊斯兰教中的作用都不大,这方面的论述参见 Zvi Ben-Dor Benite, *The Dao of Muhammad: A Cultural History of Muslims in Late Imperial China* (Cambridge, Mass.: Harvard University Press, 2005)。

［88］Isabel Pina, "Chinese and Mestizo Jesuits from the China Mission (1589-1689)," in *Europe–China: Intercultural Encounters (16th–18th Centuries)*, ed. Luís Filipe Barreto, 117–137 (Lisbon: Centro Científico e Cultural de Macau, 2012).更多内容,亦可参见本书第二章。

［89］另一位中国基督教徒耶稣会士郑惟信(1633—1673)于 1664 年在欧洲受命成为神父,并于 1668 年返回中国。关于郑惟信和罗文藻,参见 Nicolas Standaert, "Chinese Christians Going Abroad," in Standaert,

Handbook of Christianity, 1:449-455。

[90] Nicolas Standaert, "Missionaries," in Standaert, *Handbook of Christianity*, 1:286-354.

[91] Hsia, *World of Catholic Renewal*, 192-197.

[92] Subrahmanyam, *Portuguese Empire in Asia*, 129-130.

[93] Wolfgang Reinhard, *Die Unterwerfung der Welt: Globalgeschichte der europäischen Expansion, 1415-2015* (Munich: Beck, 2016), 135.

[94] Subrahmanyam, *Portuguese Empire in Asia*, 236.

[95] Michael Keevak, *Becoming Yellow: A Short History of Racial Thinking* (Princeton, N.J.: Princeton University Press, 2011).

[96] Manfred Berg and Simon Wendt, eds., *Racism in the Modern World: Historical Perspectives on Cultural Transfer and Adaptation* (New York: Berghahn Books, 2011). 关于中国的种族话语，参见 Frank Dikötter, *The Discourse of Race in Modern China* (Stanford, Calif.: Stanford University Press, 1992)。

[97] Ruth Hill, "Between Black and White: A Critical Race Theory Approach to Caste Poetry in the Spanish New World," *Comparative Literature* 59, no. 4 (2007): 269-293.

[98] Thomas Cohen, "Racial and Ethnic Minorities in the Society of Jesus," in *The Cambridge Companion to the Jesuits*, ed. Thomas Worcester, 199-214 (Cambridge: Cambridge University Press, 2008)，尤见第 199—203 页。

[99] Cohen, "Racial and Ethnic Minorities," 203-206.

[100] Hsia, *World of Catholic Renewal*, 207-208.

[101] Wolfgang Reinhard, *A Short History of Colonialism* (Manchester, U.K.: Manchester University Press, 2011), 29. 类似的说法，还有许多其他的例子。比如，耶稣会士关于新法兰西"野蛮人"的报道。参见 Dominique Delandres, "*Exemplo aeque ut verbo*: The French Jesuits' Missionary World," in O'Malley, Bailey, Harris, and Kennedy, *The Jesuits*, 258-273，尤见第 264 页。

[102] Andrew C. Ross, "Alessandro Valignano: The Jesuits and Culture in the East," in O'Malley, Bailey, Harris, and Kennedy, *The Jesuits*, 336-351，尤见第 347—349 页。

[103] Nicolas Standaert and John Witek, "Chinese Clergy," in Standaert,

Handbook of Christianity, 1:462−470.

结语

［1］对这一问题的一项比较研究，参见 On-cho Ng, "The Epochal Concept of 'Early Modernity' and the Intellectual History of Late Imperial China," *Journal of World History* 14, no. 1 (2003): 37−61。

［2］John R. McNeill and William McNeill, *The Human Web: A Bird's-Eye View of World History* (New York: Norton, 2003), 183.

［3］许理和在一篇有影响的论文中分析了耶稣会士中国传教中的中国文化强制性，参见 Erik Zürcher, "Jesuit Accommodation and the Chinese Cultural Imperative," in *The Chinese Rites Controversy: Its History and Meaning*, ed. D. E. Mungello, 31−64 (Nettetal, Ger.: Steyler, 1994)。关于这一概念的使用，参见 Nicolas Standaert, *The Interweaving of Rituals: Funerals in the Cultural Exchange between China and Europe* (Seattle: University of Washington Press, 2008), 136。

［4］关于天主教传教与早期现代国家之间的联系，参见 R. Po-chia Hsia, "Mission Frontiers: A Reflection on Catholic Missions in the Early Modern World," in *The Frontiers of Mission: Perspectives on Early Modern Missionary Catholicism*, ed. Alison Forrestal and Seán Alexander Smith, 180−193 (Leiden: Brill, 2016)。相关主题，亦可参见 Dauril Alden, *The Making of an Enterprise: The Society of Jesus in Portugal, Its Empire, and Beyond, 1540–1750* (Stanford, Calif.: Stanford University Press, 1996), 262−266。

［5］17 世纪对 "*religio*" 概念（与今天的 "宗教"［religion］在含义上并不等同）的使用，参见 Nadine Amsler, " 'Sie meinen, die drei Sekten seien eins': Matteo Riccis Aneignung des sanjiao-Konzepts und ihre Bedeutung für europäische Beschreibungen chinesischer Religion im 17. Jahrhundert," *Schweizerische Zeitschrift für Religions- und Kulturgeschichte* 105 (2011): 77−93。17 世纪的中国人没有类似的二分法——毕竟中文里的 "宗教" 和 "哲学" 两词只是在 19 世纪晚期才开始产生影响。

［6］当然，今天对 "宗教" 及 "宗教性" 在学术上的界定，明显更加宽泛和多样化。参见 Benson Saler, *Understanding Religion: Selected Essays*

(Berlin: de Gruyter, 2009); Brent Nongbri, *Before Religion: A History of a Modern Concept* (New Haven, Conn.: Yale University Press, 2013)。关于中国的宗教问题，参见 Vincent Goossaert and David A. Palmer, *The Religious Question in Modern China* (Chicago: University of Chicago Press, 2011)。

[7] "文明"一词及其在单数和复数上的多种含义，可见 Gerrit W. Gong, *The Standard of "Civilization" in International Society* (New York: Oxford University Press, 1984)。汉语在 20 世纪之交发生了更大的变化，其中之一就是吸纳了"文明"这一新词。参见 Lydia H. Liu, *Translingual Practice: Literature, National Culture, and Translated Modernity—China, 1900–1937* (Stanford, Calif.: Stanford University Press, 1995)。

[8] R. Po-chia Hsia, *The World of Catholic Renewal, 1540–1770* (Cambridge: Cambridge University Press, 2005), 181–182.

[9] Timothy Brook, "Europaeology? On the Difficulty of Assembling a Knowledge of Europe in China," in *Christianity and Cultures: Japan and China in Comparison, 1543–1644*, ed. M. Antoni J. Üçerler, 261–285 (Rome: Institutum Historicum Societatis Iesu, 2010), 261–285.

[10] 对现代早期欧洲图书领域的详尽描述，参见 Timothy Blanning, *The Pursuit of Glory: Europe, 1648–1815* (New York: Viking, 2007), 475–479。

[11] Ross E. Dunn, *The Adventures of Ibn Battuta, a Muslim Traveler of the Fourteenth Century* (Berkeley: University of California Press, 1986).

[12] Charles Wheeler, "Buddhism in the Re-ordering of an Early Modern World. Chinese Missions to Cochinchina in the Seventeenth Century," *Journal of Global History* 2, no. 3 (2007): 303–324.

[13] Joseph F. Fletcher, "Integrative History: Parallels and Interconnections in the Early Modern Period, 1500–1800," *Journal of Turkish Studies* 9 (1985): 37–57.

[14] Engseng Ho, *The Graves of Tarim: Genealogy and Mobility across the Indian Ocean* (Berkeley: University of California Press, 2006).

[15] 伊斯兰教、基督教和小乘佛教都属于这一范畴，参见 Sanjay Subrahmanyam, *The Portuguese Empire in Asia: A Political and Economic History*, 2nd ed. (Chichester, U.K.: Wiley-Blackwell, 2012), 31。

[16] 在一些情况下，新的宗教形式是为了回应文化之间的紧张关系和相互制约而出现的。比如，16 世纪初，锡克教在旁遮普的发展，至少

部分是为了弥合伊斯兰教、莫卧儿帝国的宗教和当地印度教之间的差异。详见 Khushwant Singh, *The Illustrated History of the Sikhs* (New Delhi: Oxford University Press, 2006)。

[17] R. Michael Feener, "South-East Asian Localisations of Islam and Participation within a Global *Umma*, c. 1500–1800," in *The New Cambridge History of Islam, Volume 3: The Eastern Islamic World, Eleventh to Eighteenth Centuries*, ed. David O. Morgan and Anthony Reid, 470–503 (Cambridge: Cambridge University Press, 2010); Charles Parker, *Global Interactions in the Early Modern World, 1400–1800* (Cambridge: Cambridge University Press, 2010), 182–189, 198–201.

[18] Anthony H. Johns, "Friends in Grace: Ibrahim al-Kurani and Abd al-Ra'uf al Singkeli," in *Spectrum: Essays Presented to Sutan Takdir Alisjahbana on His Seventieth Birthday*, ed. S. Udin, 469–485 (Jakarta: Dian Rakyat, 1978).

[19] 当然，不同的宗教传统长期以来相互碰撞，在许多情况下，甚至并存于从西西里岛到开封的广大地区。不过，总的来说，各种宗教组织都建立在单一文化的基础上，并聚集在世界的某些特定地区。参见 Shmuel N. Eisenstadt and Wolfgang Schluchter, "Introduction: Paths to Early Modernities—A Comparative View," *Daedalus* 127, no. 3 (1998): 1–18。

[20] Sanjay Subrahmanyam, "Connected Histories: Notes towards a Reconfiguration of Early Modern Eurasia," *Modern Asian Studies* 31, no. 3 (1997): 735–762.

[21] Sanjay Subrahmanyam, "On World Historians in the Sixteenth Century," *Representations* 91 (2005): 26–57; Dominic Sachsenmaier, "The Cultural Transmission from China to Europe," in *Handbook of Christianity in China, Volume 1: 635–1800*, ed. Nicolas Standaert, 879–905 (Leiden: Brill, 2000). 同时参见下面这篇依然重要的论文：Edwin J. Van Kley, "Europe's 'Discovery' of China and the Writing of World History," *American Historical Review* 76, no. 2 (1971): 358–385。

[22] 经济交易和其他交易的规则以及政治交往的文化都围绕着标准的模式而日益趋同。关于这一问题，参见 Subrahmanyam, *Portuguese Empire in Asia*, 292–293。

[23] 详见 McNeill and McNeill, *The Human Web*, 162, 182−183。

[24] John Darwin, *After Tamerlane: The Global History of Empire, 1400–2000* (London: Penguin Books, 2007), 84−85.

[25] Frank Broeze, *Brides of the Sea: Port Cities of Asia from the 16th–20th Centuries* (Honolulu: University of Hawai'i Press, 1989).

[26] Parker, *Global Interactions*, 70−81.

[27] 单一离散社群的贸易（和其他）联系已经成为越来越多的研究著作的主题。比如，可参见 Ho, *The Graves of Tarim*; Sebouh Aslanian, *From the Indian Ocean to the Mediterranean: The Global Trade Networks of Armenian Merchants from New Julfa* (Berkeley: University of California Press, 2011); Francesca Trivellato, *The Familiarity of Strangers: The Sephardic Diaspora, Livorno, and Cross-Cultural Trade in the Early Modern Period* (New Haven, Conn.: Yale University Press, 2009)。

[28] Joan-Pau Rubiés, *Travel and Ethnology in the Renaissance: South India through European Eyes, 1250–1625* (Cambridge: Cambridge University Press, 2000). 本奈特关注的是利玛窦对中国伊斯兰教的看法，他认为欧洲传教士关于伊斯兰教的观点，受到了伊斯兰教在当时欧洲的形象的制约。参见 Zvi Ben-Dor Benite, "'Like the Hebrews in Spain': The Jesuit Encounter with Muslims in China and the Problem of Cultural Change," *Al-Qantara* 36, no. 2 (2015): 503−529。

[29] Michael N. Pearson, "Creating a Littoral Community: Muslim Reformers in the Early Modern Indian Ocean World," in *Between the Middle Ages and Modernity: Individual and Community in the Early Modern World*, ed. Charles H. Parker and Jerry H. Bentley, 155−165 (Lanham, Md.: Rowman and Littlefield, 2007)，尤见第 158 页。

[30] 耶稣会士和中国穆斯林之间相对少见的遭遇，参见 Zvi Ben-Dor Benite, "'Western Gods Meet in the East': Shapes and Contexts of the Muslim-Jesuit Dialogue in Early Modern China," *Journal of the Economic and Social History of the Orient* 55, no. 2-3 (2012): 517−546。

[31] Wheeler, "Buddhism in the Re-ordering," 303−324; Jiang Wu, *Enlightenment in Dispute: The Reinvention of Chan Buddhism in Seventeenth-Century China* (New York: Oxford University Press, 2008).

[32] 比如，奥斯曼帝国对宗教多样性就持宽容态度，尽管随着时间的推

移，它通过采取不同信仰者群体享有不同的税收政策等手段，加大了人口伊斯兰化的压力。一部全球性的但带有局部敏感性的伊斯兰教历史，参见 Ira M. Lapidus, *A History of Islamic Societies*, 2nd ed. (Cambridge: Cambridge University Press, 2002)。

[33] Reinhard, *Short History of Colonialism*, 43; D. E. Mungello, *The Great Encounter of China and the West, 1500–1800* (Lanham, Md.: Rowman and Littlefield, 2005), 16.

[34] Hsia, *World of Catholic Renewal*, 187–216.

参考文献

原始文献

艾儒略（Aleni, Giulio）:《三山论学纪》，福州，1629 年。
——:《性学觕述》，8 卷，福州，1623 年。
——:《职方外纪》，5 卷，杭州，1623 年。
（汉）班固:《汉书》，12 册，北京：中华书局，1962 年。
Barros, João de. *Ásia: Dos feitos que os portugueses fizeram no descobrimento e conquista dos mares e terras do Oriente; Primeira década.* Ed. António Baião. Lisbon: Imprensa Nacional−Casa da Moeda, 1988.
（清）曹秉仁主修:《宁波府志》，36 卷，宁波，1733 年。
d'Elia, Pasquale M., ed. *Fonti Ricciane: Documenti originali concernenti Matteo Ricci e la storia delle prime relazioni tra l'Europe e la Cina.* 3 vols. Rome: Libreria dello Stato, 1942−1949.
阳玛诺（Dias, Manuel, the Younger）:《轻世金书》，4 卷，宁波，1680 年。
——:《天主圣教十诫真诠》，2 卷，杭州，1659 年（据 1642 年版重印）。
（汉）董仲舒:《春秋繁露》，上海：商务印书馆，1926 年。
Dunin-Szpot, Thomas I. "Sinarum Historia." Vol. 1, 1580−1640; vol. 2, 1640−1657. Unpublished manuscript, 1690.
（南朝宋）范晔:《后汉书》，陈焕良、李传书标点，2 册，长沙：岳麓书社，1996 年。
傅隶朴:《春秋三传比义》，3 册，台北：台湾商务印书馆，1983 年。

Gallagher, Louis J. *China in the Sixteenth Century: The Journals of Matteo Ricci, S. J., 1583–1610*. New York: Random House, 1953.

Gardner, Daniel K., trans. *Learning to Be a Sage: Selections from the Conversations of Master Chu* [Zhu Xi]. Berkeley: University of California Press, 1990.

Gassmann, Robert H. *Tung Chung-shu: Ch'un-Ch'iu fan lu; Üppiger Tau des Frühlings-und Herbst-Klassikers: Übersetzung und Annotation der Kapitel eins bis sechs*. Schweizer Asiatische Studien, Monographien 8. Bern: Lang, 1988.

（清）龚嘉儁修、李榕纂：《杭州府志》,《中国方志丛书》, 华中地区第 199 号, 台北: 成文出版社, 1974 年。

Gouvea, António de. *Asia Extrema: Segunda parte, livro 1*. Lisbon: Fundação Oriente, 2005.

Gravina, Girolamo de [Jia Yimu]. *Tizheng bian* [Anthologies of self-correction]. Hangzhou, 1659.

（明）韩霖：《铎书》, 绛州, 1641 年。

（明）韩霖、张赓：《圣教信证》, 绛州, 1648 年。

（宋）胡安国：《春秋胡氏传》, 钱伟彊点校, 杭州: 浙江古籍出版社, 2010 年。

Legge, James. *The Chinese Classics: With a Translation, Critical and Exegetical Notes, Prolegomena, and Copious Indexes*. Hong Kong: Lane, Crawford; London: Trübner, 1871.

Leys, Simon. *The Analects of Confucius*. New York: Norton, 1997.

（明）李九标笔记：《口铎日抄》, 1640 年, 上海: 土山湾印书馆, 1936 年重印。

Li Jiubiao. *Kouduo richao: Li Jiubiao's "Diary of Oral Admonitions"; A Late Ming Christian Journal*. Trans. Erik Zürcher. Nettetal, Ger.: Steyler, 2007.

（明）李贽：《续焚书》, 1590 年, 北京: 中华书局, 1975 年重印。

（清）刘逢禄：《尚书今古文集解》, 台北: 台湾商务印书馆, 1973 年。

Margiotti, Fortunato. *Relationes et epistolas fratrum minorum hispanorum in Sinis qui a. 1684–92 missionem ingressi sunt*. Vol. 8 of *Sinica Franciscana*. Rome: Collegium S. Antonii, 1975.

Mish, John L. "Creating an Image of Europe for China: Aleni's *Hsi-Fang Ta*

Wen." *Monumenta Serica* 23 (1964): 1–87.

孟儒望（Monteiro, João）:《天学辨敬录》, 广州, 1642 年。

——:《天学略义》, 福州, 1642 年。

——:《天学四镜》, 台北:"中央研究院"傅斯年图书馆, 2000 年。

Morales, Juan Bautista de. *Relatio et Libellus Supplex R. P. Joannis Baptistae de Morales*. In *Apologie des Dominicains missionaires de la Chine*, ed. Alexandre Noël, 29–106. Cologne, 1699.

Navarrete, Domingo. *Tratados historicos, políticos, étnicos y religiosos de la Monarquía de China*. Madrid, 1676.

庞迪我（Pantoja, Diego de）:《天神魔鬼说》, 约 1610 年。

Ricci, Matteo [Li Madou]. *De Christiana Expeditione apud Sinas*. Trans. and ed. Nicolas Trigault. Augsburg, 1615.

——. *The True Meaning of the Lord of Heaven*. Trans. Douglas Lancashire, Peter Hu Kuo-chen, and Edward Malatesta. San Francisco: Institute of Jesuit Sources, 1985.

上海书店出版社编:《十三经》, 2 册, 上海: 上海书店, 1997—1998 年。

（汉）司马迁:《史记》, 10 册, 北京: 中华书局, 1959 年。

Struve, Lynn A., ed. and trans. *Voices from the Ming-Qing Cataclysm: China in Tigers' Jaws*. New Haven, Conn.: Yale University Press, 1993.

（清）孙希旦:《礼记集解》, 3 册, 北京: 中华书局, 1989 年。

（清）孙星衍:《尚书今古文注疏》, 台北: 文津出版社, 1986 年。

Tacchi Venturi, Pietro, ed. *Opere storiche del P. Matteo Ricci, S. I*. Macerata, It.: Premiato stab. tip. F. Giorgetti, 1913.

高一志（Vagnoni, Alfonso）:《神鬼正纪》, 绛州, 1633 年。

（清）王国安等修、黄宗羲等纂:《浙江通志》, 50 卷, 杭州, 1684 年。

（清）汪楫:《崇祯长编》, 台北:"中央研究院"历史语言研究所, 1967 年。

王叔岷:《庄子校诠》, 台北:"中央研究院"历史语言研究所, 1988 年。

Watson, Burton, trans. *Hsün Tzu: Basic Writings*. New York: Columbia University Press, 1963.

（明）魏濬:《利说荒唐惑世》, 载（明）徐昌治编:《圣朝破邪集》, 夏瑰琦校注, 香港: 建道神学院, 1996 年, 第 183—186 页。

吴相湘主编:《天主教东传文献》, 3 册, 台北: 台湾学生书局, 1965—1972 年。

（明）徐昌治编:《圣朝破邪集》，夏瑰琦校注，香港：建道神学院，1996 年。
（清）徐时栋修、董沛纂:《鄞县志》，75 卷，广州，1877 年。
（清）徐松:《西域水道记：外二种》，北京：中华书局，2005 年。
杨柳桥:《荀子诂义》，济南：齐鲁书社，1985 年。
（明）张燮:《东西洋考》，北京：中华书局，1981 年。
张星烺:《中西交通史料汇编》，北京：中华书局，2003 年。
中国人民大学清史研究所编:《清史编年：顺治朝》，北京：人民大学出版社，1985 年。
周岩:《明末清初天主教史文献新编》上册，北京：国家图书馆出版社，2013 年。
（明）朱熹:《朱子全书》，27 册，上海：上海古籍出版社，2002 年。
（明）朱宗元:《答客问》，广州，1697 年。
——:《郊社之礼所以事上帝也》，1647 年。
——:《破迷论》，约 1640 年。
——:《天主圣教豁疑论》，广州，1680 年。
——:《拯世略说》，约 1650 年。

第二手文献

Alberts, Tara. *Conflict and Conversion: Catholicism in Southeast Asia, 1500–1700*. Oxford: Oxford University Press, 2013.

Alden, Dauril. *The Making of an Enterprise: The Society of Jesus in Portugal, Its Empire, and Beyond, 1540–1750*. Stanford, Calif.: Stanford University Press, 1996.

Amsler, Nadine. " 'Sie meinen, die drei Sekten seien eins': Matteo Riccis Aneignung des sanjiao-Konzepts und ihre Bedeutung für europäische Beschreibungen chinesischer Religion im 17. Jahrhundert." *Schweizerische Zeitschrift für Religions- und Kulturgeschichte* 105 (2011): 77–93.

Andrade, Tonio. "A Chinese Farmer, Two African Boys, and a Warlord: Toward a Global Microhistory." *Journal of World History* 21, no. 4 (2010): 573–91.

App, Urs. *The Birth of Orientalism*. Philadelphia: University of Pennsylvania Press, 2010.

Araki Kengo. "Confucianism and Buddhism in the Late Ming." In *The Unfolding of Neo-Confucianism*, ed. Wm. Theodore de Bary, 39–66. New

York: Columbia University Press, 1975.

Arun, C. Joe, ed. *Interculturation of Religion: Critical Perspectives on Robert de Nobili's Mission in India*. Bangalore: Asian Trading Corporation, 2007.

Aslanian, Sebouh. *From the Indian Ocean to the Mediterranean: The Global Trade Networks of Armenian Merchants from New Julfa*. Berkeley: University of California Press, 2011.

Atwell, William. "The T'ai-ch'ang, T'ien-ch'i, and Ch'ung-chen Reigns, 1620–1644." In *The Cambridge History of China, Volume 7, Part 1: The Ming Dynasty, 1368–1644*, ed. Frederick W. Mote and Denis Twitchett, 585–640. Cambridge: Cambridge University Press, 1988.

Baldanza, Kathlene. *Ming China and Vietnam: Negotiating Borders in Early Modern Asia*. Cambridge: Cambridge University Press, 2016.

Bauer, Wolfgang. *China and the Search for Happiness: Recurring Themes in Four Thousand Years of Chinese Cultural History*. New York: Seabury Press, 1976.

——. *China und die Hoffnung auf Glück: Paradiese, Utopien, Idealvorstellungen in der Geistesgeschichte Chinas*. 2nd ed. Munich: Deutscher Taschenbuch Verlag, 1989.

Beckert, Sven. *Empire of Cotton: A Global History*. New York: Knopf, 2014.

Benite, Zvi Ben-Dor. *The Dao of Muhammad: A Cultural History of Muslims in Late Imperial China*. Cambridge, Mass.: Harvard University Press, 2005.

——. "'Like the Hebrews in Spain': The Jesuit Encounter with Muslims in China and the Problem of Cultural Change." *Al-Qantara* 36, no. 2 (2015): 503–29.

——. "'Western Gods Meet in the East': Shapes and Contexts of the Muslim-Jesuit Dialogue in Early Modern China." *Journal of the Economic and Social History of the Orient* 55, no. 2-3 (2012): 517–46.

Bentley, Jerry H. "Early Modern Europe and the Early Modern World." In *Between the Middle Ages and Modernity: Individual and Community in the Early Modern World*, ed. Charles H. Parker and Jerry H. Bentley, 14–31. Lanham, Md.: Rowman and Littlefield, 2007.

Berg, Manfred, and Simon Wendt, eds. *Racism in the Modern World: Historical Perspectives on Cultural Transfer and Adaptation*. New York: Berghahn

Books, 2011.
Berling, Judith A. *The Syncretic Religion of Lin Chao-en*. New York: Columbia University Press, 1980.
Bettray, Johannes. *Die Akkommodationsmethode des P. Matteo Ricci S. I. in China*. Rome: Universitatis Gregorianae, 1955.
Biermann, Benno M. *Die Anfänge der neueren Dominikanermission in China*. Vechta, Ger.: Albertus, 1927.
Blanning, Timothy. *The Pursuit of Glory: Europe, 1648–1815*. New York: Viking, 2007.
Bol, Peter K. "Geography and Culture: The Middle-Period Discourse on the *Zhong guo*, the Central Country." In *Space and Cultural Fields: Spatial Images, Practices and Social Production*, ed. Ying-kuei Huang, 61–106. Taipei: Center for Chinese Studies, 2009.
——. *Neo-Confucianism in History*. Cambridge, Mass.: Harvard University Press, 2008. Bolton, Kingsley. *Chinese Englishes: A Sociolinguistic History*. Cambridge: Cambridge University Press, 2006.
Bowen, H. V., Elizabeth Mancke, and John G. Reid, eds. *Britain's Oceanic Empire: Atlantic and Indian Ocean Worlds, c. 1550–1850*. Cambridge: Cambridge University Press, 2012.
Boxer, C. R. *The Christian Century in Japan: 1549–1650*. Berkeley: University of California Press, 1951.
——. *The Portuguese Seaborne Empire, 1415–1825*. New York: Knopf, 1969.
Brockey, Liam Matthew. *Journey to the East: The Jesuit Mission to China, 1579–1724*. Cambridge, Mass.: Belknap Press, 2007.
——. *The Visitor: André Palmeiro and the Jesuits in Asia*. Cambridge, Mass.: Harvard University Press, 2014.
Broeze, Frank, ed. *Brides of the Sea: Port Cities of Asia from the 16th–20th Centuries*. Honolulu: University of Hawaiʻi Press, 1989.
Brook, Timothy. *The Confusions of Pleasure: Commerce and Culture in Ming China*. Berkeley: University of California Press, 1999.
——. "Europaeology? On the Difficulty of Assembling a Knowledge of Europe in China." In *Christianity and Cultures: Japan and China in Comparison, 1543–1644*, ed. M. Antoni J. Üçerler, 261–85. Rome: Institutum Historicum

Societatis Iesu, 2010.

———. *Geographical Sources of Ming-Qing-History*. Ann Arbor: Center for Chinese Studies, University of Michigan, 1988.

———. *Praying for Power: Buddhism and the Formation of Gentry Society in Late-Ming China*. Cambridge, Mass.: Harvard University Press, 1993.

———. *The Troubled Empire: China in the Yuan and Ming Dynasties*. Cambridge, Mass.: Harvard University Press, 2010.

———. *Vermeer's Hat: The Seventeenth Century and the Dawn of a Global World*. New York: Bloomsbury, 2008.

Busch, Heinrich. "The Tung-lin Shu-yüan and Its Political and Philosophical Significance." *Monumenta Serica* 14 (1949–1950): 1–163.

Cameron, Nigel. *Barbarians and Mandarins: Thirteen Centuries of Western Travelers in China*. Oxford: Oxford University Press, 1989.

Chakrabarty, Dipesh. *Provincializing Europe: Postcolonial Thought and Historical Difference*. Princeton, N.J.: Princeton University Press, 2000.

Ch'en, Kenneth. "Matteo Ricci's Contributions to, and Influence on, Geographical Knowledge in China." *Journal of the American Oriental Society* 59, no. 3 (1939): 325–59.

Chen, Min-sun. "Hsü Kuang-Ch'i and His Image of the West." In *Asia and the West: Encounters and Exchanges from the Age of Explorations; Essays in Honor of Donald F. Lach*, ed. Cyriac K. Pullapilly and Edwin J. Van Kley, 26–44. Notre Dame, Ind.: Cross Cultural Publications, 1986.

Chen, Yong. *Confucianism as Religion: Controversies and Consequences*. Leiden: Brill, 2012.

程小丽:《清代浙江举人研究》,华东师范大学硕士论文,2009年。

Cheng, Anne. "Ch'un ch'iu, Kung yang, Ku Liang and Tso Chuan." In *Early Chinese Texts: A Bibliographical Guide*, ed. Michael Loewe, 67–76. Berkeley: Institute of East Asian Studies, University of California, 1993.

Cheng, Yu-yin. "Changing Cosmology, Changing Perspectives on History and Politics: Christianity and Yang Tingyun's (1562–1627) Reflections on China." *Journal of World History* 24, no. 3 (2013): 499–537.

Ch'ien, Edward T. *Chiao Hung and the Restructuring of Neo-Confucianism in the Late Ming*. Berkeley: University of California Press, 1986.

———. "Chiao Hung and the Revolt against Ch'eng-Chu Orthodoxy: The Left Wing Wang Yang-ming School as a Source of the Han Learning in the Early Ch'ing." In *The Unfolding of Neo-Confucianism*, ed. Wm. Theodore de Bary, 271–301. New York: Columbia University Press, 1975.

Chow, Kai-wing. *The Rise of Confucian Ritualism in Late Imperial China: Ethics, Classics, and Lineage Discourse*. Stanford, Calif.: Stanford University Press, 1994.

Clooney, Francis X. "Roberto de Nobili's *Dialogue on Eternal Life* and an Early Jesuit Evaluation of Religion in South India." In *The Jesuits: Cultures, Sciences, and the Arts, 1540–1773*, ed. John W. O'Malley, Gauvin Alexander Bailey, Steven J. Harris, and T. Frank Kennedy, 402–17. Toronto: University of Toronto Press, 2000.

Clossey, Luke. *Salvation and Globalization in the Early Jesuit Missions*. Cambridge: Cambridge University Press, 2008.

Cohen, Thomas. "Racial and Ethnic Minorities in the Society of Jesus." In *The Cambridge Companion to the Jesuits*, ed. Thomas Worcester, 199–214. Cambridge: Cambridge University Press, 2008.

Collani, Claudia von. "Missionaries." In *Handbook of Christianity in China, Volume 1: 635–1800*, ed. Nicolas Standaert, 286–354. Leiden: Brill, 2000.

Colley, Linda. *The Ordeal of Elizabeth Marsh: A Woman in World History*. New York: Pantheon Books, 2007.

Colombel, Auguste M. *Histoire de la mission du Kiang-nan: En trois parties*. 3 vols. Shanghai: Imprimerie de la Mission catholique à l'Orphelinat de T'ou-sè-weè, 1895–1905.

Conrad, Sebastian. *What Is Global History?* Princeton, N.J.: Princeton University Press, 2016.

Cook, Constance, and John Major. *Defining Chu: Image and Reality in Ancient China*. Honolulu: University of Hawai'i Press, 1999.

Covell, Ralph R. *Confucius, the Buddha, and Christ: A History of the Gospel in Chinese*. Maryknoll, N.Y.: Orbis Books, 1986.

Cummins, John S., ed. *The Travels and Controversies of Friar Domingo Navarrete, 1618–1686*. 2 vols. Cambridge: Cambridge University Press, 1962.

戴光中:《明清浙东学术与宁波商帮发展》,《宁波大学学报》(人文科学版) 2003 年第 4 期, 第 45—49 页。

Dalby, Andrew. *Dangerous Tastes: The Story of Spices*. Berkeley: University of California Press, 2000.

Dardess, John W. *Blood and History in China: The Donglin Faction and Its Suppression*. Honolulu: University of Hawai'i Press, 2002.

———. *Ming China, 1368–1644: A Concise History of a Resilient Empire*. Lanham, Md.: Rowman and Littlefield, 2012.

Darwin, John. *After Tamerlane: The Global History of Empire, 1400–2000*. London: Penguin Books, 2007.

Davidson, Steven, and Michael Loewe. "*Ch'un ch'iu fan lu*." In *Early Chinese Texts: A Bibliographical Guide*, ed. Michael Loewe, 77–87. Berkeley: Institute of East Asian Studies, University of California, 1993.

Davis, Natalie Zemon. "Decentering History: Local Stories and Cultural Crossings in a Global World." *History and Theory* 50, no. 2 (2011): 188–202.

de Bary, Wm. Theodore. *Learning for One's Self: Essays on the Individual in Neo-Confucian Thought*. New York: Columbia University Press, 1991.

———. "Neo-Confucian Cultivation and the Seventeenth-Century 'Enlightenment.'" In *The Unfolding of Neo-Confucianism*, ed. Wm. Theodore de Bary, 141–216. New York: Columbia University Press, 1975.

Dehergne, Joseph. "Les chrétientés de Chine de la période de Ming (1581–1650)." *Monumenta Serica* 16, no. 1-2 (1957): 1–136.

Delandres, Dominique. "*Exemplo aeque ut verbo*: The French Jesuits' Missionary World." In *The Jesuits: Cultures, Sciences, and the Arts, 1540–1773*, ed. John W. O'Malley, Gauvin Alexander Bailey, Steven J. Harris, and T. Frank Kennedy, 258–73. Toronto: University of Toronto Press, 2000.

Demel, Walter. *Als Fremde in China: Das Reich der Mitte im Spiegel frühneuzeitlicher europäischer Reiseberichte*. Berlin: de Gruyter, 1992.

———. "Weltpolitik." In *WBG Weltgeschichte: Eine globale Geschichte von den Anfängen bis ins 21. Jahrhundert*, ed. Walter Demel et al., 4:109–61. Darmstadt: Wissenschaftliche Buchgesellschaft, 2010.

Di Cosmo, Nicola. "Did Guns Matter? Firearms and the Qing Formation." In *The Qing Formation in World-Historical Time*, ed. Lynn A. Struve, 121–66.

Cambridge, Mass.: Harvard University Asia Center, 2004.

Dikötter, Frank. *The Discourse of Race in Modern China*. Stanford, Calif.: Stanford University Press, 1992.

Dirlik, Arif. "Born in Translation: 'China' in the Making of 'Zhongguo.' " *boundary 2*, July 29, 2015. https://www.boundary2.org/2015/07/born-in-translation-china-in-the-making-of-zhongguo/.

段丽惠:《明遗民的身份认同与科第选择》,《河南师范大学学报》(哲学社会科学版) 2009 年第 2 期, 第 191—194 页。

Duara, Prasenjit. *Rescuing History from the Nation: Questioning Narratives of Modern China*. Chicago: University of Chicago Press, 1997.

DuBois, Thomas David. *Religion and the Making of Modern East Asia*. Cambridge: Cambridge University Press, 2011.

Dudink, Adrian. "Chinese Primary Sources." In *Handbook of Christianity in China, Volume 1: 635–1800*, ed. Nicolas Standaert, 113–60. Leiden: Brill, 2000.

———. "Christianity in Late Ming China: Five Studies." PhD diss., Leiden University, 1995.

———. "The Inventory of the Jesuit House at Nanjing Made Up during the Persecution of 1616–1617." In *Western Humanistic Culture Presented to China by Jesuit Missionaries (XVII–XVIII Centuries)*, ed. Federico Masini, 119–57. Rome: Institutum Historicum Societatis Jesu, 1996.

———. "*Nangong shudu* (1620), *Poxie ji* (1640), and Western Reports on the Nanjing Persecution (1616 / 1617)." *Monumenta Serica* 48 (2000): 133–265.

———. "The Rediscovery of a Seventeenth-Century Collection of Christian Texts: The Manuscript *Tianxue jijie*." *Sino-Western Cultural Relations Journal* 15 (1993): 1–26.

Dudink, Adrian, and Nicolas Standaert. "Apostolate Through Books." In *Handbook of Christianity in China, Volume 1: 635–1800*, ed. Nicolas Standaert, 600–631. Leiden: Brill, 2000.

Dunn, Ross E. *The Adventures of Ibn Battuta, a Muslim Traveler of the Fourteenth Century*. Berkeley: University of California Press, 1986.

Dunne, George H. *Generation of Giants: The Story of the Jesuits in China in the Last Decades of the Ming Dynasty*. Notre Dame, Ind.: University of

Notre Dame Press, 1962.

Durrant, Stephen W. *The Cloudy Mirror: Tension and Conflict in the Writings of Sima Qian*. Albany: SUNY Press, 1995.

Eichman, Jennifer. *A Late Sixteenth-Century Chinese Buddhist Fellowship: Spiritual Ambitions, Intellectual Debates, and Epistolary Connections*. Leiden: Brill, 2016.

Eisenstadt, Shmuel N., and Wolfgang Schluchter. "Introduction: Paths to Early Modernities—A Comparative View." *Daedalus* 127, no. 3 (1998): 1–18.

Ellis, Robert Richmond. *They Need Nothing: Hispanic-Asian Encounters of the Colonial Period*. Toronto: University of Toronto Press, 2012.

Elman, Benjamin. *A Cultural History of Examinations in Late Ming China*. Berkeley: University of California Press, 2000.

——. *On Their Own Terms: Science in China, 1550–1990*. Cambridge, Mass.: Harvard University Press, 2005.

Em, Henry. *The Great Enterprise: Sovereignty and Historiography in Modern Korea*. Durham, N.C.: Duke University Press, 2013.

Esherick, Joseph W. "How the Qing Became China." In *Empire to Nation: Historical Perspectives on the Making of the Modern World*, ed. Joseph W. Esherick, Hasan Kayali, and Eric Van Young, 229–59. Lanham, Md.: Rowman and Littlefield, 2006.

Ess, Hans van. "Hu Hong's Philosophy." In *Dao Companion to Neo-Confucian Philosophy*, ed. John Makeham, 105–24. New York: Springer, 2010.

樊树志:《明清江南市镇探微》,上海:复旦大学出版社,1990年。

方豪:《中国天主教史论丛甲集》,上海:商务印书馆,1947年。

——:《中国天主教史人物传》,3册,北京:中华书局,1967—1973年。

Feener, R. Michael. "South-East Asian Localisations of Islam and Participation within a Global *Umma*, c. 1500–1800." In *The New Cambridge History of Islam, Volume 3: The Eastern Islamic World, Eleventh to Eighteenth Centuries*, ed. David O. Morgan and Anthony Reid, 470–503. Cambridge: Cambridge University Press, 2010.

Feldhay, Rivka. "The Cultural Field of Jesuit Science." In *The Jesuits: Cultures, Sciences, and the Arts, 1540–1773*, ed. John W. O'Malley, Gauvin Alexander Bailey, Steven J. Harris, and T. Frank Kennedy, 107–30. Toronto: University

of Toronto Press, 2000.
冯贤亮:《明清江南的富民阶层及其社会影响》,《中国社会经济史研究》2003 年 1 期, 第 44—56 页。
Fitzgerald, Charles Patrick. *The Chinese View of Their Place in the World.* Oxford: Oxford University Press, 1967.
Fletcher, Joseph F. "Integrative History: Parallels and Interconnections in the Early Modern Period, 1500–1800." *Journal of Turkish Studies* 9 (1985): 37–57.
——. *Studies on Chinese and Islamic Inner Asia.* Ed. Beatrice Forbes Manz. Brookfield, Vt.: Variorum, 1995.
Flynn, Dennis O., and Arturo Giráldez. "Born with a 'Silver Spoon': The Origin of World Trade in 1571." *Journal of World History* 6, no. 2 (1995): 201–21.
Foccardi, Gabriele. *The Chinese Travelers of the Ming Period.* Wiesbaden: Harrassowitz, 1986.
Foss, Theodore N. "Cartography." In *Handbook of Christianity in China, Volume 1: 635–1800*, ed. Nicolas Standaert, 752–70. Leiden: Brill, 2000.
Frank, Andre Gunder. *ReORIENT: Global Economy in the Asian Age.* Berkeley: University of California Press, 1998.
Franke, Otto. *Studien zur Geschichte des konfuzianischen Dogmas und der konfuzianischen Staatsreligion: Das Problem des Tsch'un-ts'iu und Tung Tschung-schu's Tsch'un-ts'iu fan lu.* Hamburg: Friedrichsen, 1920.
Franke, Wolfgang. "Notes on Some Ancient Chinese Mosques." In *Documenta Barbarorum: Festschrift für Walther Heissig zum 70. Geburtstag*, ed. Walther Heissig, Klaus Sagaster, and Michael Weiers, 111–26. Wiesbaden: Harrassowitz, 1983.
Friedrich, Markus. *Die Jesuiten: Aufstieg, Niedergang, Neubeginn.* Frankfurt: Piper, 2016.
——. "Organisations- und Kommunikationsstrukturen der Gesellschaft Jesu: Ein Überblick." In *Etappen der Globalisierung in christentumsgeschichtlicher Perspektive: Phases of Globalization in the History of Christianity*, ed. Klaus Koschorke, 83–104. Wiesbaden: Harrassowitz, 2012.
傅乐成:《中国通史》, 2 册, 贵阳: 贵州教育出版社, 2010 年。
傅璇琮主编:《宁波通史》, 3 册, 宁波: 宁波出版社, 2009 年。

Fung Yu-lan. *A History of Chinese Philosophy, Volume 1: The Period of the Philosophers (From the Beginnings to circa 100 b.c.)*. Trans. Dirk Bodde. Princeton, N.J.: Princeton University Press, 1983.

Gardner, Daniel K. "Confucian Commentary and Chinese Intellectual History." *Journal of Asian Studies* 57, no. 2 (1998): 397–422.

——. *The Four Books: The Basic Teachings of the Later Confucian Tradition*. Indianapolis: Hackett, 2007.

Ge Zhaoguang. *Here in "China" I Dwell: Reconstructing Historical Discourses of China for Our Time*. Leiden: Brill, 2017.

葛兆光:《何为"中国": 疆域、民族、文化与历史》, 香港: 牛津大学出版社, 2014年。

Gernet, Jacques. *China and the Christian Impact: A Conflict of Cultures*. Trans. Janet Lloyd. Cambridge: Cambridge University Press, 1990. Originally published as *Chine et christianisme: La première confrontation*. Paris: Gallimard, 1982.

——. *Chine et christianisme: Action et réaction*. Paris: Gallimard, 1982.

——. *La Chine ancienne: Des origines à l'empire*. Paris: Presses Universitaires de France, 1964.

——. "La société chinoise à la fin des Ming." *Recherches de Science Religieuse* 72, no. 1 (1984): 27–36.

Gerritsen, Anne. "Scales of a Local: The Place of Locality in a Globalizing World." In *A Companion to World History*, ed. Douglas Northrup, 213–26. Hoboken, N.J.: Wiley-Blackwell, 2012.

Ghobrial, John-Paul. "The Secret Life of Elias of Babylon and the Uses of Global Microhistory." *Past & Present* 222, no. 1 (2014): 51–93.

Glahn, Richard von. *Fountain of Fortune: Money and Monetary Policy in China, 1000–1700*. Berkeley: University of California Press, 1996.

Godinho, Vitorino Magalhães. "L'émigration portugaise (XVe–XXe siècles): Une constant structurelle et les réponses au changements du monde." *Revista de História Económica e Social* 1 (1978): 5–32.

Goldstone, Jack A. *Revolution and Rebellion in the Early Modern World*. Berkeley: University of California Press, 1993.

Golvers, Noël, "Bibliographies of Western Primary Sources." In *Handbook of Christianity in China, Volume 1: 635–1800*, ed. Nicolas Standaert, 200–204.

Leiden: Brill, 2000.

龚道运:《儒学和天主教在明清的接触和会通》,《世界宗教研究》1996年第1期,第49—61页。

Gong, Gerrit W. *The Standard of "Civilization" in International Society*. New York: Oxford University Press, 1984.

龚缨晏:《明清之际的浙东学人与西学》,《浙江大学学报》(人文社会科学版),2006年第3期,第60—68页。

González, José María. *Historia de las misiones dominicanos de China*. 5 vols. Madrid: Imprenta Juan Bravo, 1955–1967.

Goodrich, L. Carrington, and Chaoying Fang, eds. *Dictionary of Ming Biography, 1368–1644*. 2 vols. New York: Columbia University Press, 1976.

Goossaert, Vincent. "1898: The Beginning of the End for Chinese Religion?" *Journal of Asian Studies* 65, no. 2 (2006): 307–35.

Goossaert, Vincent, and David A. Palmer. *The Religious Question in Modern China*. Chicago: University of Chicago Press, 2011.

Grafton, Anthony. "The History of Ideas: Precepts and Practice, 1950–2000 and Beyond." *Journal of the History of Ideas* 67, no. 1 (2006): 1–32.

Greenblatt, Kristin Yü. "Chu-hung and Lay Buddhism in the Late Ming." In *The Unfolding of Neo-Confucianism*, ed. Wm. Theodore de Bary, 93–140. New York: Columbia University Press, 1975.

Grzebień, Ludwik. "The Perception of the Asian Missions in Sixteenth to Seventeenth Century Poland During the Period of Re-Catholicisation." *Monumenta Serica* 59, no. 1 (2011): 177–89.

Guy, Kent. "Who Were the Manchus? A Review Essay." *Journal of Asian Studies* 61, no. 1 (2002): 151–64.

Haneda, Masashi. "Framework and Methods of Comparative Studies on Asian Port Cities in the Seventeenth and Eighteenth Centuries." In *Asian Port Cities, 1600–1800: Local and Foreign Cultural Interactions*, ed. Masashi Haneda, 1–12. Singapore: NUS Press, 2009.

Harris, Steven J. "Mapping Jesuit Science: The Role of Travel in the Geography of Knowledge." In *The Jesuits: Cultures, Sciences, and the Arts, 1540–1773*, ed. John W. O'Malley, Gauvin Alexander Bailey, Steven J. Harris, and T. Frank Kennedy, 212–40. Toronto: University of Toronto Press, 2000.

Harrison, Henrietta. *The Missionary's Curse and Other Tales from a Chinese Catholic Village*. Berkeley: University of California Press, 2013.

He, Yuming. *Home and the World. Editing the "Glorious Ming" in Woodblock-Printed Books of the Sixteenth and Seventeenth Centuries*. Cambridge, Mass: Harvard University Asia Center, 2013.

何宗美:《明末清初文人结社研究》,天津:南开大学出版社,2003 年。

Henderson, John B. *Scripture, Canon, and Commentary: A Comparison of Confucian and Western Exegesis*. Princeton, N.J.: Princeton University Press, 2014.

Hill, Ruth. "Between Black and White: A Critical Race Theory Approach to Caste Poetry in the Spanish New World." *Comparative Literature* 59, no. 4 (2007): 269–93.

Ho, Engseng. *The Graves of Tarim: Genealogy and Mobility across the Indian Ocean*. Berkeley: University of California Press, 2006.

Ho, Ping-ti. *The Ladder of Success in Imperial China: Aspects of Social Mobility, 1368–1911*. New York: Columbia University Press, 1967.

Hoffmann, Rainer, and Hu Qiuhua. *China: Seine Geschichte von den Anfängen bis zum Ende der Kaiserzeit*. Freiburg: Rombach, 2007.

Holzman, Donald. "The Conversational Tradition in Chinese Philosophy." *Philosophy East and West* 6, no. 3 (October 1956): 223–30.

Hosne, Ana Carolina. *The Jesuit Missions to China and Peru, 1570–1610: Expectations and Appraisals of Expansionism*. London: Routledge, 2013.

Hsia, R. Po-chia, ed. *A Companion to the Reformation World*. Malden, Mass.: Blackwell, 2006.

——. *A Jesuit in the Forbidden City: Matteo Ricci, 1552–1610*. Oxford: Oxford University Press, 2010.

——. "Mission Frontiers: A Reflection on Catholic Missions in the Early Modern World." In *The Frontiers of Mission: Perspectives on Early Modern Missionary Catholicism*, ed. Alison Forrestal and Seán Alexander Smith, 180–93. Leiden: Brill, 2016.

——. "Jesuit Representations of Europe to China in the Early Modern Period." In *Departure for Modern Europe: A Handbook of Early Modern Philosophy (1400–1700)*, ed. Hubertus Busche, 792–803. Hamburg: Felix Meiner, 2011.

——. *The World of Catholic Renewal, 1540–1770*. Cambridge: Cambridge University Press, 2005.

Hsu, Cho-yun. *China: A New Cultural History*. New York: Columbia University Press, 2012.

——. "The Spring and Autumn Period." In *The Cambridge History of Ancient China: From the Origins of Civilization to 221 b.c.*, ed. Michael Loewe and Edward L. Shaughnessy, 545–86. Cambridge: Cambridge University Press, 1999.

胡金平:《论朱宗元对原罪的解释》,首都师范大学硕士论文,2007年。

黄一农:《两头蛇:明末清初的第一代天主教徒》,上海:上海古籍出版社,2006年。

——.《忠孝牌坊与十字架——明末天主教徒魏学濂其人其事探微》,《新史学》第21卷,第3期,1997年,第43—94页。

Huber, Johannes. "Chinese Settlers against the Dutch East India Company: The Rebellion Led by Kuo Huai-i on Taiwan in 1652." In *Development and Decline of Fukien Province in the 17th and 18th Centuries*, ed. E. B. Vermeer, 265–96. Leiden: Brill, 1990.

Hucker, Charles O. *A Dictionary of Official Titles in Imperial China*. Stanford, Calif.: Stanford University Press, 1985.

——. "The Tung-lin Movement of the Late Ming Period." In *Chinese Thought and Institutions*, ed. John K. Fairbank, 132–62. Chicago: University of Chicago Press, 1957. Hummel, Arthur W. *Eminent Chinese of the Ch'ing Period (1644–1912)*. 2 vols. Washington, D.C.: U.S. Government Printing Office, 1943.

Hunt, Lynn. *Writing History in the Global Era*. New York: Norton, 2015.

Iriye, Akira. *Global and Transnational History: The Past, Present, and Future*. New York: Palgrave Macmillan, 2013.

Jami, Catherine, Peter M. Engelfriet, and Gregory Blue, eds. *Statecraft and Intellectual Renewal in Late Ming China: The Cross-Cultural Synthesis of Xu Guangqi (1562–1633)*. Leiden: Brill, 2001.

Jensen, Lionel M. *Manufacturing Confucianism: Chinese Traditions and Universal Civilization*. Durham, N.C.: Duke University Press, 1997.

金伟:《鲒亭集的学术价值》,《史学史研究》1997第1期,第2—15页。

Johns, Anthony H. "Friends in Grace: Ibrahim al-Kurani and Abd al-Ra'uf al Singkeli." In *Spectrum: Essays Presented to Sutan Takdir Alisjahbana on his Seventieth Birthday*, ed. S. Udin, 469–85. Jakarta: Dian Rakyat, 1978.

Jordan, William Chester. *Europe in the High Middle Ages*. London: Penguin Books, 2002.

Keenan, John P. *How Master Mou Removes Our Doubts: A Reader-Response Study and Translation of the "Mou-tzu Li-huo lun."* Albany: SUNY Press, 1994.

Keevak, Michael. *Becoming Yellow: A Short History of Racial Thinking*. Princeton, N.J.: Princeton University Press, 2011.

Kelly, Edward Thomas. "The Anti-Christian Persecution of 1616–1617 in Nanking." PhD diss., Columbia University, 1971.

King, Gail. "Candida Xu and the Growth of Christianity in China in the Seventeenth Century." *Monumenta Serica* 46 (1998): 49–66.

Knechtges, David R., and Taiping Chang, eds. *Ancient and Early Medieval Chinese Literature: A Reference Guide*. Vol. 2. Leiden: Brill, 2014.

Kochhar, Rajesh K. "Secondary Tools of Empire: Jesuit Men of Science in India." In *Discoveries: Missionary Expansion and Asian Cultures*, ed. Teotonio R. de Souza and Gregory Naik, 175–83. New Delhi: Concept Publishing, 1994.

小岛毅（Kojima Tsuyoshi）:《明末清初宁绍地区朱子学状况和意义》,《儒家文化研究》第 7 辑，2007 年，第 89—104 页。

Lach, Donald F., and Edwin J. Van Kley. *Asia in the Making of Europe*. 3 vols. Chicago: University of Chicago Press, 1965–1998.

Lancashire, Douglas C. "Anti-Christian Polemics in Seventeenth Century China." *Church History* 38 (1969): 218–41.

———. "Buddhist Reactions to Christianity in Late Ming China." *Journal of the Oriental Society of Australia* 6 (1968–1969): 82–103.

Lapidus, Ira M. *A History of Islamic Societies*. 2nd ed. Cambridge: Cambridge University Press, 2002.

Lee, Pauline C. *Li Zhi, Confucianism, and the Virtue of Desire*. Albany: SUNY Press, 2012.

Lee, Thomas H. C. "Christianity and Chinese Intellectuals: From the Chinese

Point of View." In *China and Europe: Images and Influences in Sixteenth to Eighteenth Centuries*, ed. Thomas H. C. Lee, 1–27. Hong Kong: Chinese University Press, 1991.

Leitão, Henrique. "The Contents and Context of Manuel Dias' *Tianwenlüe*." In *The Jesuits, the Padroado and East Asian Science, 1552–1773*. Ed. Luís Saraiva and Catherine Jami, 99–122. Singapore: World Scientific, 2008.

Le Petit Messager de Ning-po. Ningbo: Vicariat Apostolique du Tche-kiang Oriental, 1911–1939.

李伯重:《明清江南的出版印刷业》,《经济史研究》2001年第3期,第94—107页。

Li Feng. *Landscape and Power in Early China: The Crisis and Fall of the Western Zhou, 1045–771 b.c.* Cambridge: Cambridge University Press, 2006.

李庆新:《明代海外贸易制度》,北京:社会科学文献出版社,2007年。

Li, Shenwen. "Les jésuites et l'image de la France en Chine aux 17e et 18e siècles." In *Entre Mer de Chine et Europe: Migrations des savoirs, transfert des connaissances, transmission des sagesses du 17e au 21e siècle*, ed. Paul Servais, 41–57. Louvain-la- Neuve: Bruyant-Academia, 2011.

李奭学:《中国晚明与欧洲文学:明末耶稣会古典型证道故事考诠》,北京:生活·读书·新知三联书店,2010年。

Li Xueqin. *Eastern Zhou and Qin Civilizations*. Trans. K. C. Chang. New Haven, Conn.: Yale University Press, 1985.

李业业:《明末清初基督教生死观在中国的传播与接受》,上海师范大学博士论文,2008年。

Li Zonggui. *Between Tradition and Modernity: Philosophical Reflections on the Modernization of Chinese Culture*. Oxford: Chartridge Books, 2014.

Lieberman, Victor. *Strange Parallels: Southeast Asia in Global Context, c. 800–1830; Volume 1: Integration on the Mainland*. Cambridge: Cambridge University Press, 2003.

——. *Strange Parallels: Southeast Asia in Global Context, c. 800–1830; Volume 2: Mainland Mirrors: Europe, Japan, China, South Asia, and the Islands*. Cambridge: Cambridge University Press, 2009.

——. "Transcending East-West Dichotomies: State and Culture Formation in

Six Ostensibly Disparate Areas." *Modern Asian Studies* 31, no. 3 (1997): 463–546.

林庆彰:《明代经学研究论集》,上海:华东师范大出版社,2015 年。

Lippiello, Tiziana, and Roman Malek, eds. *"Scholar from the West": Giulio Aleni S. J. (1582–1649) and the Dialogue between Christianity and China.* Brescia, It.: Fondazione Civiltà Bresciana; Sankt Augustin, Ger.: Monumenta Serica Institute, 1997.

Liu, Lydia H. *The Clash of Empires: The Invention of China in the Modern World Making.* Cambridge, Mass.: Harvard University Press, 2004.

———. *Translingual Practice: Literature, National Culture, and Translated Modernity—China, 1900–1937.* Stanford, Calif.: Stanford University Press, 1995.

Liu, Yu. *Harmonious Disagreement: Matteo Ricci and His Closest Chinese Friends.* New York: Lang, 2015.

Luk, Bernard Hung-Kay. "A Serious Matter of Life and Death: Learned Conversations at Foochow in 1627." In *East Meets West: The Jesuits in China, 1582—1773*, ed. Charles E. Ronan and Bonnie B. C. Oh, 173–206. Chicago: Loyola University Press, 1982.

———. "Thus the Twain Did Meet? The Two Worlds of Giulio Aleni." PhD diss., Indiana University, 1977.

罗群:《传播学视角中的艾儒略与〈口铎日抄〉研究》,上海:上海古籍出版社,2012 年。

Luzbetak, Louis J. *The Church and Cultures: New Perspectives in Missiological Anthropology.* Maryknoll, N.Y.: Orbis Books, 1988.

Magone, Rui. "Portugal and the Jesuit Mission to China: Trends in Historiography." In *Europe and China: Science and Arts in the 17th and 18th Centuries*, ed. Luís Saraiva, 3–30. Singapore: World Scientific, 2012.

Malek, Roman, ed. *The Chinese Face of Jesus Christ, Volume 4a: Annotated Bibliography.* Leeds, U.K.: Maney, 2015.

Manning, Patrick. *Navigating World History: Historians Create a Global Past.* New York: Palgrave Macmillan, 2003.

毛瑞方:《王徵与晚明西学东渐》,上海:华东师范大学出版社,2011 年。

Margiotti, Fortunato. *Il cattolicesimo nello Shansi dalle origini al 1738.* Rome:

Edizioni Sinica franciscana, 1958.

Maspéro, Henri. *La Chine antique*. 1927. Reprint, Paris: Imprimerie nationale, 1955.

Mauro, Frédéric. "Merchant Communities, 1350–1750." In *The Rise of Merchant Empires: Long-Distance Trade in the Early Modern World, 1350–1750*, ed. James D. Tracy, 255–86. Cambridge: Cambridge University Press, 1990.

McMorran, Ian. "Wang Fu-Chih and the Neo-Confucian Tradition." In *The Unfolding of Neo-Confucianism*, ed. Wm. Theodore de Bary, 413–67. New York: Columbia University Press, 1975.

McNeill, John R., and William McNeill. *The Human Web: A Bird's-Eye View of World History*. New York: Norton, 2003.

Medick, Hans. "Turning Global? Microhistory in Extension." *Historische Anthropologie* 24, no. 2 (2016): 241–52.

Meier, Johannes. "Religiöse Begegnungen und christliche Mission." In *WBG Weltgeschichte: Eine globale Geschichte von den Anfängen bis ins 21. Jahrhundert*, ed. Walter Demel et al., 4:325–83. Darmstadt: Wissenschaftliche Buchgesellschaft, 2010.

Meißner, Werner. *China zwischen nationalem "Sonderweg" und universaler Modernisierung: Zur Rezeption westlichen Denkens in China*. Munich: Fink, 1994.

Menegon, Eugenio. *Ancestors, Virgins, and Friars: Christianity as a Local Religion in Late Imperial China*. Cambridge, Mass.: Harvard University Press, 2010.

——. "Jesuit Emblematica in China: The Use of European Allegorical Images in Flemish Engravings Described in the *Kouduo richao* (ca. 1640)." *Monumenta Serica* 55 (2007): 389–437.

Miller, Harry. *State versus Gentry in Late Ming Dynasty China, 1572–1644*. New York: Palgrave Macmillan, 2009.

Mintz, Sidney W. *Sweetness and Power: The Place of Sugar in Modern History*. New York: Viking, 1985.

Mittag, Achim. "Scribe in the Wilderness: The Manchu Conquest and the Loyal-Hearted Historiographer's (*xinshi*) Mission." *Oriens Extremus* 44

(2003/2004): 27–42.

莫铮宜:《明末清初浙东儒士朱宗元西学观研究:兼与黄宗羲思想比较》,《国学与西学:国际学刊》第 12 期, 2016 年, 第 95—105 页。

Moffett, Samuel Hugh. *A History of Christianity in Asia, Volume II: 1500 to 1900*. Maryknoll, N.Y.: Orbis Books, 2005.

Moyn, Samuel, and Andrew Sartori, eds. *Global Intellectual History*. New York: Columbia University Press, 2013.

Müller, Claudius C. "Die Herausbildung der Gegensätze: Chinesen und Barbaren in der frühen Zeit." In *China und die Fremden: 3000 Jahre Auseinandersetzung in Krieg u. Frieden*, ed. Wolfgang Bauer, 43–76. Munich: Beck, 1980.

Mungello, D. E. *Curious Land: Jesuit Accommodation and the Origins of Sinology*. Honolulu: University of Hawai'i Press, 1989.

——. *The Forgotten Christians of Hangzhou*. Honolulu: University of Hawai'i Press, 1994.

——. *The Great Encounter of China and the West, 1500–1800*. Lanham, Md.: Rowman and Littlefield, 2005.

——. "Reinterpreting the History of Christianity in China." *Historical Journal* 55, no. 2 (2012): 533–52.

Needham, Joseph. *Science and Civilisation in China, Volume 5: Chemistry and Chemical Technology, Part 7: Military Technology; The Gunpowder Epic*. Cambridge: Cambridge University Press, 1987.

Ng, On-cho. "The Epochal Concept of 'Early Modernity' and the Intellectual History of Late Imperial China." *Journal of World History* 14, no. 1 (2003): 37–61.

Nongbri, Brent. *Before Religion: A History of a Modern Concept*. New Haven, Conn.: Yale University Press, 2013.

Okamoto, Sai. "La crise politique et morale des mandarins du sud à l'époque de transition." PhD diss., Université des lettres, Paris, 1969.

O'Malley, John W. "The Historiography of the Society of Jesus: Where Does It Stand Today?" In *Saints or Devils Incarnate? Studies in Jesuit History*, ed. John W. O'Malley, 1–36. Leiden: Brill, 2013.

Pan, Feng-chuan. "Moral Ideas and Practices." In *Handbook of Christianity in*

China, Volume 1: 635–1800, ed. Nicolas Standaert, 653–67. Leiden: Brill, 2000.

Parker, Charles. *Global Interactions in the Early Modern World, 1400–1800*. Cambridge: Cambridge University Press, 2010.

Parker, Geoffrey. "Crisis and Catastrophe: The Global Crisis of the Seventeenth Century Reconsidered." *American Historical Review* 113, no. 4 (2008): 1053–79.

——. *Global Crisis: War, Climate Change and Catastrophe in the Seventeenth Century*. New Haven, Conn.: Yale University Press, 2013.

Pearson, Michael N. "Creating a Littoral Community: Muslim Reformers in the Early Modern Indian Ocean World." In *Between the Middle Ages and Modernity: Individual and Community in the Early Modern World*, ed. Charles H. Parker and Jerry H. Bentley, 155–65. Lanham, Md.: Rowman and Littlefield, 2007.

Perdue, Peter C. *China Marches West: The Qing Conquest of Central Eurasia*. Cambridge, Mass.: Belknap Press, 2005.

Pernau, Margrit, and Dominic Sachsenmaier, eds. *Global Conceptual History: A Reader*. London: Bloomsbury, 2016.

Peterson, Willard J. "Confucian Learning in Late Ming Thought." In *The Cambridge History of China, Volume 8: The Ming Dynasty, 1368–1644, Part 2*, ed. Denis Twitchett and Frederick W. Mote, 708–88. Cambridge: Cambridge University Press, 1998.

——. "Learning from Heaven: The Introduction of Christianity and Other Western Ideas into Late Ming China." In *The Cambridge History of China, Volume 8: The Ming Dynasty, 1368–1644, Part 2*, ed. Denis Twitchett and Frederick W. Mote, 789–839. Cambridge: Cambridge University Press, 1998.

——. "Why Did They Become Christians? Yang T'ing-yun, Li Chih-tsao, and Hsü Kuang-ch'i." In *East Meets West: The Jesuits in China, 1582—1773*, ed. Charles E. Ronan and Bonnie B. C. Oh, 129–51. Chicago: Loyola University Press, 1982.

Peterson, Willard J. *Bitter Gourd: Fang I-Chih and the Impetus for Intellectual Change*. New Haven, Conn.: Yale University Press, 1979.

Pfister, Louis, S. J. *Notices biographiques et bibliographiques sur les Jésuites de l'ancienne mission de Chine, 1572–1773, Tome 1: XVIe et XVIIe siècles*. Shanghai: Imprimerie de la Mission catholique, 1932.

Phelan, John Leddy. *The Hispanization of the Philippines: Spanish Aims and Filipino Responses, 1565–1700*. Madison: University of Wisconsin Press, 1959.

Pierson, Stacey. "The Movement of Chinese Ceramics: Appropriation in Global History." *Journal of World History* 23, no. 1 (2012): 9–40.

Pina, Isabel. "Chinese and Mestizo Jesuits from the China Mission (1589–1689)." In *Europe–China: Intercultural Encounters (16th–18th Centuries)*, ed. Luís Filipe Barreto, 117–37. Lisbon: Centro Científico e Cultural de Macau, 2012.

——. "Manuel Dias Sénior / Li Manuo." *Bulletin of Portuguese / Japanese Studies* 15 (2007): 79–94.

Pines, Yuri. *Foundations of Confucian Thought: Intellectual Life in the Chunqiu Period (722–453 b.c.e.)*. Honolulu: University of Hawai'i Press, 2002.

Playfair, George M. H. *The Cities and Towns of China: A Geographical Dictionary*. Taipei: Ch'eng Wen, 1971.

Pomeranz, Kenneth. "Areas, Networks, and the Search for 'Early Modern' East Asia." In *Comparative Early Modernities, 1100–1800*, ed. David Porter, 245–70. New York: Palgrave Macmillan, 2012.

——. *The Great Divergence: China, Europe, and the Making of the Modern World Economy*. Princeton, N.J.: Princeton University Press, 2001.

Pomeranz, Kenneth, and Steven Topik. *The World That Trade Created: Society, Culture, and the World Economy, 1400 to the Present*. Armonk, N.Y.: M.E. Sharpe, 2006.

Prieto Andrés I. "The Perils of Accommodation: Jesuit Missionary Strategies in the Early Modern World." *Journal of Jesuit Studies* 4, no. 3 (2017): 395–414.

Ptak, Roderich. *China and the Asian Seas: Trade, Travel and Visions of the Other (1400–1750)*. Aldershot, U.K.: Ashgate, 1998.

——. *Portugal in China: Kurzer Abriss der portugiesisch-chinesischen Beziehungen und der Geschichte Macaus im 16. und beginnenden 17.*

Jahrhundert. Bad Boll, Ger.: Klemmerberg Verlag, 1980.

戚印平:《耶稣会士与晚明海上贸易》,北京:社会科学文献出版社, 2017 年。

Rainey, Lee Dian. *Confucius and Confucianism: The Essentials*. Chichester, U.K.: Wiley-Blackwell, 2010.

Rambo, Lewis R. *Understanding Religious Conversion*. New Haven, Conn.: Yale University Press, 1993.

Rawski, Evelyn S. "Beyond National History: Seeking the Ethnic in China's History." *Crossroads* 5 (2012): 45–62.

——. *Early Modern China and Northeast Asia: Cross-Border Perspectives*. Cambridge: Cambridge University Press, 2015.

——. "The Qing Formation and the Early Modern Period." In *The Qing Formation in World-Historical Time*, ed. Lynn A. Struve, 207–35. Cambridge, Mass.: Harvard University Asia Center, 2004.

Reinhard, Wolfgang. *Die Unterwerfung der Welt: Globalgeschichte der europäischen Expansion, 1415–2015*. Munich: Beck, 2016.

——. *Geschichte der europäischen Expansion, Band 1: Die Alte Welt bis 1818*. Stuttgart: Kohlhammer, 1983.

——. *A Short History of Colonialism*. Manchester, U.K.: Manchester University Press, 2011.

Richards, John. *The Unending Frontier: An Environmental History of the Early Modern World*. Berkeley: University of California Press, 2003.

Riello, Giorgio. *Cotton: The Fabric That Made the Modern World*. Cambridge: Cambridge University Press, 2013.

Robertson, Roland. "Glocalization: Time-Space and Homogeneity-Heterogeneity." In *Global Modernities*, ed. Mike Featherstone, Scott Lash, and Roland Robertson, 25–44. London: Sage, 1995.

Ropp, Paul S. *China in World History*. Oxford: Oxford University Press, 2010.

Ross, Andrew C. "Alessandro Valignano: The Jesuits and Culture in the East." In *The Jesuits: Cultures, Sciences, and the Arts, 1540–1773*, ed. John W. O'Malley, Gauvin Alexander Bailey, Steven J. Harris, and T. Frank Kennedy, 336–51. Toronto: University of Toronto Press, 2000.

Rubiés, Joan-Pau. *Travel and Ethnology in the Renaissance: South India through European Eyes, 1250–1625*. Cambridge: Cambridge University

Press, 2000.
Rule, Paul. "China-Centered Mission History." In *Historiography of the Chinese Catholic Church: Nineteenth and Twentieth Centuries*, ed. J. Heyndrickx, 52–59. Leuven: Ferdinand Verbiest Foundation, 1994.
——. "The Jesuits and the Ming-Qing Transition: How Did Boym and Martini Find Themselves on Opposite Sides?" *Monumenta Serica* 59, no. 1 (2011): 243–58.
——. *K'ung-tzu or Confucius? The Jesuit Interpretation of Confucianism*. Crows Nest, Austral.: Allen and Unwin, 1986.
Ryckmans, Pierre. *The Chinese Attitude Towards the Past*. George Ernest Morrison Lecture in Ethnology, vol. 47. Canberra: Australian National University, 1986.
Sachsenmaier, Dominic. "Cultural and Religious Exchanges." In *Architects of World History: Researching the Global Past*, ed. Kenneth R. Curtis and Jerry H. Bentley, 108–33. Hoboken, N.J.: Wiley-Blackwell, 2014.
——. "The Cultural Transmission from China to Europe." In *Handbook of Christianity in China, Volume 1: 635–1800*, ed. Nicolas Standaert, 879–905. Leiden: Brill, 2000.
——. *Die Aufnahme europäischer Inhalte in die chinesische Kultur durch Zhu Zongyuan (ca. 1616–1660)*. Monumenta Serica Monograph Series 47. Nettetal, Ger.: Steyler, 2001.
——. "Global History." In *The Oxford Handbook of Global Studies*, ed. Mark Juergensmeyer, Manfred Steger, Saskia Sassen, and Victor Faessel. Oxford: Oxford University Press, 2018.
——. *Global Perspectives on Global History: Theories and Approaches in a Connected World*. Cambridge: Cambridge University Press, 2011.
——. "How and Why I Became a World Historian." In *A Companion to World History*, ed. Douglas Northrup, 32–42. Hoboken, N.J.: Wiley-Blackwell, 2012.
——. "Notions of Society in Early Twentieth-Century China, ca. 1900–25." In *A Global Conceptual History of Asia, 1860–1940*, ed. Hagen Schulz-Forberg, 61–74. London: Pickering and Chatto, 2014.
——. "Searching for Alternatives to Western Modernity: Cross-Cultural

Approaches in the Aftermath of World War I." *Journal of Modern European History* 4, no. 2 (2006): 241–59.

Saler, Benson. *Understanding Religion: Selected Essays*. Berlin: de Gruyter, 2009.

Sartori, Andrew. "The Resonance of 'Culture': Framing a Problem in Global Concept-History." *Comparative Studies in Society and History* 47, no. 4 (2005): 676–99.

Schmidt-Glintzer, Helwig. "Ausdehnung der Welt und innerer Zerfall (3. bis 8. Jah- rhundert)." In *China und die Fremden: 3000 Jahre Auseinandersetzung in Krieg u. Frieden*, ed. Wolfgang Bauer, 77–113. Munich: Beck 1980.

———. *Das Hung-Ming Chi und die Aufnahme des Buddhismus in China*. Münchener Ostasiatische Studien 12. Wiesbaden: Steiner, 1976.

———. *Die Identität der buddhistischen Schulen und die Kompilation buddhistischer Universalgeschichten in China*. Wiesbaden: Steiner, 1982.

———. "Vielfalt und Einheit: Zur integrationistischen Tendenz in der Kultur Chinas." In *"Kultur": Begriff und Wort in China und Japan*, ed. Wolfgang Bauer, 123–57. Berlin: Reimer, 1984.

Schneider, Julia. *Nation and Ethnicity: Chinese Discourses on History, Historiography, and Nationalism (1900s–1920s)*. Leiden: Brill, 2017.

Schottenhammer, Angela. "The Sea as Barrier and Contact Zone: Maritime Space and Sea Routes in Traditional Chinese Books and Maps." In *The Perception of Maritime Space in Traditional Chinese Sources*, ed. Angela Schottenhammer and Roderich Ptak, 3–13. Wiesbaden: Harrassowitz, 2006.

Schumacher, Stephan, and Gert Woehner, eds. *The Encyclopedia of Eastern Philosophy and Religion: Buddhism, Hinduism, Taoism, Zen*. Boston: Shambhala, 1994.

Schwartz, Benjamin I. "The Chinese Perception of World Order, Past and Present." In *The Chinese World Order: Traditional China's Foreign Relations*, ed. John King Fairbank, 276–88. Cambridge, Mass.: Harvard University Press, 1968.

Sebes, Joseph S. "Philippine Jesuits in the Middle Kingdom in the 17th Century." *Philippine Studies* 26 (1978): 192–208.

Seijas, Tatiana. *Asian Slaves in Colonial Mexico: From Chinos to Indians*.

Cambridge: Cambridge University Press, 2014.

Shek, Richard Hon-Chun. *Religion and Society in Late Ming: Sectarianism and Popular Thought in Sixteenth and Seventeenth Century China.* Berkeley: University of California Press, 1980.

Shiba, Yoshinobu. "Ningpo and Its Hinterland." In *The City in Late Imperial China*, ed. G. William Skinner, 391–440. Stanford, Calif.: Stanford University Press, 1977.

Shimada, Kenji. *Die neo-konfuzianische Philosophie: Die Schulrichtungen Chu Hsis und Wang Yangmings.* Berlin: Reimer, 1987.

Shin, Leo K. *The Making of the Chinese State: Ethnicity and Expansion on the Ming Borderlands.* New York: Cambridge University Press, 2006.

Singh, Khushwant. *The Illustrated History of the Sikhs.* New Delhi: Oxford University Press, 2006.

Skinner, G. William. "Creolized Chinese Societies in Southeast Asia." In *Sojourners and Settlers: Histories of Southeast Asia and the Chinese*, ed. Anthony Reid and Kristine Alilunas Rodgers, 51–92. St. Leonards, Austral.: Allen and Unwin, 1996.

Souza, George Bryan. *The Survival of Empire: Portuguese Trade and Society in the South China Sea, 1630–1754.* Cambridge: Cambridge University Press, 1986.

Spence, Jonathan D. *The Memory Palace of Matteo Ricci.* London: Penguin Books, 2008.

——. *Return to Dragon Mountain: Memories of a Late Ming Man.* New York: Viking, 2007.

——. *The Search for Modern China.* New York: Norton, 1991.

Standaert, Nicolas. "Chinese Christians: General Characteristics." In *Handbook of Christianity in China, Volume 1: 635–1800*, ed. Nicolas Standaert, 380–403. Leiden: Brill, 2000.

——. "Chinese Christians Going Abroad." In *Handbook of Christianity in China, Volume 1: 635–1800*, ed. Nicolas Standaert, 449–55. Leiden: Brill, 2000.

——. *Chinese Voices in the Rites Controversy: Travelling Books, Community Networks, Intercultural Arguments.* Rome: Institutum Historicum Societatis

Iesu, 2012.

———. "Confucian-Christian Dual Citizenship: A Political Conflict?" *Ching Feng* 34, no. 2 (1991): 109–14.

———. "Creation of Christian Communities." In *Handbook of Christianity in China, Volume 1: 635–1800*, ed. Nicolas Standaert, 543–75. Leiden: Brill, 2000.

———. "Ecclesiastical Administration." In *Handbook of Christianity in China, Volume 1: 635–1800*, ed. Nicolas Standaert, 576–79. Leiden: Brill, 2000.

———. *The Fascinating God: A Challenge to Modern Theology Presented by a Text on the Name of God Written by a 17th Century Chinese Student of Theology*. Rome: Pontificia Università Gregoriana, 1995.

———. *The Interweaving of Rituals: Funerals in the Cultural Exchange between China and Europe*. Seattle: University of Washington Press, 2008.

———. "Jesuit Corporate Culture as Shaped by the Chinese." In *The Jesuits: Cultures, Sciences, and the Arts, 1540–1773*, ed. John W. O'Malley, Gauvin Alexander Bailey, Steven J. Harris, and T. Frank Kennedy, 352–63. Toronto: University of Toronto Press, 2000.

———. "Jesuits in China." In *The Cambridge Companion to the Jesuits*, ed. Thomas Worcester, 169–85. Cambridge: Cambridge University Press, 2008.

———. "Missionaries." In *Handbook of Christianity in China, Volume 1: 635–1800*, ed. Nicolas Standaert, 286–354. Leiden: Brill, 2000.

———. "New Trends in the Historiography of Christianity in China." *Catholic Historical Review* 83, no. 4 (1997): 573–613.

———. "Note on the Spread of Jesuit Writings in Late Ming and Early Qing China." *China Mission Studies (1550–1800) Bulletin* 7 (1985): 22–32.

———. "Rites Controversy." In *Handbook of Christianity in China, Volume 1: 635–1800*, ed. Nicolas Standaert, 680–87. Leiden: Brill, 2000.

———. "Social Organization of the Church." In *Handbook of Christianity in China, Volume 1: 635–1800*, ed. Nicolas Standaert, 456–73. Leiden: Brill, 2000.

———. "Xu Guangqi's Conversion as a Multifaceted Process." In *Statecraft and Intellectual Renewal in Late Ming China: The Cross-Cultural Synthesis of Xu Guangqi (1562–1633)*, ed. Catherine Jami, Peter M. Engelfriet, and

Gregory Blue, 170–85. Leiden: Brill, 2001.

———. *Yang Tingyun, Confucian and Christian in Late Ming China: His Life and Thought.* Leiden: Brill, 1988.

Standaert, Nicolas, and John Witek. "Chinese Clergy." In *Handbook of Christianity in China, Volume 1: 635–1800*, ed. Nicolas Standaert, 462–70. Leiden: Brill, 2000.

Stern, Philip J. *The Company-State: Corporate Sovereignty and the Early Modern Foundations of the British Empire in India.* Oxford: Oxford University Press, 2011.

Struve, Lynn A. "Chimerical Early Modernity: The Case of 'Conquest Generation' Memoirs." In *The Qing Formation in World-Historical Time*, ed. Lynn A. Struve, 335–80. Cambridge, Mass.: Harvard University Asia Center, 2004.

———. "Introduction." In *The Qing Formation in World-Historical Time*, ed. Lynn A. Struve, 1–54. Cambridge, Mass.: Harvard University Asia Center, 2004.

———. "The Southern Ming, 1644–1662." In *The Cambridge History of China, Volume 7, Part 1: The Ming Dynasty, 1368–1644*, ed. Frederick W. Mote and Denis Twitchett, 641–725. Cambridge: Cambridge University Press, 1988.

Subrahmanyam, Sanjay. "Connected Histories: Notes towards a Reconfiguration of Early Modern Eurasia." *Modern Asian Studies* 31, no. 3 (1997): 735–62.

———. "Forcing the Doors of Heathendom: Ethnography, Violence, and the Dutch East India Company." In *Between the Middle Ages and Modernity: Individual and Community in the Early Modern World*, ed. Charles H. Parker and Jerry H. Bentley, 131–54. Lanham, Md.: Rowman and Littlefield, 2007.

———. "On World Historians in the Sixteenth Century." *Representations* 91, no. 1 (2005): 26–57.

———. *The Portuguese Empire in Asia: A Political and Economic History.* 2nd ed. Chichester, U.K.: Wiley-Blackwell, 2012.

Tang Chun-i. "The Development of the Concept of Moral Mind from Wang Yang-ming to Wang Chi." In *Self and Society in Ming Thought*, ed. Wm. Theodore de Bary, 93–117. New York: Columbia University Press, 1970.

Taylor, Rodney Leon. *The Cultivation of Sagehood as a Religious Goal in Neo-*

Confucianism: A Study of Selected Writings of Kao P'an-lung (1562–1626). Missoula, Mont.: Scholars Press, 1978.

田薇：《论王阳明以"良知"为本的道德哲学》，《清华大学学报》（哲学社会科学版）2003 年第 1 期，第 5—9 页。

Tiedemann, R. G. "The Chinese Clergy." In *Handbook of Christianity in China, Volume 2: 1800 to the Present*, ed. R. G. Tiedemann, 571–86. Leiden: Brill, 2009.

Todorova, Maria. *Imagining the Balkans*. New York: Oxford University Press, 1997. Trakulhun, Sven. *Asiatische Revolutionen: Europa und der Aufstieg und Fall asiatischer Imperien (1600–1830)*. Frankfurt: Campus, 2017.

Trivellato, Francesca. *The Familiarity of Strangers: The Sephardic Diaspora, Livorno, and Cross-Cultural Trade in the Early Modern Period*. New Haven, Conn.: Yale University Press, 2009.

Tu Wei-ming. *Centrality and Commonality: An Essay on Confucian Religiousness*. Albany: SUNY Press, 1989.

———. *Humanity and Self-Cultivation: Essays in Confucian Thought*. Berkeley: Asian Humanities Press, 1978.

———. *Neo-Confucian Thought in Action: Wang Yang-ming's Youth (1472–1509)*. Berkeley: University of California Press, 1976.

Übelhör, Monika. "Hsü Kuang-ch'i (1562–1633) und seine Einstellung zum Christentum: Ein Beitrag zur Geistesgeschichte der späten Ming-Zeit (Teil 1)." *Oriens Extremus* 15, no. 2 (1968): 191–257.

———. "Hsü Kuang-ch'i (1562–1633) und seine Einstellung zum Christentum: Ein Beitrag zur Geistesgeschichte der späten Ming-Zeit (Teil 2)." *Oriens Extremus* 16, no. 1 (1969): 41–74.

———. *Wang Gen (1483–1541) und seine Lehre: Eine kritische Position im späten Konfuzianis- mus*. Berlin: Reimer, 1986.

Van Kley, Edwin J. "Europe's 'Discovery' of China and the Writing of World History." *American Historical Review* 76, no. 2 (1971): 358–85.

Vogelsang, Kai. *Geschichte Chinas*. Stuttgart: Reclam, 2012.

Wakeman, Frederic, Jr. *The Great Enterprise: The Manchu Reconstruction of Imperial Order in Seventeenth-Century China*. 2 vols. Berkeley: University of California Press, 1985.

Walker, Richard Louis. *The Multi-State System of Ancient China*. 1951. Reprint, Westport, Conn.: Greenwood Press, 1971.

Wang Gungwu. *The Chinese Overseas: From Earthbound China to the Quest for Autonomy*. Cambridge, Mass.: Harvard University Press, 2000.

———. "Sojourning: The Chinese Experience in Southeast Asia." In *Sojourners and Settlers: Histories of Southeast Asia and the Chinese*, ed. Anthony Reid and Kristine Alilunas Rodgers, 1–14. St. Leonards, Austral.: Allen and Unwin, 1996.

汪晖:《现代中国思想的兴起》,4 卷,北京:生活·读书·新知三联书店, 2004 年。

Wang, Q. Edward. "History, Space, and Ethnicity: The Chinese Worldview." *Journal of World History* 10, no. 2 (1999): 285–305.

王泽颖:《论朱宗元之天儒观》,宁波大学硕士论文,2011 年。

———:《明末天主教儒士朱宗元生平考》,《宁波教育学院学报》2010 年第 5 期,第 96—98 页。

———:《明末天主教儒士朱宗元著作考综述》,《三峡论坛》(三峡文学·理论版) 2010 年第 5 期,第 55—59 页。

闻黎琴:《朱宗元思想研究》,浙江大学硕士论文,2007 年。

Wheeler, Charles. "Buddhism in the Re-ordering of an Early Modern World: Chinese Missions to Cochinchina in the Seventeenth Century." *Journal of Global History* 2, no. 3 (2007): 303–24.

Wills, John E., Jr., ed. *China and Maritime Europe, 1500–1800: Trade, Settlement, Diplomacy, and Missions*. Cambridge: Cambridge University Press, 2011.

———. "Contingent Connections: Fujian, the Empire, and the Early Modern World." In *The Qing Formation in World-Historical Time*, ed. Lynn A. Struve, 167–203. Cambridge, Mass.: Harvard University Asia Center, 2004.

———. "Maritime Europe and the Ming." In *China and Maritime Europe, 1500–1800: Trade, Settlement, Diplomacy, and Missions*, ed. John E. Wills Jr., 24–77. Cambridge: Cambridge University Press, 2011.

———. *Pepper, Guns, and Parleys: The Dutch East India Company and China, 1622–1681*. Cambridge, Mass.: Harvard University Press, 1974.

Wills, John E., Jr., and John Cranmer-Byng. "Trade and Diplomacy with Maritime Europe, 1644–c. 1800." In *China and Maritime Europe,*

1500–1800: Trade, Settlement, Diplomacy, and Missions, ed. John E. Wills Jr., 183–254. Cambridge: Cambridge University Press, 2011.

Witek, John W. "Epilogue: Christianity and Cultures: Japan and China in Comparison, 1543–1644; Reflections on a Significant Theme." In *Christianity and Cultures: Japan and China in Comparison (1543–1644)*, ed. M. Antoni J. Üçerler, 337–41. Rome: Institutum Historicum Societatis Iesu, 2010.

Wong, R. Bin. "The Search for European Differences and Domination in the Early Modern World: A View from Asia." *American Historical Review* 107, no. 2 (2002): 447–69.

Wriggins, Sally Hovey. *Xuanzang: A Buddhist Pilgrim on the Silk Road*. Boulder, Colo.: Westview Press, 1996.

Wu, Jiang. *Enlightenment in Dispute: The Reinvention of Chan Buddhism in Seventeenth-Century China*. New York: Oxford University Press, 2008.

巫仁恕:《品味奢华:晚明的消费社会与士大夫》,台北:联经出版社,2007年。

肖清和:《"天会"与"吾党":明末清初天主教徒群体研究》,北京:中华书局,2015年。

徐林:《明代中晚期江南地区贫士的社会交往生活》,《史学集刊》2004年第3期,第34—37页。

徐宗泽:《明清间耶稣会士译著提要》,北京:中华书局,1949年。

Yabuuti, Kiyosi. "Islamic Astronomy in China during the Yuan and Ming Dynasties." Trans. Benno van Dalen. *Historia Scientiarum* 7, no. 1 (1997): 11–43.

Yang, C. K. *Religion in Chinese Society: A Study of Contemporary Social Functions of Religion and Some of Their Historical Factors*. Berkeley: University of California Press, 1961.

Young, John D. *East-West Synthesis: Matteo Ricci and Confucianism*. Hong Kong: Centre of Asian Studies, University of Hong Kong, 1980.

Yu, Taishan. "A History of the Relationships between the Western and Eastern Han, Wei, Jin, Northern and Southern Dynasties and the Western Regions." *Sino-Platonic Papers* 131 (March 2004). http://www.sino-platonic.org/complete/spp131_chinese_dynasties_western_region.pdf.

Zarrow, Peter. *After Empire: The Conceptual Transformation of the Chinese*

State, 1885–1924. Stanford, Calif.: Stanford University Press, 2012.

Zhang Kaiyuan. "Chinese Perspective: A Brief Review of the Historical Research on Christianity in China." In *China and Christianity: Burdened Past, Hopeful Future*, ed. Stephen Uhalley Jr. and Xiaoxin Wu, 29–42. Armonk, N.Y.: M.E. Sharpe, 2001.

Zhang, Qiong. "Demystifying Qi: The Politics of Cultural Translation and Interpretation in the Early Jesuit Mission to China." In *Tokens of Exchange: The Problem of Translation in Global Circulations*, ed. Lydia H. Liu, 74–106. Durham, N.C.: Duke University Press, 1999.

———. *Making the New World Their Own: Chinese Encounters with Jesuit Science in the Age of Discovery*. Leiden: Brill, 2015.

张维华:《明史佛郎机吕宋和兰意大里亚四传注释》,北京:哈佛燕京学社,1934年。

张先清:《官府、宗族与天主教:17—19世纪福安乡村教会的历史叙事》,北京:中华书局,2019年。

张先清:《小历史:明清之际的中西文化相遇》,北京:商务印书馆,2015年。

赵殿红:《清初耶稣会士在江南的传教活动》,暨南大学博士论文,2006年。

赵园:《明清之际士大夫研究》,北京:北京大学出版社,1999年。

——:《制度·言论·心态——〈明清之际士大夫研究〉续编》,北京:北京大学出版社,2006年。

Zheng Yangwen. *China on the Sea: How the Maritime World Shaped Modern China*. Leiden: Brill, 2012.

《中文大辞典》,40册,台北:中国文化研究所,1962—1968年。

祝平一:《辟妄醒迷:明清之际的天主教与"迷信"之建构》,《"中央研究院"历史语言研究所集刊》第八十四本第二分,2013年,第695—752页。

Zupanov, Ines G. "Language and Culture of the Jesuit 'Early Modernity' in India during the Sixteenth Century." *Itinerario* 32, no. 2 (2007): 87–110.

Zürcher, Erik. "Aleni in Fujian, 1630–1640: The Medium and the Message." In *"Scholar from the West": Giulio Aleni S. J. (1582–1649) and the Dialogue between Christianity and China*, ed. Tiziana Lippiello and Roman Malek, 595–616. Brescia, It.: Fondazione Civiltà Bresciana; Sankt Augustin, Ger.:

Monumenta Serica Institute, 1997.

———. *Bouddhisme, Christianisme et société chinoise*. Paris: Julliard, 1990.

———. *The Buddhist Conquest of China: The Spread and Adaptation of Buddhism in Early Medieval China*. 2 vols. Leiden: Brill, 1959.

———. "A Complement to Confucianism: Christianity and Orthodoxy in Late Imperial China." In *Norms and the State in China*, ed. Chun-Chieh Huang and Erik Zürcher, 71–92. Leiden: Brill, 1993.

———. "Confucian and Christian Religiosity in Late Ming China." *Catholic Historical Review* 83, no. 4 (1997): 614–53.

———. "The First Anti-Christian Movement in China (Nanjing, 1616–1621)." In *Acta Orientalia Neerlandica: Proceedings of the Congress of the Dutch Oriental Society Held in Leiden on the Occasion of Its 50th Anniversary, 8th–9th May 1970*, ed. Pieter W. Pestman, 188–95. Leiden: Brill Archive, 1971.

———. "From Jesuit Studies to Western Learning." In *Europe Studies China: Papers from an International Conference on the History of European Sinology*, ed. Ming Wilson and John Cayley, 264–79. London: Han-Shan Tang Books, 1995.

———. "Giulio Aleni et ses relations avec le milieu des lettrés chinois au XVIIe siècle." In *Venezia e l'Oriente*, ed. Lionello Lanciotti, 107–35. Florence: Olschki, 1987.

———. "Jesuit Accommodation and the Chinese Cultural Imperative." In *The Chinese Rites Controversy: Its History and Meaning*, ed. D. E. Mungello, 31–64. Nettetal, Ger.: Steyler, 1994.

———. "The Jesuit Mission in Fujian in Late Ming Times: Levels of Response." In *Development and Decline of Fukien Province in the 17th and 18th Centuries*, ed. E. B. Vermeer, 417–57. Leiden: Brill, 1990.

———. "Renaissance Rhetoric in Late Ming China: Alfonso Vagnoni's Introduction to His *Science of Comparison*." In *Western Humanistic Culture Presented to China by Jesuit Missionaries (XVII–XVIII Centuries): Proceedings of the Conference Held in Rome, October 25–27, 1993*, ed. Federico Masini, 331–60. Rome: Institutum Historicum Societatis Iesu, 1996.

索 引

（索引条目的页码为英文原书页码，即本书边码）

academies (*shuyuan*) 书院, 61, 84, 147. 同时参见 Donglin Academy

accommodation method (Confucian-Christian synthesis) 适应性政策（天儒会通）: and Buddhism ～与佛教, 66, 67; and Chinese elites ～与中国精英, 12, 13, 59, 66, 67, 119–20, 197n33; and Chinese knowledge of Europe ～与中国关于欧洲的知识, 131, 138; and Confucian notions of golden age ～与儒家的黄金时代观, 137–38, 144, 146, 200n68; contradictions in ～中的矛盾, 155–56; and foreign origins of Christianity ～与基督教的异域起源, 100, 104–5; global context of ～的全球语境, 73–75, 163; limits on ～的局限, 65–99, 146–52, 158; in local communities 地方社群中的～, 59, 63–64; opposition to 反对～, 74–75, 86, 99; origins of ～的起源, 19–20; and rituals ～与礼仪, 63, 68–69; scholarship on 关于～的学术著作, 11–17; and science ～与科学, 13, 46, 59; terms used in ～使用的术语, 66; and Zhu Zongyuan ～与朱宗元, 86–93, 152, 155

Acehnese sultanate (Sumatra) 亚齐苏丹国（苏门答腊）, 8

Africa 非洲, 5, 149, 150, 161, 195n6

afterlife 来世, 51, 88–91

Akbar, Emperor 阿克巴皇帝, 74, 164

alchemy 化学, 140, 216n52

Aleni, Giulio 艾儒略, 16, 106, 133, 136, 189n98, 219n83; as Confucian scholar 作为儒生的～, 142; works by ～的著作, 102, 103, 131, 145, 217n57

Analects (*Lunyu*)《论语》, 143, 217n60

ancestor worship 祖先崇拜, 9, 52–54, 60, 69, 75. 同时参见 Chinese Rites Controversy

Anthologies of Self-Correction (*Tizheng bian*; Gravina)《提正编》(贾宜睦), 48

Arabic relations with East Asia 阿拉伯与东亚的关系, 108, 165

Asia 亚洲: Catholic Church in ～的天主教会, 57, 58, 69–70; concept of "middle" in ～关于"中"的概念, 128; foreigners in ～的外国人, 2, 130, 131–32, 135, 164; global knowledge in ～的全球知识, 163; Jesuits in ～的

耶稣会士, 9, 17, 58, 72, 73–74; native clergy in ~的本地神父, 149–50, 151; religions in ~的宗教, 5, 155, 160–61, 165, 166; trade in ~的贸易, 7–9, 25. 同时参见 Eurasia; South Asia; Southeast Asia; 各特指国家和城市

astronomy 天文学, 66, 134, 159, 176n34, 219n87

Baiheilun《白黑论》. 参见 *Treatise of White and Black*

barbarians (*yi, qiang, rong*) 蛮族人（夷、羌、戎）, notions of 关于~的观念, 106–7, 205n24, 207n42, 210n82; vs. concept of "middle" 与"中"的概念相对立的~, 116, 118, 120–25, 127–28, 186n66; vs. idealized Europe 与理想化的欧洲相对立的~, 138; Manchus as 作为~的满洲人, 107, 122, 128; and morality ~与道德, 118, 121–25, 126, 129; sage-kings as 作为~的圣王, 120–21; Zhu Zongyuan on 朱宗元论~, 106, 120–25

Barros, João de 若昂·德·巴罗斯, 182n12

Bible《圣经》, 101, 162; and Confucian classics ~与儒家经典, 12, 96–97, 163; and Zhu Zongyuan ~与朱宗元, 2, 3, 49, 51

Bodhidharma (Damo) 达摩, 90

Bolivia 波利维亚, 24

book markets 图书市场: Chinese 中国的~, 5, 7, 10, 19, 45, 46, 105, 176n34, 203n7; European 欧洲的~, 139, 159; global Catholic 全球天主教~, 10, 19, 45–47; and religious syncretism ~与宗教融合, 78–79; and Zhu's works ~与朱宗元的著作, 44–45

Book of Changes (*Yijing*)《易经》, 112

Book of Documents (*Shujing*)《书经》, 96, 112, 207n42

Book of Rites (*Liji*)《礼记》, 137, 210n82

Book of Songs (*Shijing*)《诗经》, 96, 206n39

Brancati, Francesco 潘国光, 41–42

Brazil 巴西, 30

Brittany 布列塔尼, 10

Buddhism 佛教: Chan (Zen) 禅宗, 39, 90, 165; and Chinese Christians ~与中国基督徒, 15, 60, 62, 211n94; and concept of "middle," ~与"中"的概念 126–27; and Confucian-Christian synthesis ~与天儒会通, 66, 67; and Confucianism ~与儒家思想, 6, 40, 45, 51, 78, 82–83, 87, 91, 93, 95, 99, 143, 199n55, 201n76; dialogues in ~中的对话, 50, 191n19; enlightenment in ~中的悟, 39, 144; expansion of ~的扩张, 161, 165; foreign connections of ~与异域的联系, 6, 103–4, 106, 147, 165, 200n72; as neo-Confucianism 作为理学的~, 80, 82–84, 98–99, 198n45; and religious syncretism ~与宗教融合, 84, 85, 86, 143, 163; revival of ~的复兴, 38, 82; and revolts ~与叛乱, 85, 135; in Southeast Asia 东南亚的~, 147, 161, 165; and sutras ~与佛经, 94, 95, 96; and "the West," ~与"西方" 103–4; Theravada 小乘~, 167, 222n15

Buglio, Luigi 利类思, 33, 40, 188n88

bureaucracy, Chinese 中国的官僚体制：and Confucian ideals ～与儒家理想, 142–43; and Confucian schools ～与儒家, 77, 80, 156; and Confucian-Christian synthesis ～与天儒会通, 66; and elites, 37, 61, 80, 81, 143; and Jesuits ～与耶稣会士, 58, 164; Ming 明代～, 27, 31–32, 81; in Ming-Qing transition 明清变革时期～, 31–32; Qing 清代～, 36; and religious syncretism ～与宗教融合, 79, 84; and Zhu Zongyuan ～与朱宗元, 27, 34, 36–37, 89

Caballero, Antonio de Santa Maria 利安当, 53
Cao Binren 曹秉仁, 32
Catholic Church 天主教会：in Asia 亚洲的～, 57, 58, 69–70; centralized organization of ～的集权化组织, 57, 147, 154, 158, 167; and Chinese Rites Controversy ～与中国礼仪之争, 52–54, 119; and Chinese state ～与中国国家, 11, 18, 78, 86, 156–58; conflicts within ～的内部冲突, 42, 69, 70–71, 156, 159–60; ethnic hierarchy in ～中的种族等级, 148–49, 150; in Europe 欧洲的～, 58, 60; global book markets of ～的全球图书市场, 10, 19, 45–47; global expansion of ～的全球扩张, 160–68; global networks of ～的全球网络, 57, 60, 63–64, 71–72, 152, 154, 166–67; inquisition in ～中的异端裁判所, 70, 78, 149; and Jesuits ～与耶稣会士, 68–71; and local associations ～与地方组织, 61–63; native clergy in ～中的本地神父, 58–59, 74, 101–2, 146–52, 157, 203n5, 219n89; and Portuguese *padroado* ～与葡萄牙保教权, 9, 70, 150, 175n20. 同时参见 papacy

Catholicism 天主教：and Chinese elites ～与中国精英, 6–7, 52, 55; Chinese-Jesuit 耶稣会中国传教士的～, 65–66, 75; and colonialism ～与殖民主义, 9, 57, 130; and European culture ～与欧洲文化, 1–2, 137, 155; heresies in ～异端, 90; in local Chinese communities 中国地方社群中的～, 32, 54–64; localization of ～本土化, 2, 10, 47, 60, 62–63, 64, 67, 71, 73–75, 78, 101, 147, 157, 163; morality in ～中的道德, 135–36; and Qing dynasty ～与清朝, 36. 同时参见 accommodation method; Christianity; converts, Chinese; Jesuits; liturgy, Catholic

Central Asia 中亚, 5, 121. 同时参见 Eurasia
Chan (Zen) Buddhism 禅宗, 39, 90, 165
Cheng Yi 程颐, 79, 80. 同时参见 neo-Confucianism
Chinese language 汉语, 12, 45, 108–9, 151, 160, 221n7
Chinese Rites Controversy 中国礼仪之争, 9, 42, 52–54, 75, 119, 163
Chinese state 中国国家：and Catholic Church ～与天主教会, 11, 18, 78, 86, 156–58; and Christianity ～与基督教, 20, 66, 156–57; and Confucian ideals ～与儒家理想, 142–43; and Confucianism ～与儒家思想, 76, 77–79, 94, 145, 156; and foreign countries ～与外国, 105–6; and Jesuits ～与耶稣会

士, 68, 69, 73, 86, 147, 158; and Macao ～与澳门, 67-68; in Ming-Qing transition 明清变革时期的～, 4, 68, 165-66; and neo-Confucianism ～与理学, 80-82; rituals of ～的礼仪, 52, 78, 156, 157. 同时参见 Ming dynasty; Qing dynasty

Chongzhen emperor (Ming) 崇祯皇帝（明）, 28

Christianity (*tianxue*; Learning of Heaven) 基督教（天学）, 11-17; and Buddhism ～与佛教, 15, 60, 62, 66, 67, 211n94; and bureaucracy ～与官僚制, 36-37; and Chinese elites ～与中国精英, 6-7, 15, 52, 55, 62, 114, 119-20; and Chinese state ～与中国国家, 20, 66, 156-57; and Chinese syncretism ～与中国的宗教融合, 5, 16, 85-86; Chinese-Jesuit 耶稣会中国传教士的～, 65-66, 75; and colonialism ～与殖民主义, 9, 57, 130; and concepts of "middle" vs. "outer," ～与"中""外"概念 125, 126, 129; and Confucian classics ～与儒家经典, 12, 13, 93-99, 163; and Confucianism ～与儒家思想, 3, 10, 13, 48, 62, 63, 77, 78, 93, 144, 160; contradictions within ～的内部矛盾, 19-20, 167; and Daoism ～与道教, 15, 60, 66, 125; distrust of 对～的猜疑, 133, 135; in Eurasia 欧亚大陆的～, 57, 154, 167; and Europe ～与欧洲, 7, 20, 21, 100-105, 132, 134, 136, 138; and European culture ～与欧洲文化, 1-2, 137, 155; foreign origins of ～的异域起源, 2, 20, 99, 100-105, 107-10, 129, 130, 155; heresies in ～中的异端, 90; in Japan 日本的～, 57, 58; in local Chinese communities 中国地方社群中的～, 32, 54-64; localization of ～的本土化, 2, 10, 47, 60, 62-63, 64, 67, 71, 73-75, 78, 101, 147, 157, 163; and Ming loyalism ～与对明朝的效忠, 35-36; in Ming-Qing transition 明清变革时期的～, 6, 32, 47, 166; morality in ～中的道德, 135-36; and notions of universalism ～与普遍主义观念, 100-105, 118; opposition to 反对～, 106, 167; persecutions of 对～的迫害, 20, 68, 116, 134; and sagehood ～与圣人, 145-46; and social status ～与社会地位, 15, 46, 55, 62, 66, 119; in Tang China 唐代中国的～, 140-41; and trade ～与贸易, 21, 72, 161-62, 222n15; as Western learning 作为西学的～, 142. 同时参见 accommodation method; communities, Chinese Christian; Jesuits

Chronicle of Foreign Lands (*Zhifang waiji*; Aleni)《职方外纪》（艾儒略）, 102, 217n57

Chu, state of 楚国, 113, 115, 116, 117-18, 123, 208n63

Chufen xiyi yi《处分西夷议》. 参见 *Critique of the Western Barbarians*

Chunqiu《春秋》. 参见 *Spring and Autumn Annals*

Chunqiu fanlu《春秋繁露》. 参见 *Rich Dew of the "Spring and Autumn Annals"*

"civilization," 文明 concept of ～的概念, 3-4, 106-7, 127-28, 158-59, 221n7. 同时参见 "middle" classics, Confucian 儒家经典 : authority of ～的权威, 98; and Christianity ～与基督教, 12, 13, 91, 92, 93–99, 163; commentaries on ～的注疏, 95–96, 111–12, 116, 119, 198n47; historical chronology in ～中的历史纪年, 163; morality in ～中的道德, 89, 112–13, 115, 116; and neo-Confucianism ～与理学, 88, 94, 95–96, 97; transmission of ～的传播, 96–97; Zhu's allusions to 朱宗元对～的引用, 88, 91, 92, 96–99, 110–20, 160, 202n106. 同时参见各特指条目

coadjutor brothers (assistants to priests) 辅理修士（耶稣会神父的助手）, 56, 59–60, 63, 102, 148, 192n40, 203n5

colonialism 殖民主义 : and Catholicism ～与天主教, 9, 57, 130; Chinese knowledge of 中国关于～的知识, 130–39; Dutch 荷兰的～, 132–33, 183n23, 213n16; and ethnic hierarchies ～与种族等级, 148–50, 157; and Jesuits ～与耶稣会士, 69, 73, 135; and mestizos, 57, 148, 203n5; Portuguese 葡萄牙～, 7, 8, 9, 67–70, 132, 134, 150, 165; Spanish 西班牙～, 2, 7, 8, 21, 175n20; violence of ～的暴力, 132–33, 213n16. 同时参见 Goa; Macao; Philippines

communities, Chinese Christian 中国的基督教社群 : and global Catholicism ～与全球天主教, 11, 32, 54–64; and Jesuits ～与耶稣会士, 61, 62–63, 102; and local associations ～与地方组织, 56–57, 61–64; organizers (*huizhang*) in ～中的会长, 56, 62; religious syncretism in ～中的宗教融合, 60–61, 162, 163; rural 乡村的～, 15, 61; scholarship on 关于～的学术著作, 14–15; and Zhu Zongyuan ～与朱宗元, 19, 54–59, 154, 168. 同时参见 Ningbo

communities, trading 贸易社群, 1, 3, 25, 162, 164–65

Confucian-Christian synthesis 天儒会通 . 参见 accommodation method

Confucianism 儒家思想 : authority of ～的权威, 99; and Buddhism ～与佛教, 6, 45, 78, 82–83, 93, 95, 99, 143, 199n55; and Chinese past ～与中国的过去, 105, 118, 124, 202n112; and Chinese state ～与中国国家, 76, 77–79, 94, 145, 156; and Christianity ～与基督教, 3, 10, 13, 48, 62, 63, 77, 78, 93, 144, 160; and civil service examinations ～与科举考试, 38, 77, 80, 81, 94, 110, 111, 143; and concepts of "middle" vs. "outer," ～与 "中" "外" 概念 110–20, 128, 129; and Daoism ～与道教, 78, 95, 96, 210n87; early 早期的～, 95–96, 114, 119; in global context 全球背景下的～, 92–93; heterodoxy (*xie*) in ～中的邪, 78, 90; ideal person in ～中的理想个人, 142–43; and Jesuits ～与耶稣会士, 68, 140–46, 152; morality in ～中的道德, 77, 89, 94, 112–13, 115, 116, 120–21, 194n57, 209n70; notions of golden age in ～中的黄金时代观, 137–38, 144, 146, 200n68; schools of ～的派别, 38, 76–86, 136, 156, 158; and social status ～与社会地位, 37, 38; Song 宋代的～, 79–80, 81; terminology of ～的术语, 76–77, 218n76; and

Zhu Zongyuan ～与朱宗元, 3, 10, 19, 20, 40, 44, 45, 49, 51, 52, 86–93, 155, 200n76. 同时参见 accommodation method; classics, Confucian; neo-Confucianism

Confucius 孔子, 79, 93, 94, 120, 208n70; and concepts of "middle" vs. "outer," ～与"中""外"概念 123, 126; and *Spring and Autumn Annals* ～与《春秋》, 112–18; Zhu Zongyuan on 朱宗元论～, 87–88, 89

conversos 新基督徒, 149

converts, Chinese 中国皈依者: and Confucian-Christian synthesis ～与天儒会通, 12, 16, 155, 200n68; elite 精英中的～, 6–7, 36, 38, 42, 47, 52, 55, 156; and Europe ～与欧洲, 21, 137, 159; families of ～的家庭, 41; and Jesuits ～与耶稣会士, 9, 16, 42, 146, 157, 167; limited knowledge of 关于～的有限知识, 153; lower-class 下层的～, 7, 15, 16, 59, 101, 178n44; Ming loyalism of ～对明朝的效忠, 35–36; and Nestorianism ～与景教, 141; numbers of ～的数量, 6, 16, 47, 52, 55, 58, 60; religious syncretism of ～的宗教融合, 6, 38, 60–61; and Rites Controversy ～与礼仪之争, 42, 52, 53; roles of ～的作用, 56, 59–60, 148–49, 151, 167; scholarship on 关于～的学术研究, 11–17, 33; suspicion of 对～的怀疑, 135, 156–57; and trade networks ～的贸易网络, 162, 166; works by ～的著作, 44, 46, 47, 52, 146, 154, 157, 211n94. 同时参见 communities, Chinese Christian

Cow Street Mosque (Niujie Libaisi) 牛街礼拜寺, 5, 174n9

Critique of the Western Barbarians (*Chufen xiyi*; Wen Xiangfeng)《处分西夷议》(文翔凤), 99

Da kewen《答客问》. 参见 *Responses to a Guest's Questions*

Daoism 道教: in Chinese syncretism 中国融合主义中的～, 38, 39, 82, 83, 85, 86, 87; and Christianity ～与基督教, 15, 60, 66, 125; and Confucianism ～与儒家思想, 78, 80, 82, 95, 96, 210n87; on immortality ～论永生, 90–91; on past vs. present ～论过去与现在的对立, 124; terms in ～中的术语, 218n76; and Zhu Zongyuan ～与朱宗元, 40, 49, 51, 87, 90–91, 201n76

daoxue (Learning of the Way) 道学, 77

Daxue《大学》. 参见 *Great Learning*

de Figueiredo, Rodrigo 费乐德, 41, 101

De Imitatione Christi (Thomas à Kempis)《师主篇》(耿稗思), 47

de Nobili, Roberto 罗伯托·德诺比利, 74, 75

Denmark 丹麦, 30

Descartes, René 笛卡尔, 159

Detailed Explanation of the Ten Commandments of the Holy Learning of the Lord of Heaven (*Tianzhu shengjiao shijie zhiquan*)《天主圣教十诫直诠》, 47

Dias, Manuel the Younger (Yang Manuo) 阳玛诺, 41, 47, 56, 101, 187n71, 191n12

Doctrine of the Mean (*Zhongyong*)《中庸》, 87

索 引 289

Dominicans 多明我会士, 2, 42, 43, 53, 56, 75

Dong Zhongshu 董仲舒, 112, 117

Donglin Academy 东林书院, 84, 95, 98, 142, 144, 199n61

Dongxiyang kao《东西洋考》. 参见 *Investigation of the Eastern and Western Seas*

dream metaphor 梦的隐喻, 39

Dunin-Szpot, Thomas I. 杜宁-兹博特, 40, 55

Dutch 荷兰. 参见 Netherlands

economy, Chinese 中国经济: centers of ～中心, 23, 25, 45; 165; and currency ～与货币, 24, 30; and elites ～与精英, 37–38, 81; foreign products in ～中的外国产品, 5, 23, 108, 153; and Jesuits ～与耶稣会士, 72, 133, 134, 165, 213n22; in Ming-Qing transition 明清变革时期的～, 23, 166; silver in ～中的白银, 24, 30, 153. 同时参见 trade, transregional

economy, global 全球经济, 4–5, 164, 222n22

elites, Chinese 中国精英: and accommodation method ～与适应性政策, 12, 13, 59, 66, 67, 119–20, 197n33; and bureaucracy ～与官僚制, 37, 61, 80, 81, 143; and Christianity ～与基督教, 6–7, 15, 52, 55, 62, 114, 119; and Confucianism ～与儒家思想, 19, 76, 77, 79, 80, 111; as converts 作为皈依者的～, 6–7, 36, 38, 42, 47, 52, 55, 156; and economy ～与经济, 37–38, 81; and Europe ～与欧洲, 130, 131, 134–35, 138–39; and foreign connections ～与外国的联系, 6, 23, 102, 164; global knowledge of ～的全球知识, 5–6, 21, 105–6, 107, 139, 153; and Islam ～与伊斯兰教, 85; and Jesuits ～与耶稣会士, 13, 16, 46, 52, 55, 59, 74, 102, 114, 119–20, 213n22, 217n64, 218n70; local 地方的～, 7, 10, 32, 41, 55, 61; Ming loyalism of ～对明朝的效忠, 29, 30–31, 35–36; in Ming-Qing transition 明清变革时期的～, 31, 32, 37; moral 有道德的～, 124–25; regional identities of ～的地域认同, 109–10; and religious syncretism ～的宗教融合, 6, 38, 79, 86, 163; and the West ～与西方, 104, 157; Zhu Zongyuan's critique of 朱宗元对～的批评, 123–24

England 英格兰, 25

English East India Company 英属东印度公司, 7

enlightenment, personal 个人顿悟: in Buddhism 佛教中的～, 39, 144; and Jesuits ～与耶稣会士, 143–44; in neo-Confucianism 理学中的～, 39, 82, 97, 144; and Zhu Zongyuan ～与朱宗元, 39–40, 91

ethnic hierarchies 种族等级制, 21, 147–52; color terminology in ～中的颜色术语学, 151; vs. racism ～对种族主义, 149–50

Eurasia 欧亚, 25–26, 57, 154, 167; early modernity in ～早期现代性, 25, 183n24

Eurocentrism 欧洲中心主义, 177n36

Europe 欧洲: and Biblical chronology

～《圣经》年代学, 163; Catholicism in 天主教在～, 1–2, 58, 60, 137, 155; and Chinese concepts of "middle" vs. "outer," ～与中国的"中""外"概念 127, 128, 129; and Chinese converts ～与中国皈依者, 21, 137, 159; and Chinese elites ～与中国精英, 130, 131, 134–35, 138–39; Chinese knowledge of 中国人关于～的知识, 104–5, 130–31, 138–39, 140, 159; and Christianity ～与基督教, 7, 20, 21, 100–105, 132, 134, 136, 138; conflicts within ～内部的冲突, 136, 159–60; diversity in ～内部的多样性, 9–10, 158–59, 166, 179n53; eastern 东欧, 176n27; and global crisis ～与全球危机, 30; historical contexts of ～的历史背景, 1–2, 7–8, 16, 73, 100–105, 137, 155, 158–59, 179n53; idealized image of 理想化的～形象, 135–40, 144, 152, 155, 159; and Jesuits ～与耶稣会士, 100–101, 131, 133, 159; maps of ～地图, 102–3; morality in ～的道德, 124, 136, 137, 138; terms for 用于称呼～的词汇, 103, 130–31; Zhu Zongyuan on 朱宗元论～, 20–21, 54, 135–38. 同时参见 colonialism

Europeans 欧洲人: Chinese attitudes toward 中国人对～的态度, 130–52; distrust of 对～的不信任, 130–35, 140, 141, 155; and transregional trade ～与跨区域贸易, 24–25; and violence in China region ～与中国地区的暴力, 131–35, 138, 140. 同时参见 missionaries, European

Evidence of the Christian Faith (Han Lin and Zhang Geng)《圣教信证》(韩霖、张赓合撰), 146

examinations, civil service 科举考试: and commentaries, 112, 198n47; and Confucianism ～与儒家, 38, 77, 94, 110, 111, 143; essays for ～文章, 50, 52; in Han period 汉代的～, 123; and Manchus ～与满洲人, 29, 36; under Ming 明代的～, 34, 35; and neo-Confucianism ～与理学, 80, 81; under Qing 清代的～, 29, 31, 35, 36, 128; and social status ～与社会地位, 7, 15, 55; and Zhu Zongyuan ～与朱宗元, 3, 7, 34–35, 154

Explications of the Golden Book on Contempt of the World (*Qingshi jinshu zhijie*)《轻世金书直解》, 47

Fang Hao 方豪, 13, 17, 32–33, 191n19

Feng Shihu 冯石泸, 48–49

Filippucci, Alessandro 方济各, 54

foreigners 外国人: as advisers 作为顾问的～, 102, 164; in Asia 亚洲的～, 2, 130, 131–32, 135, 164; and Buddhism ～与佛教, 147, 165; Confucian conceptions of 儒家的～观, 110–20; images of ～的形象, 105–10; Jesuits as 作为～的耶稣会士, 101–2, 107; religions of ～的宗教, 5–6, 153–54; terms for ～的称呼, 106–7; trade with 与～的贸易, 5, 23, 108, 153

Four Mirrors of the Learning of Heaven (*Tianxue sijing*; Monteiro)《天学四镜》(孟儒望撰), 48

France 法国, 9

Franciscans 方济各会（士）, 53, 70, 156

索　引　291

Frank, Andre Gunder 安德烈·贡德·弗兰克, 4
Froes, João 伏若望, 33
"frog in the well" metaphor "井底之蛙" 的比喻, 125, 127
Fujian 福建, 42, 133, 134

Gao Panlong 高攀龙, 144
gazetteers, local (*difangzhi*) 地方志, 32
Germans 德国人, 70
Gernet, Jacques 谢和耐, 179n53
global networks 全球网络: of Catholic Church 天主教会的～, 57, 60, 63–64, 71–72, 152, 154, 166–67; crisis in ～中的危机, 30; economic 经济～, 4–5, 164, 222n22; of Jesuits 耶稣会的～, 71, 72, 139–40, 163, 166, 167, 196n17; and knowledge ～与知识, 5–6, 21, 105–7, 139, 153, 163; and local communities ～与地方社群, 11, 32, 54–64; and local perspectives ～与地方视角, 17, 153, 179n54; and religious expansion ～与宗教扩张, 21, 160–68. 同时参见 trade, transregional
Goa 果阿, 57, 70, 149, 165
Gongyang commentary (*Gongyangzhuan*) 《公羊传》, 112, 116, 207n48
Gouvea, Antonio de 何大化, 33, 40, 188n88
Gravina, Girolamo de 贾宜睦, 48
Great Learning (*Daxue*) 《大学》, 88
Greek thought 希腊思想, 12, 75–76
Gregory XV, Pope 教皇格列高利十五世, 70
Gu Xiancheng 顾宪成, 84
Guangzhou 广州, 165
Guliang commentary (*Guliangzhuan*) 《谷梁传》, 112, 117, 208n63, 210n82
Han dynasty 汉朝, 79, 95–96, 119, 123
Han Lin 韩霖, 146, 174n13
Hangzhou 杭州, 22, 36, 46
Henriques, Henrique 恩里克·恩里克斯, 74
Hinduism 印度教, 163, 221n16
Hu Anguo 胡安国, 112, 115–16, 198n47
hua (flourishing; Chinese; civilized) 华（繁盛；中华；开化）, 107, 124–25
Huang Zhen 黄贞, 106
Huang Zongxi 黄宗羲, 81

Ibn Battutah 伊本·白图泰, 161
Ibn Rushd (Averroës) 伊本·路西德（阿维罗伊）, 76
Ibn Sina (Avicenna) 伊本·西拿（阿维森纳）, 76
Ignatius of Loyola 依纳爵·罗耀拉, 150
imperial court 朝廷, 55, 56, 77, 81, 84, 102, 164. 同时参见 Chinese state
imperialism, Western 西方帝国主义, 131, 149, 157, 182n7. 同时参见 colonialism
India 印度, 8, 127, 161, 195n6; and Buddhism ～与佛教, 6; caste system in ～的种姓制度, 74, 75; elites in ～精英, 139; global knowledge in ～的全球知识, 163, 164; Jesuits in 耶稣会士在～, 71, 72, 74
Instructions (Valignano) 《训示》（范礼安撰）, 74
Introduction to the Learning of Heaven (*Tianxue lüeyi*; Monteiro) 《天学略义》（孟儒望撰）, 48
Investigation of the Eastern and Western

Seas (*Dongxiyang kao*; Zhang Xie) 《东西洋考》（张燮撰）, 132
Islam 伊斯兰教, 203n9, 221n15; in China 中国的～, 5, 24, 85, 86, 147, 166, 222n28; and Chinese concepts of "the West," ～与中国的"西方"观念 103, 104, 143; and Christianity ～与基督教, 76; and Confucianism ～与儒家, 85, 94, 143; and Jesuits ～与耶稣会士, 164, 165; and religious syncretism ～与宗教融合, 85, 86, 161, 162–63, 165, 223n32; Sunni 逊尼派, 167; and trade ～与贸易, 8, 24, 162
Italians 意大利人, 70

Jansenists 冉森派, 160
Japan 日本: Christians in ～的基督徒, 57, 58; elites in ～精英, 74, 139; and global crisis ～与全球危机, 30; global knowledge in ～的全球知识, 163; intercultural contacts in ～的跨文化接触, 72, 165; in Jesuit ethnic hierarchies ～的耶稣会种族等级制度, 151; Jesuits in 耶稣会士在～, 70, 72, 74; native priests in ～的本地神父, 150–51; pirates from ～海盗, 133
Jesuits 耶稣会（士）: in Asia 亚洲的～, 9, 17, 58, 72, 73–74; and Catholic Church ～与天主教会, 68–76, 139, 152; centralized organization of ～的集权化组织, 147, 151–52; Chinese assistants to ～的中国助手, 56, 59–60, 63, 102, 148, 193n39, 203n5; and Chinese bureaucracy ～与中国的官僚制, 58, 164; Chinese lives of ～在中国的生活, 15–16; Chinese perceptions of 中国人对～的看法, 60, 100–101, 101–2, 107; and Chinese state ～与中国国家, 68, 69, 73, 86, 147, 158; and Christian communities ～与基督教社群, 61, 62–63, 102; and colonialism ～与殖民主义, 69, 73, 135; conflicts among ～内部的冲突, 156; and Confucianism ～与儒家, 49, 67, 77, 116, 119–20, 140–46, 152; converts of ～的皈依者, 6, 9, 16, 42, 146, 157, 167; and Dominicans ～与多明我会, 42; economic activities of ～的经济活动, 72, 133, 134, 165, 213n22; and elites ～与精英, 13, 16, 46, 52, 55, 59, 74, 102, 114, 119–20, 213n22, 217n64, 218n70; and Europe ～与欧洲, 100–101, 131, 133, 159; global networks of ～的全球网络, 71, 72, 139–40, 163, 166, 167, 196n17; localization strategies of ～的地方化政策, 73–75; maps of ～的地图, 2, 105–6; morality of ～的道德, 136, 140, 141–42, 144–45; and Nestorianism ～与景教, 141; in Ningbo 宁波的～, 40–42; and non-European clergy ～与非欧洲的神职人员, 146–52, 157; opposition to ～反对派, 70–71, 155, 160; and "purity of blood," ～与纯正血统 150; and Rites Controversy ～与礼仪之争, 9, 53, 54, 75; as sages 作为圣人的～, 140–46, 152; as scholars 作为学者的～, 119–20, 142–43, 218n70; scholarship on 对～的学术研究, 11–17; and science ～与科学, 2, 46, 59, 66, 104, 159, 164, 176n34, 203n7, 219n87; works by ～的著作, 13, 26, 46, 50, 176n34, 203n7; Zhu

索　引　293

Zongyuan on 朱宗元论～, 20–21, 33, 49, 51, 140–46, 152; Zhu's contacts with 朱宗元与～的接触, 2, 7, 10, 55, 56, 192n38
Jesus of Nazareth 拿撒勒的耶稣, 101
Jews 犹太人, 97, 149
Jiangnan region 江南地区, 25, 45
Jiao Hong 焦竑, 83, 95
Jiaoshe zhi li suoyi shi shangdi ye《郊社之礼所以事上帝也》. 参见 *Rites for the Veneration of Heaven and of the Gods of Earth and Harvest Serve to Venerate the "Lord on High"*
Jin, state of 晋国, 113, 114, 116, 121
Journey to the West (*Xiyouji*)《西游记》, 104
Judaism 犹太教, 97, 149
Judea (*rudeya*) 如德亚, 2, 96
Jurchen 女真人, 28

Kang Youwei 康有为, 92
Kerala 喀拉拉邦, 57
Korea 朝鲜, 128

languages 语言: of Catholicism 天主教的～, 46, 47, 52; Chinese regional variations in 中国～的地方变化, 108–9; equality of ～的平等性, 127; and foreigners ～与外国人, 106–7; and Jesuits ～与耶稣会士, 71, 73; non-European 非欧洲～, 46, 71, 73; Portuguese 葡萄牙语, 25, 183n23; Tamil 泰米尔语, 74; vocabularies of universalism in ～中的普世主义词汇, 163; and Zhu's works ～与朱宗元的著作, 48, 53, 54, 160. 同时参见 Chinese language

Latin 拉丁语, 14, 71, 151
Learned Discussions at Sanshan (*Sanshan lunxueji*; Aleni)《三山论学纪》(艾儒略撰), 145, 217n57
Li Zhi 李贽, 82, 95, 145, 218n70
Li Zhizao 李之藻, 15, 46
Li Zicheng 李自成, 28, 29
Liang Qichao 梁启超, 92
Liji. See *Book of Rites*《礼记》
Lin Qilao 林七老, 27
Lin Zhaoen 林兆恩, 84, 135
literacy 读写能力, 15, 25, 45, 155, 190n6
literature 文学: European 欧洲～, 50; Greek 希腊～, 12, 75–76; theological 神学～, 119–20
literature, pro-Christian 宣扬基督教的著作, 12–13; on Europe 与欧洲相关的～, 136, 138–39; in Japan 日本的～, 74; on sagehood 与成圣相关的～, 145–46; in translation ～的翻译, 7, 13, 46, 47, 48, 53, 54, 63, 119, 139, 151; and Zhu Zongyuan ～与朱宗元, 2, 19, 32–33, 36–37, 44–45, 65. 同时参见 book markets; 各特指条目
liturgy, Catholic 天主教仪式, 16, 46, 59; and Confucian-Christian synthesis ～与天儒通会, 49, 63, 74, 158; Jesuit control of 耶稣会对～的控制, 63, 101, 102, 157; performative ～的表演性, 60, 102; and Zhu Zongyuan ～与朱宗元, 2, 20, 49, 51, 63, 147. 同时参见 Chinese Rites Controversy
Liu Xiang 刘香, 27
Longobardo, Niccolò 龙华民, 101
López, Gregorio 罗文藻, 54
Lord of Heaven (*tianzhu*) 天主, 125, 145;

and Confucian classics ～与儒家经典, 97–98, 99; Ricci on 利玛窦论～, 50, 65, 119, 136; as universal god 作为普世神的～, 100; Zhu Zongyuan on 朱宗元论～, 52, 88, 89–92

Louxin Temple (Ningbo) 楼心寺（宁波）, 38

lower segments of society 社会下层：converts in ～的皈依者, 7, 15, 16, 59, 101, 178n44; and Jesuit exoticism ～与耶稣会士的异国情调, 100–101; knowledge of Europe in ～关于欧洲的知识, 130, 131

Lunyu《论语》. 参见 *Analects*

Luo Wenzao 罗文藻, 148

Luther, Martin 马丁·路德, 155

Macao 澳门, 57–58, 133, 148, 149, 195n6, 203n5; and Confucian-Christian synthesis ～与天儒会通, 67–68; and Jesuits ～与耶稣会士, 134, 139, 152

Malacca 马六甲, 132, 149, 165

Manchus 满洲人, 28–29, 36, 48, 175n15; as "barbarians" 作为"蛮族人"的～, 107, 122, 125, 128. 同时参见 Qing dynasty

maps 地图：on colonialism 关于殖民主义的～, 136; criticism of 对～的批评, 105–6; European 欧洲～, 102–3; and global knowledge ～与全球知识, 105–6, 131, 139, 153; Jesuit 耶稣会士～, 2, 5; by Ricci 利玛窦绘制的～, 203n9

Martini, Martino 卫匡国, 41, 48, 56, 191n14

Maspéro, Henri 马伯乐, 207n55

Master Mou's Treatise Settling Doubts (Mouzi lihuolun)《牟子理惑论》, 126–27

McNeill, John R. 约翰·R.麦克尼尔, 155

McNeill, William 威廉·麦克尼尔, 155

Mencius《孟子》, 89, 121, 128, 217n60

merchants 商人, 23, 37, 72, 130–33, 161. 同时参见 trade, transregional

Mexico 墨西哥, 149

"middle" (*zhong*) "中", 107, 110–29; vs. "barbarian," "中"对"蛮" 116, 118, 120–25, 127–28, 186n66

migration 移民, 23, 24, 131–32

Ming dynasty 明朝：bureaucracy of ～的官僚制, 27, 31–32, 81; and Christian communities ～与基督教社群, 56–57, 59, 61–64; and Confucian-Christian synthesis ～与天儒会通, 66, 67; Confucianism in ～的儒家思想, 76–86, 88, 94, 98; decline and fall of ～的衰落, 6, 7, 19, 26–28, 135, 139, 156; examinations under ～的科举考试, 34, 35; loyalism to 对～的效忠, 29, 30–31, 35–36; and notions of barbarians ～的蛮族观念, 106–7, 128, 138; religious diversity in ～的宗教多样性, 5, 166; and trade ～与贸易, 4, 8, 27, 81, 132. 同时参见 Chinese state

Ming-Qing transition 明清变革, 26–36; Chinese state in ～时期的中国国家, 4, 68, 165–66; Christianity in ～时期的基督教, 6, 32, 47, 166; economy in ～时期的经济, 23, 166; and elites ～与精英, 31, 32, 37; and global crisis ～与全球危机, 30; migration in ～时期的移民, 131; Ming loyalists in ～时期对明朝的效忠, 29, 30–31, 35–36; natural disasters in ～时期

索　引　295

的自然灾害, 27, 31; notions of barbarians in ～时期的蛮族观, 106-7; Zhu Zongyuan in ～时期的朱宗元, 29-36, 50, 160
missionaries, European 欧洲传教士, 6-7, 9-17; attacks on 对～的攻击, 133-34; and Chinese knowledge of Europe ～与中国关于欧洲的知识, 131, 139; and Chinese state ～与中国国家, 157; conflicts between ～之间的冲突, 9, 167; as Confucian scholars 作为儒生的～, 12-13, 218n70; and Confucian-Christian synthesis ～与天儒会通, 11-12, 16, 94; distrust of 对～的不信任, 133-34, 135; and ideas of ethnic hierarchies ～与种族等级制的观念, 151, 157; as individuals 作为个体的～, 146; intercultural contacts of ～的跨文化接触, 154, 165, 166; and local Christian associations ～与地方基督教组织, 62-63; and native clergy ～与本地神职人员, 148-52, 157; in Ningbo 宁波的～, 41-42, 101; and papacy ～与教皇权, 70-71; and Qing rule ～与清朝统治, 36; and rumors of planned invasion ～与有计划的入侵谣言, 140, 141; in rural China 中国农村的～, 101-2; on sagehood ～论成圣, 145-46; Spanish 西班牙的～, 70; and trade ～与贸易, 161-62; and Zhu Zongyuan ～与朱宗元, 7, 19, 41, 49, 56, 128, 168. 同时参见 Jesuits
Mongols 蒙古人, 28. 同时参见 Yuan dynasty
Monteiro, João (Meng Ruwang) 孟儒望, 40, 41, 47-48, 55, 56, 188-89n93, 191n13

Morales, Juan Bautista de 黎玉范, 43, 53
morality 道德: in Christianity 基督教中的～, 135-36, 155; and concepts of "middle" vs. "barbarian," ～与"中""蛮"观念的对立 118, 121-25, 126, 129; in Confucianism 儒家中的～, 77, 89, 94, 112-13, 115, 116, 120-21, 155, 194n57, 208n70; and images of Europe ～与欧洲形象, 124, 136-38, 159; and images of Jesuits ～与耶稣会士的形象, 140, 141-42, 144-45; and past vs. present ～过去与现在的对立, 123-24
Mouzi lihuolun《牟子理惑论》. 参见 *Master Mou's Treatise Settling Doubts*
Mu, Prince of Qin 秦穆公, 121
Mughal Empire 莫卧儿帝国, 8, 30, 58, 164; and Jesuits ～与耶稣会士, 73, 74; religious syncretism in ～的宗教融合, 161, 222n16
Mungello, David 孟德卫, 14, 174n13

Nagasaki (Japan) 长畸（日本）, 72, 165
Nanjing, anti-Christian persecutions in 南京教案, 68, 116, 134
native Americans 美洲土著, 73, 149
Navarrete, Domingo 闵明我, 53
Navarro, José 恩若瑟, 192n27
neo-Confucianism 理学, 79-84; and Buddhism ～与佛教, 80, 82-84, 98-99, 198n45; and Chinese past ～与中国的过去, 105; and Confucian classics ～与儒家经典, 88, 94, 95-96, 97; and education ～与教育, 81-82, 83; enlightenment in ～中的悟, 39, 82, 97, 144; in global context 全球语境中的～, 92-93; and political reform ～与政治改革, 89; self-cultivation in

～中的自我修养, 80, 82, 83, 94–95, 155; as state orthodoxy 作为国家正统的～, 80–82; and Zhu Zongyuan ～与朱宗元, 49, 87

Nestorianism (*jingjiao*) 景教, 140–41, 154, 216n54

Netherlands 荷兰, 25, 27, 72, 132–33, 183n23, 213n16

New France 新法兰西, 10

New vs. Old Text schools 今文派与古文派, 202n108

Ningbo (Zhejiang) 宁波（浙江）, 37–43, 123, 181n4, 182n13; Buddhism in ～的佛教, 38; Christian community in ～的基督教社群, 2, 41; Confucianism in ～的儒家, 39, 81; economy in ～的经济, 22–23; European missionaries in ～的欧洲传教士, 40–42, 43, 101; knowledge of Europe in ～的关于欧洲的知识, 131, 140; and Ming-Qing transition ～与明清变革, 23, 27, 29, 31, 32, 35; publishing in ～的出版业, 46; social change in ～的社会变迁, 25, 37–38; as transregional trade center 作为跨地区贸易中心的～, 17, 19, 22–26; Zhu's status in 朱宗元在～的地位, 54–55, 56, 89, 154

Ningbo fuzhi (Ningbo gazetteer)《宁波府志》, 32

Northern Wei period 北魏时期, 126

Notes of the Learning of Heaven on the Distinction between Ways of Showing Respect (*Tianxue bianjing lu*; Monteiro)《天学辨敬录》(孟儒望), 47–48

Ottoman Empire 奥斯曼帝国, 8, 223n32

padroado, Portuguese 葡萄牙保教权, 9, 70, 150, 175n20

Palmeiro, André 班安德, 75, 197n33

papacy 教皇制: vs. Chinese state ～对中国国家, 86; and Jesuits ～与耶稣会士, 70, 139, 152; and native clergy ～与本地神职人员, 59, 150; and Portugal ～与葡萄牙, 9, 70, 150, 175n20

Pescadores 澎湖列岛, 133

Philippines 菲律宾: native clergy in ～本地的神职人员, 149; Spanish control of 西班牙对～的控制, 2, 8, 21, 131, 132, 134, 175n20

pirates, Japanese 日本海盗, 133

Plato 柏拉图, 125

Poland 波兰, 9

Pomilun《破迷论》. 参见 *Treatise on the Destruction of Superstition*

Portugal 葡萄牙: and Catholicism ～与天主教, 70, 130; colonialism of ～的殖民主义, 7, 8, 9, 67–70, 132, 134, 165; declining power of ～权力的衰落, 69–70; and global crisis ～与全球危机, 30; and global knowledge ～与全球知识, 131, 163; and Jesuits ～与耶稣会士, 70, 72; and mestizos ～与混血儿, 57, 148, 203n5; and Ningbo ～与宁波, 24; and *padroado* ～与保教权, 9, 70, 150, 175n20

Portuguese language 葡萄牙语, 25, 183n23

printing technology 印刷术, 45–46

Propaganda Fide, Sacra Congregatio de (Sacred Congregation for the Propagation of the Faith) 传信部, 70

Protestants 新教教徒, 67, 166, 167

"pure blood" (*limpieza de sangre*) "纯正血统", 149

Qi, state of 齐国, 113

Qian Fagong 钱发公, 49

Qin, state of 秦国, 113, 123

Qin dynasty 秦朝, 107, 109; burning of books in ～的焚书, 96, 202n108, 206n38

Qing dynasty 清朝: and Chinese state ～与中国国家, 4, 7; civil service examinations in ～的科举考试, 29, 31, 35, 36, 77, 128; and Confucian-Christian synthesis ～与天儒会通, 12, 66; founding of ～的建立, 19, 28–29; religious diversity in ～的宗教多样性, 166; resistance to 对～的反抗, 29, 30–31, 35–36; and Zhu Zongyuan ～与朱宗元, 35–36, 128. 同时参见 Ming-Qing transition

Qingshi jinshu zhijie《轻世金书直解》. 参见 *Explications of the Golden Book on Contempt of the World*

racism 种族主义, 149–51

Records of the Grand Historian (*Shiji*; Sima Qian)《史记》(司马迁撰), 120–21, 128, 209nn77–80

Reformation 宗教改革, 136, 156, 159

Relatio et Libellus Supplex (Morales)《谦卑请愿书》(黎玉范), 43

religio 宗教, concept of ～概念, 221n5; vs. *philosophia* ～对哲学, 158

religions 宗教: in Asia 亚洲的～, 5, 155, 160–61, 165, 166; diversity of ～的多样性, 5, 166, 167, 223n32; and elites ～与精英, 37–38; foreign in China 中国的外国～, 5–6, 153–54; global expansion of ～的全球扩张, 153–54, 160–68; organization of ～组织, 57, 147, 154, 158, 167, 222n19; popular 大众～, 15, 85, 135; and power ～与权力, 18, 21, 155; and revolts ～与反抗, 85, 134, 135; terms for ～术语, 221nn5–6; and trade networks ～与贸易网络, 8, 21, 72, 161–62, 222n15; Zhu's knowledge of 朱宗元的～知识, 38–39. 同时参见各特指信仰

religious syncretism 宗教融合: and Buddhism ～与佛教, 84, 85, 86, 143, 163; in Chinese Christian communities 中国基督教社群中的～, 60–61, 162, 163; and Chinese elites ～与中国精英, 6, 38, 79, 86, 163; and Christianity ～与基督教, 5, 16, 85–86; and Confucianism ～与儒家, 77–79, 85, 95–96, 98–99; and Daoism ～与道教, 38, 39, 82, 83, 85, 86, 87; and Islam ～与伊斯兰教, 85, 86, 161, 162–63, 165, 223n32; in Mughal Empire 莫卧儿帝国的～, 161, 222n16; and Zhu Zongyuan ～与朱宗元, 45, 87, 93

Responses to a Guest's Questions (*Da kewen*; Zhu Zongyuan)《答客问》(朱宗元撰), 48–50, 87–90; on concepts of "middle" vs. "outer", 0 ～论 "中" "外" 概念 110–20, 125; and Confucian classics ～与儒家经典, 97, 202n106; criticism of 对～的批评, 54; dating of ～的成书时间, 33, 186n60; and foreign origins of Christianity ～与基督教的异域起源, 107–8; form of, 49, 50–51; idealizations in ～中的理想化, 137, 144, 146; on mortality ～论道德, 89–90; preface to ～序, 36, 48; reprints of ～的重印, 52, 54; and Rites

Controversy ～与礼仪之争, 52–54; and Zhu's learning ～与朱宗元的学识, 38, 43

"Restoration Society" (*fushe*) 复社, 98

revolts 反抗: in China 中国的～, 26–28, 85, 135; global 全球性～, 30; in Macao 澳门的～, 134; in Manila 马尼拉的～, 132

Ricci, Matteo 利玛窦, 16, 59, 74, 214n28, 218n70, 223n28; and Confucian-Christian synthesis ～与天儒会通, 11; and Confucianism ～与儒家思想, 76, 142, 202n106; criticism of 对～的批评, 106, 216n52; on Europe ～论欧洲, 132, 136; on sagehood ～论成圣之道, 145–46; works by ～的著作, 50, 65, 119, 136, 203n9; and Zhu ～与朱宗元, 96

"Ricci's Fallacy and Its Deceptiveness" (Wei Jun)《利说荒唐惑世》(魏濬撰), 106

Rich Dew of the "Spring and Autumn Annals" (*Chunqiu fanlu*; Dong Zhongshu)《春秋繁露》(董仲舒撰), 112, 116, 117

Rites for the Veneration of Heaven and of the Gods of Earth and Harvest Serve to Venerate the "Lord on High" (*Jiaoshe zhi li suoyi shi shangdi ye*; Zhu Zongyuan)《郊社之礼所以事上帝也》(朱宗元撰), 51–52

Rites of Zhou (*Zhouli*)《周礼》, 115

rituals 礼: ancient 古代的～, 113, 114; and Confucian-Christian synthesis ～与天儒会通, 63, 68–69; state 国～, 52, 78, 156, 157; Zhu's works on 朱宗元论～的著作, 51–52. 同时参见 Chinese Rites Controversy; liturgy, Catholic

Safavids 萨非王朝, 8

sages (*shengxian*; *shengren*) 圣贤（圣人）, 92, 93, 97–98, 209n74, 218n76; Jesuits as 作为～的耶稣会士, 140–46, 152; and notions of barbarians ～与蛮族人的观念, 120–21, 127

Sanshan lunxueji《三山论学纪》. 参见 *Learned Discussions at Sanshan*

Schall von Bell, Johann Adam 汤若望, 16, 66

scholars (*Ru*) 儒: Jesuits as 作为～者的耶稣会士, 119–20, 142–43, 218n70; School of (*rujia*) ～家, 38, 68, 77; Western (*xiru*) 西～, 142

Scholasticism 经院哲学, 75, 197n35

science 科学: of astronomy 天文～, 66, 134, 159, 176n34, 219n87; and Confucian-Christian synthesis ～与天儒会通, 13, 46, 59; European 欧洲～, 2, 3, 44, 102, 151, 159, 164; in idealized Europe 理想化的欧洲的～, 137, 138; and Jesuits ～与耶稣会士, 46, 59, 104, 164, 176n34, 203n7, 219n87; military 军事～, 28, 30, 66, 164; and racism ～与种族主义, 149; and rumored invasion ～与传言中的入侵, 134; works on ～著作, 44, 46, 47, 157

Scotland 苏格兰, 30

self-cultivation 自我修养, 77, 129; in neo-Confucianism 理学中的～, 80, 82, 83, 94–95, 155; vs. political reform ～对政治改革, 88–89; and sages ～与圣人, 120, 144–45, 209n74

Shen Que 沈榷, 106

Shiites 什叶派, 164

Shiji《史记》. 参见 *Records of the Grand Historian*

Shijing《诗经》. 参见 *Book of Songs*

Shujing《书经》. 参见 *Book of Documents*

Shun (sage-king) 舜（圣王）, 120, 121

Sikhism 锡克教, 222n16

silver 白银, 24, 30, 153

Sima Qian 司马迁, 120–21

Sinarum Historia (Dunin-Szpot)《中国史》（杜宁－兹博特撰）, 40

slaves, Chinese 中国的奴隶, 132

social status 社会地位：and Chinese clergy ~与中国的神职人员, 151; and Christianity ~与基督教, 15, 46, 55, 62, 66, 119; and civil service examinations ~与科举考试, 7, 15, 55; and commercialization ~与商业化, 25; and Confucian-Christian synthesis ~天儒会通, 66; and Confucianism ~与儒家思想, 37, 38; and knowledge of Europe ~与关于欧洲的知识, 130; of Zhu Zongyuan 朱宗元的~, 5, 7, 10, 34, 35, 37, 54–55, 56, 89, 154. 同时参见 elites, Chinese; lower segments of society

Song dynasty 宋朝, 79–80, 81, 119

South Asia 南亚, 5, 63, 71, 132, 150, 155. 同时参见 Goa; India

Southeast Asia 东南亚, 139, 195n6; Buddhism in ~的佛教, 147, 161, 165; Chinese migration to 中国人向~的移民, 131–32

Southern Song dynasty 南宋, 127

Spain 西班牙人, 24, 70, 130; in Philippines 菲律宾的~, 2, 8, 21, 131, 132, 134, 135, 175n20; proposed invasion by ~计划中的入侵, 135

Spring and Autumn Annals (*Chunqiu*)《春秋》, 110–20; terminology of ~术语学, 114–15

Spring and Autumn period 春秋时期, 113

Standaert, Nicolas 钟鸣旦, 14

Suárez, Francisco 弗朗西斯科·苏亚雷斯, 48

Sufis 苏菲派, 162–63, 164

Summary of World Salvation (*Zhengshi lüeshuo*; Zhu Zongyuan)《拯世略说》（朱宗元撰）, 50–51, 90, 120, 145, 192n27, 202n106; criticism of 对~的批评, 54; on foreign origins of Christianity ~论基督教的异域起源, 107, 108; on Three Teachings ~论三教, 38, 39

Suzhou 苏州, 46

Taiwan 台湾, 132–33

Taizhou school 泰州学派, 95, 145

Tang dynasty 唐朝, 119, 140–41

technology 技术, 4, 134, 137, 138; and commercialization ~与商业化, 25, 163–64; military 军事~, 28, 30, 66, 164; of printing 印刷~, 45–46. 同时参见 science

theater 戏曲, 83

Theravada Buddhism 小乘佛教, 167, 222n15

Thirty Years' War 三十年战争, 30, 136, 159

Thomas à Kempis 耿稗思, 47

Three Pillars (Yang Tingyun, Li Zhizao, Xu Guangxi) 三大柱石（杨廷筠、李之藻、徐光启）, 174n13, 181n61

Three Teachings 三教, 38, 39, 82, 83, 87. 同时参见 Buddhism; Confucianism; Daoism

Three Teachings Are All One Society 三一

教, 84
tian (heaven) 天, 87, 91
tiandao (Way of Heaven) 天道, 112
Tianqi emperor (Ming) 天启皇帝（明）, 26
tianxue 天学. 参见 Christianity
Tianxue bianjing lu《天学辨敬录》. 参见 *Notes of the Learning of Heaven on the Distinction between Ways of Showing Respect*
Tianxue lüeyi《天学略义》. 参见 *Introduction to the Learning of Heaven*
Tianxue sijing《天学四镜》. 参见 *Four Mirrors of the Learning of Heaven*
tianzhu 天主. 参见 Lord of Heaven
Tianzhu shengjiao huoyi lun《天主圣教豁疑论》. 参见 *Treatise on the Removal of Doubts about Christianity*
Tianzhu shengjiao shijie zhiquan《天主圣教十诫直诠》. 参见 *Detailed Explanation of the Ten Commandments of the Holy Learning of the Lord of Heaven*
Tianzhu shiyi《天主实义》. 参见 *True Meaning of the Lord of Heaven, The*
Tizheng bian《提正编》. 参见 *Anthologies of Self-Correction*
Tomás, Lucas 卢卡斯·多马, 54
Tong Guoqi 佟国器, 36–37
Torrente, Stanislao 瞿笃德, 191n16
Toyotomi Hideyoshi 丰臣秀吉, 135
trade, transregional 跨区域贸易, 3–9; centers of ～中心, 1, 3, 17, 19, 22–26, 162, 164–65; Central Asian 中亚的～, 5; and Chinese elites ～与中国精英, 37–38, 81; and Chinese knowledge of Europe ～与中国关于欧洲的知识, 130, 131–32; Chinese restrictions on 中国对～的限制, 5, 22, 23, 24, 132; and Christianity ～与基督教, 21, 72, 161–62, 222n15; and Europe ～与欧洲, 4, 7–9, 24–25, 134; foreign products in ～中的外国产品, 5, 23, 108, 153; and global crisis ～与全球危机, 30; and intercultural contacts ～与跨文化接触, 24, 72, 132, 154, 161, 164–65, 166; and local communities ～与地方社群, 1, 3, 25, 162, 164–65; military competition in ～中的军事竞争, 8–9; in Ming-Qing transition 明清变革时期的～, 27, 166; networks of ～网络, 4–5, 8–9, 21, 22–26, 162, 164, 166, 222n22; and religion ～与宗教, 8, 21, 24, 72, 161–62, 222n15

Treatise of White and Black (*Baiheilun*)《白黑论》, 127
Treatise on the Destruction of Superstition (*Pomilun*; Zhu Zongyuan)《破迷论》(朱宗元撰), 33, 48, 143, 144
Treatise on the Removal of Doubts about Christianity (*Tianzhu shengjiao huoyi lun*; Zhu Zongyuan)《天主圣教豁疑论》(朱宗元撰), 39, 48, 96–97; reprints of ～重印, 52, 54
Trigault, Nicolas 金尼阁, 148
True Meaning of the Lord of Heaven, The (*Tianzhu shiyi*; Matteo Ricci)《天主实义》(利玛窦撰), 50, 65, 119, 136

universalism 普遍主义, 18, 20, 162–64; Christian 基督教～, 100–105, 104, 118
Urban VIII, Pope 教皇乌尔班八世, 70

Vagnoni, Alfonso 高一志, 134, 136
Valignano, Alessandro 范礼安, 72, 74,

150–51
Verbiest, Ferdinand 南怀仁, 54
Vietnam 越南, 108, 163

Wang Gen 王艮, 135
Wang Ji 王畿, 83
Wang Yangming 王阳明, 81–84, 94–97, 145, 155, 200n63
Warring States period 战国时期, 79
Weddell, John 约翰·威德尔, 133
Wei Jun 魏浚, 105–6
Wei Zhongxian 魏忠贤, 26, 84
Wen, King 文王, 121
Wen Xiangfeng 文翔凤, 99
West, the 西方: later dominance of ～后来的统治, 4–5, 9–10, 104–5, 157; terms for 关于～的术语, 103, 106, 142; Zhu Zongyuan on 朱宗元论～, 137–38, 215–16n42. 同时参见 Europe
Western learning (xixue) 西学, 103–4, 142, 176n34. 同时参见 science
White Lotus sect 白莲教, 28, 135
Wills, John E. 卫思韩, 132
Wu, Emperor (Liang dynasty) 武帝（梁朝）, 90
Wu, state of 吴国, 121, 122, 123
Wu Sangui 吴三桂, 28

Xavier, Francis 沙勿略, 71
xinglixue (Learning Involving Human Nature and Principle) 性理学, 77
xinxue (Philosophy of Heart and Mind) 心学, 81
xiudao (cultivation of the Way) 修道, 87
Xiyouji《西游记》. 参见 Journey to the West
Xu, state of 许国, 117

Xu Guangqi 徐光启, 7, 15, 46, 56, 88, 137

Yan Mo 严谟, 202n105
Yang Tingyun 杨廷筠, 7, 15, 216n50
Yao (sage-king) 尧（圣王）, 120, 121
Yijing《易经》. 参见 Book of Changes
Yongle emperor 永乐帝, 108
You Yu (ancient minister) 由余（古代的一位大夫）, 120–21, 127
Yu (sage-king) 禹（圣王）, 120, 121
Yuan dynasty 元代, 127, 143, 154
Yuan Zongdao 袁宗道, 82–83
Yue, state of 越国, 122, 123

Zhang Geng 张赓, 146
Zhang Nengxin 张能信, 34, 35–36, 48–49, 190n13, 191n19
Zhang Xie 张燮, 132
Zhang Xingyao 张星曜, 202n105, 219n85
Zhejiang 浙江, 1, 25, 31, 32, 42, 45, 58, 133. 同时参见 Ningbo
Zheng, state of 郑国, 117
Zheng Chenggong (Koxinga) 郑成功（国姓爷）, 32
Zheng Weixin 郑惟信, 219n89
Zheng Xuan 郑玄, 206n39
Zhengshi lüeshuo《拯世略说》. 参见 Summary of World Salvation
Zhengyi commentary《正义》, 121
Zhifang waiji《职方外纪》. 参见 Chronicle of Foreign Lands
zhongguo (Middle Kingdom, Middle states) 中国（中央王国）, 107, 113–14, 118, 123
Zhongyong《中庸》. 参见 Doctrine of the Mean
Zhou dynasty 周朝, 113, 114

Zhouli《周礼》. 参见 *Rites of Zhou*
Zhu Biyuan 朱弼元, 188–89n93
Zhu Hong 袾宏, 83
Zhu Xi 朱熹, 38, 79–81, 84, 94, 200n63. 同时参见 neo-Confucianism
Zhu Ying 朱莹, 34
Zhu Zongwen 朱宗文, 189n93
Zhu Zongyuan 朱宗元: and accommodation method ～与适应性政策, 86–93, 152, 155; on afterlife ～论来世, 51, 88–91; baptism of ～受洗, 39, 40, 189n96; on barbarians ～论蛮夷, 120–25; and Bible ～与《圣经》, 2, 3, 49, 51; biography of ～生平, 17–18, 19; birth year of ～生年, 32–34; and Buddhism ～与佛教, 38, 40, 51, 87, 90, 91, 93, 201n76; and bureaucracy ～与官僚制, 27, 34, 36–37, 89; and Catholic Church ～与天主教会, 42–43, 147, 157–58; and Catholic liturgy ～与天主教仪式, 2, 20, 49, 51, 63, 147; and Christian communities ～与基督教社群, 19, 54, 154, 168; and civil service examinations ～与科举考试, 3, 7, 34–35, 154; on concepts of "middle" vs. "outer," ～论"中""外"概念 110–20, 126–29; and Confucian classics ～与儒家经典, 88, 91, 92, 96–99, 110–20, 160, 202n106; and Confucianism ～与儒家思想, 3, 10, 19, 20, 40, 44, 45, 49, 51, 52, 87, 89, 155, 201n76; conversion of ～的皈依, 18, 40; criticism of 对～的批评, 54; and Daoism ～与道教, 40, 49, 51, 87, 90–91, 201n76; death of ～之死, 43; distinctive features of ～的特点, 4, 18, 21, 65, 67; education of ～的教育, 34–35; and enlightenment ～与悟, 39–40, 91; on Europe ～论欧洲, 20–21, 54, 135–38; and European missionaries ～与欧洲传教士, 2, 7, 10, 19, 41, 49, 55, 56, 128, 168, 193n39; family of ～的家庭, 40–41, 55–56, 188–89n93; on foreign origins of Christianity ～论基督教的异域起源, 107–10; global historical contexts of ～的全球历史背景, 1–11, 160–68; influence of ～的影响, 54–55; on Jesuits ～论耶稣会士, 20–21, 33, 49, 51, 140–46, 152; learning of ～的学问, 2–3, 38–39, 159–60; on Lord of Heaven ～论天主, 52, 88, 89–92; in Ming-Qing transition 明清变革时期的～, 29–36, 50, 160; on morality ～论道德, 124–25; and Ningbo ～与宁波, 37–43; on notions of barbarians ～论蛮夷观, 106; roles of ～的角色, 19, 154–55; on sages ～论圣人, 92, 93, 140–46; as second-generation Christian 作为第二代基督徒的～, 174n13; self-perception of ～的自我认识, 167–68; social status of ～的社会地位, 5, 7, 10, 34, 35, 37, 54–55, 56, 89, 154; sources on 关于～的史料, 17, 32–33; and *Spring and Autumn Annals* ～与《春秋》, 116–18; works by ～的著作, 2–3, 18, 19, 33, 39, 44–54, 96–97, 143, 144, 154, 167–68, 187n71. 同时参见 *Responses to a Guest's Questions*; *Summary of World Salvation*
Zhuangzi 庄子, 125
Zuozhuan《左传》, 112, 116, 208n63
Zürcher, Erik 许理和, 14

译后记

2012年4月，本人前往韩国首尔的梨花女子大学参加亚洲世界历史学家学会（Asian Association of World Historians，AAWH）第二次大会，经首都师范大学孙岳教授介绍，得以结识多米尼克·萨克森迈尔教授。之后，我与萨克森迈尔教授在中国社会科学院世界历史研究所、首都师范大学全球史中心又多次见面，虽然知道对方在做全球史，但并没有深入的学术交往。

2016年10月，应日本东洋大学佐藤正幸教授的邀请，我前往东洋大学和立教大学做全球史的学术报告，和我一起受邀的还有萨克森迈尔教授。当时，我们住在距离东洋大学不远的驹込地铁站旁边的一家便捷酒店里。一天早上，萨克森迈尔教授提出中午可以一起吃饭聊天。那天中午，天空下着小雨，虽已进入深秋，但东京的气候依然温润。我们在酒店附近漫无目的地边走边聊，因为雨势渐大，就随意进入一家韩国的小餐馆，颇有点迷失东京的感觉。席间我问及萨克森迈尔教授最近在做什么研究，他告诉我正在写一部一位17世纪中国天主教徒的全球史。我当即对这一主题表达了浓厚的兴趣，并列举了欧美学界几部从个人的角度书写全球史的著作与萨克森迈尔教授分享，特别提到了娜塔莉·戴维斯的《骗子游历记》一书（*Trickster Travels: A Sixteenth-Century Muslim Between Worlds*，2007）和《去中心的历史》一文（"Decentering History: Local Stories and Cultural Crossings in a Global World"，2011）。

萨克森迈尔教授嘱咐我发邮件告诉他戴维斯《去中心的历史》一文的出版信息，但又特意说明他写的朱宗元与史景迁笔下的胡若望、戴维斯笔下的哈桑·瓦赞（Hasan al-Wazzan）、琳达·科利笔下的伊丽莎白·马什（Elizabeth Marsh）都不一样，因为朱宗元并不处于"旅行"或"流动"之中，几乎是一个"静止"的人。我问道，那如何写这样一个不动之人的全球史？萨克森迈尔教授向我详细地介绍了他的这本书的结构、方法和特点。可能是由于那次深入交谈的原因，在东京告别时，萨克森迈尔教授专门问我是否有意愿去他所任教的哥廷根大学东亚系为本科生和研究生上一门一学期的课，并在不久后发来了具体的安排。对我而言，能够有这样的机会可谓求之不得。但由于当时孩子尚幼，家事较多，只得拒绝了萨克森迈尔教授的邀请。

不过，萨克森迈尔教授没有忘记邀请我讲学之事。2017年9月，萨克森迈尔教授又发来邮件，问我是否还考虑来哥廷根讲学，并告诉我除了一个学期的授课外，还有一种一个月的集中授课，即每周一次，每次六个小时。如果我不方便，可以选择第二种，并且欢迎家人和我一同前往。于是，2018年11月，我和家人动身前往哥廷根。我们先到达法兰克福机场，然后坐火车前往哥廷根。

终于，在经过了两个小时左右的车程，在穿过一片片绿色的草地、一座座美丽的城市，以及一大团浓雾之后，我们抵达了阳光明媚的哥廷根。

在哥廷根的一个月虽然短暂，但十分愉快。除了每周一次为东亚系的本科生和部分研究生用英语上一门"中国历史和文化中的基本概念"课程外，我经常和萨克森迈尔教授小聚聊天，其中便谈到了本书的翻译。我之所以提出翻译此书，一是出于对萨克森迈尔教授的感激之情，二是我对西方的汉学研究向来颇有兴趣，尤其不愿错过这样一部视角独特、构思新颖的全球史佳作。彼时，《在地之人的全球纠葛》英文版刚刚出版，萨克森迈尔教授答应等我回国后即让出版社寄我一本，并把朱宗元的两部主要著作《答客问》和《拯世略说》的影印本扫描给我。

由于科研和家事的羁绊，本书于2019年底才开始翻译。动笔后不久，那场至今尚未结束的新冠肺炎便爆发了。记得萨克森迈尔教授还曾问我北京的情况如何，我乐观地回复说不会持续很长时间，但不久后就轮到我去询问萨克森迈尔教授德国疫情的情况了。本书的翻译大部分是在科研之外的"业余"时间进行的，断断续续终于到2021年8月才完成。翻译本书最繁琐的地方是对作者所引中文古籍引文的回译。一部分引文很好查找，因为作者引用的是当下流行的现代版本，我只需按照页码找到原文即可。一部分引文是作者引自古代版的刻本或影印本，好在大多数中文古籍刻本网上都有文字版，我可以通读全文后找到与英文翻译类似的句子，然后再作核实，将之回译成中文。但还有一些引文系作者转引自其他汉学家的著作，我只有先找到作者转引的著作，然后再从中找到中文版信息。但有时转引的著作中也没有标明引文出处，就只能将英文先大致译成汉语，然后将译文中的关键词、引文所涉及的背景放在网上搜索，看能否找到有用的信息。比如，作者曾引用了李贽的一句话，英译文是"Confucius never instructed anyone to learn from Confucius"，而这句引文转引自卜正民（Timothy Brook）的《挣扎的帝国：元与明》（*The Troubled Empire: China in the Yuan and Ming Dynasties*，2013）一书第179页。我查找该书第179页，确实发现了这句英文，但卜正民并没有标注这句引文出自李贽的哪本著作。无奈只有将"孔子""从未""教导""李贽"等词在百度中搜索。几经尝试，终于发现原文应是"孔子未尝教人之学孔子也"，出自李贽的《答耿中丞》。

尽管有着一些或大或小的困难，但本书的翻译总体上来说是愉快的。它让我得以进入一个未知的领域，和朱宗元一起经历思想上的纠葛和缠斗，并感受挑战带来的愉悦。本书完成每一章的初译后，我一般会对译文进行三次修改和润色，力求减少错误和让译文更加流畅。整本书译完后，又对之进行了一次整体的修改和润色，以防有前后不一致之处。译稿的三次校样出来后，我又对之进行了通读和润色，力求译文更加准确和完美。当然，好的译作是细细打磨出来的。但每一位译者都有知识和认知上的盲点，即便译者谨慎再三，也难免有错误和纰漏之处，还请各位读者不吝指正。

译稿之所以能顺利完成，首先要感谢商务印书馆的张艳丽编审。张老师的耐心与等待让我有足够的时间打磨译稿和不必心怀拖稿的焦虑，我想这也是商务印书馆善待译者和学术的宝贵品质。

译稿完成后，复旦大学历史学系的章可教授阅读了全文，指出了不少错漏之处，并提供了宝贵的修改建议。本书翻译期间，中国社会科学院历史理论研究所海外汉学研究室的黄畅博士帮忙下载了不少原书所引的中文古籍著作，并为书中专有名词的翻译提供了帮助和建议。在此一并致谢。最后，我还要感谢我的妻子、儿子和岳母，感谢他们对日常家务的操持和对我错乱的作息时间的容忍。没有家人的支持，我不可能完成该书的翻译。当然，还要感谢萨克森迈尔教授给予我这样一个机会，谨以这个中译本纪念我们之间的友谊。

张旭鹏

2022 年 2 月 8 日

图书在版编目（CIP）数据

在地之人的全球纠葛：朱宗元及其相互冲突的世界 /（德）多米尼克·萨克森迈尔著；张旭鹏译. — 北京：商务印书馆，2022
ISBN 978-7-100-20996-0

Ⅰ.①在… Ⅱ.①多… ②张… Ⅲ.①东西文化—文化交流—中国—清代 Ⅳ.① G125

中国版本图书馆 CIP 数据核字（2022）第 060819 号

权利保留，侵权必究。

在地之人的全球纠葛
朱宗元及其相互冲突的世界
〔德〕多米尼克·萨克森迈尔 著
张旭鹏 译

商 务 印 书 馆 出 版
（北京王府井大街36号 邮政编码100710）
商 务 印 书 馆 发 行
北京顶佳世纪印刷有限公司印刷
ISBN 978-7-100-20996-0

2022年8月第1版	开本 880×1230 1/32
2022年8月北京第1次印刷	印张 10⅜

定价：69.00 元